普通高等教育"十三五"规划教材

会 计 实 务

郭艳峥　郜秀菊　付荣霞　主编

科学出版社

北 京

内 容 简 介

本教材以公司制企业为主要对象，按会计岗位分为八个项目单元，以每一个会计岗位需要掌握的知识目标和能力目标为主线，阐述会计核算的基本原理、方法和技能。本教材以任务驱动为导向，分析具体会计岗位的工作流程，完成理论知识的讲解；对案例精心挑选，提供真实内容的原始凭证进行会计核算，突出技能培养；本教材按照修订的企业会计准则、税收法规编写，体现了最新的财税改革成果；为了强化学习，按岗位编写了思考题和练习题。

本教材可以作为大、中专院校会计类专业的核心课程教材，也可以作为财政、税收、审计、财务管理等专业的教学用书。本教材理论论述力求深入浅出，举例通俗易懂，既适合教师讲授，也便于学生自学。

图书在版编目（CIP）数据

会计实务 /郭艳峥，郜秀菊，付荣霞主编. —北京：科学出版社，2016
ISBN 978-7-03-048930-2

Ⅰ. ①会… Ⅱ. ①郭… ②郜… ③付… Ⅲ. ①会计实务—高等学校—教材 Ⅳ. ①F233

中国版本图书馆 CIP 数据核字（2016）第 138529 号

责任编辑：方小丽 / 责任校对：王晓茜
责任印制：张 伟 / 封面设计：蓝正设计

科学出版社 出版
北京东黄城根北街 16 号
邮政编码：100717
http://www.sciencep.com

北京教图印刷有限公司 印刷
科学出版社发行 各地新华书店经销

*

2016 年 7 月第 一 版 开本：787×1092 1/16
2016 年 7 月第一次印刷 印张：18
字数：420000
定价：45.00 元
（如有印装质量问题，我社负责调换）

前　　言

　　会计的产生是基于人们管理社会生产生活的需要，会计的变迁是适应会计环境变化的需要。随着我国社会主义市场经济的飞速发展，会计领域的理论探讨和实践改革也在不断深化。会计工作法制化和规范化程度的提高，对会计人员的知识水平和业务素质提出更高的要求。

　　为贯彻落实《国家中长期教育改革和发展规划纲要（2010—2020年）》，加快推进我国职业教育发展，深化人才培养模式与课程改革，我们通过文献调研、实地调研和问卷调研等方式了解职教师范教育状况与行业发展的趋势；研究本科职教师资培养学校财务管理专业培养模式、知识体系、能力体系、就业状况和社会企业需求；分析中等职业学校财务管理专业教师岗位需求，为项目的开发及教材编写奠定基础。

　　本教材是以公司制企业为主要对象，以企业的工作岗位为项目单元，以每一个工作岗位的基本经济业务为例，阐述会计核算的基本理论、基本方法和基本操作技术，使会计工作岗位知识学习与技能操作紧密衔接，尽量做到"学中做，做中学，学做结合"。本教材对财务会计内容按照主要会计岗位分为出纳岗位会计核算、往来结算岗位会计核算、存货岗位会计核算、长期资产岗位核算、职工薪酬岗位会计核算、资金岗位会计核算（资金筹集岗位与投资岗位核算）、财务成果岗位会计核算和财务报告岗位综合管理（需要说明的是，成本会计岗位的核算和纳税岗位的核算将在"成本核算与控制及税法"课程中介绍）。这种分类有助于学生在知识学习过程中与未来岗位工作紧密联系，知识学习的目的是掌握从事会计工作的能力，明确知识学习和能力掌握的关系，为学生毕业后胜任各会计岗位工作做准备。本教材在阐述相关概念和会计理论的基础上，结合实际案例进行会计方法的运用，特别强调以会计的基本理论来指导实际操作，同时根据教学的需要为每章编写思考题和练习题，做到循序渐进、学以致用，以加强学生对会计概念的整体认识，提高学生从事各会计岗位的工作技能。

　　本教材的编写具有以下特征：对内容精心挑选、突出技能培养，力求做到以能力培养为主线，强调会计数据的信息性质，体现职教师资财务管理本科专业培养的要求，凸显职教师资培养特色，具有针对性、实用性、适用性和易懂性；本教材内容新颖，根据企业会计准则讲解2008年、2014年修订的最新增值税、营改增等税收法规编写；理论结合实践，引用大量的实际业务说明会计的基本方法和基本操作技能。

　　本教材由河北科技师范学院的郭艳峥、郜秀菊和付荣霞任主编，其中郭艳峥编写（第一、第二、第七章）、付荣霞编写（第三、第五章）、郜秀菊编写（第四、第六、第八、第九章）。贵州茅台酒厂（集团）昌黎葡萄酒业有限公司孟丽参编了第九章，聂天依（中央财经大学）参编了第一章。本教材的编写者均在教学一线工作 20 年以上，将教学经验也融入教材编写，本教材不仅是会计学、财务管理和审计学等专业的专业教材，也可用于经济管理类专业的公共必选课程，更是培养适应现代职业教育发展要求的"双师型"中等职业学校教师的必备教材。

本教材在编写过程中参考诸多有关财务会计与实务方面的教材、专著和论文等，由河北科技师范学院贾圣武教授任主审，并提出许多宝贵的意见和建议，为本教材的出版给予了极大的支持和帮助。本教材的编写和修改也得到了河北科技师范学院于红军、周晓娜、王晓琴，交通银行股份有限公司高级会计师高启，旭硝子汽车玻璃有限公司财务经理孙红旗，以及中央财经大学聂天依等的支持，在此一并表示衷心的感谢！

由于编者水平有限，以及本教材在某些内容、体系上的新尝试，书中的疏漏不妥之处，恳请读者批评指正。

编　者

2016 年 5 月

目　　录

第一章　项目一　会计核算岗位的认知

【**知识目标**】了解会计岗位的划分；掌握会计要素的概念与分类；掌握财务会计信息质量要求；掌握会计计量属性及其应用；初步认识财务会计工作。

【**能力目标**】认知企业应设置的会计岗位及各岗位的内控要求；能运用会计的特征正确划分会计要素，能应用计量属性进行会计计量；能用会计信息质量要求做出判断；正确理解会计假设的设置目的。

【**关键词**】会计岗位；会计特征；会计目标；会计要素确认；会计要素计量；会计假设；会计信息质量

一、会计岗位的设置

会计工作岗位，是指一个单位会计机构内部根据业务分工而设置的职能岗位。会计工作岗位可以一人一岗、一人多岗或者一岗多人。为了贯彻内部控制中的"钱、账、物"分管原则，出纳人员不得兼管稽核、会计档案保管和收入、费用、债权债务账目的登记工作。在会计机构内部设置会计工作岗位，有利于明确分工和确定岗位职责，建立岗位责任制；企业会计人员应有计划地进行岗位轮换，有利于会计人员钻研业务，提高工作效率和质量；有利于会计工作的程序化和规范化，加强会计基础工作；还有利于强化会计管理职能，提高会计工作的作用；也是配备数量适当的会计人员的客观依据之一。在实际工作中，企业应根据自身规模大小、业务量多少及岗位设置等具体情况设置会计岗位。会计工作岗位一般可分为以下几点：总会计师（或行使总会计师职权），会计机构负责人或者会计主管人员，出纳，财产物资核算，工资核算，成本费用核算，财务成果核算，资金核算，资本、基金核算，收入、支出、债权债务核算，财产物资收发核算岗位，总账岗位，对外财务会计报告编制岗位，会计电算化岗位，往来结算，总账报表，稽核，以及档案管理等。需要注意的事项如下：对于会计档案管理岗位，在会计档案正式移交之前，属于会计岗位，会计档案正式移交之后，不再属于会计岗位；档案管理部门的人员管理会计档案、收银员、单位内部审计、社会审计、政府审计工作也不属于会计岗位。

通过走访调研各种类型的企业、事业单位，借鉴会计专业毕业生从事会计岗位的工作需求与经验，本书对财务会计内容按照主要会计岗位进行编写，分为出纳岗位的会计核算、往来结算岗位的会计核算、存货岗位会计核算、长期资产岗位会计核算、职工薪酬岗位的会计核算、资金岗位的会计核算（资金筹集岗位与投资岗位的核算）、财务成果岗位的会计核算和财务报告岗位综合管理（需要说明的是，成本会计岗位的核算将在成本核算与控制课程中介绍）。这种分类有助于学生在知识学习过程中与未来岗位工作紧密联系，知识学习的目的是掌握从事会计工作的能力，明确知识学习和能力掌握的关系，为学生毕业后胜任各会计岗位工作做准备。

二、财务会计概述

（一）财务会计的概念

会计是以货币作为主要计量单位，对企业、行政事业等单位的经济活动进行连续、系统、全面、综合的反映和监督的一种经济管理活动。社会生产力的发展，剩余产品的出现，使作为生产过程附属的计量功能逐渐分化出来，形成独立的会计。随着商品生产、交换及社会分工的产生，会计由简单的计算逐渐发展成为用货币来综合核算和反映经济活动过程的管理工具，并逐渐形成了两个独立的分支，即"财务会计"和"管理会计"。财务会计侧重于向企业外部提供有关整个企业财务状况、财务状况的变动及经营成果方面的信息；管理会计侧重于向企业的经营者和内部管理部门提供旨在进行经营规划、加强经营管理、做出预测和决策所需的相关信息。

财务会计的概念可以描述如下：财务会计是以有关会计法规、准则和制度为主要依据，通过确认、计量、记录和报告等程序对各项会计要素进行加工处理，为有关各方提供企业财务状况、经营成果和现金流量等信息的一项专业会计。

（二）财务会计的特征

财务会计是运用会计核算的基本原理与方法，以企业会计准则等会计法规为依据，对企业资金运动进行反映和控制，为所有者和债权人提供会计信息的对外报告会计。与管理会计比较，财务会计的特征可以从以下几个方面加以理解。

1. 对外提供通用的财务报告

财务会计的主要目标是向企业的投资者、债权人、政府部门，以及社会公众提供对决策有用的会计信息，这些信息包括企业的财务状况、经营成果及现金流量。这些信息是以过去的交易和事项为基础的，属于历史信息，其服务对象主要是企业的外部信息使用者，因此也称为对外报告会计。而管理会计的目标侧重于规划未来，对企业的重大经营活动进行预测和决策，其服务对象是企业本身，也称为对内报告会计。

2. 以会计准则作为会计核算的基本依据

由于需要提供通用的会计信息，财务会计需要遵循统一的会计规范。企业会计准则是企业进行会计核算的主要依据。会计准则的基本准则、具体准则和会计准则应用指南规定的会计核算基本前提、会计信息质量要求，以及会计要素的确认、计量、记录与报告的规则是企业开展会计核算的基本依据，各个企业都必须执行。管理会计是企业进行内部管理的工具，因此在核算上较为灵活，不需要执行统一的制度与规范，在核算原则、核算方法及内容、期间等方面都可以依据企业管理的需要自行确定。

3. 使用传统的会计核算方法与程序

财务会计使用的是多年来形成的传统的会计核算理论与方法，它以账户和复式记账为核心，以凭证和账簿组织为形式，经过序时记录、分类记录、试算平衡、调整分录和对账结账等一系列步骤形成会计报表，提供的会计信息具有相关性与可比性等特点。管理会计也有专门的方法和程序，但相对于财务会计而言，它既没有统一的模式，也没有公认的原则，因此提供的信息一般不具有可比性。

（三）财务会计的目标

财务会计的目标就是财务会计系统要达到的目的和要求。财务报告的目标是向财务报告使用者提供与企业财务状况、经营成果和现金流量等有关的会计信息，反映企业管理层受托责任履行情况，有助于财务报告使用者做出经营决策。财务会计是一个生产加工会计信息的系统，为了使这个系统输出的会计信息有用，就应当了解以下两点：谁是信息的使用者？他们需要什么信息？

财务会计信息的使用者，既包括企业外部的使用者，也包括企业内部的使用者；既包括与企业有直接经济利益关系的利益群体，也包括与企业有间接关系的利益群体。在市场经济条件下，财务会计的信息使用者一般有投资者或潜在投资者、债权人或供应商、企业职工、企业管理当局、证券交易所、政府部门，以及与企业有利害关系的集团和个人。

在财务报告使用者中，满足投资者的信息需要是企业财务报告编制的首要出发点。随着我国企业改革持续深入，产权日益多元化，资本市场快速发展，投资者对会计信息的要求越来越高。投资者需要及时了解其对企业投入资金的风险和报酬，并依据相关信息做出决策。为了能够使投资者进行决策时有据可依，财务报告所提供的信息应当如实反映企业所拥有或者控制的经济资源、对经济资源的要求权，以及经济资源及其要求权的变化情况；如实反映企业的各项收入、费用、利得和损失的金额及其变动情况；如实反映企业各项经营活动、投资活动和筹资活动等所形成的现金流入与现金流出情况等，从而有助于现在的或者潜在的投资者正确、合理地评价企业的资产质量、偿债能力、盈利能力和营运效率等；有助于投资者根据相关会计信息做出理性的投资决策；有助于投资者评估与投资有关的未来现金流量的金额、时间和风险等。

除了投资者之外，企业财务报告的使用者还有债权人、政府及有关部门和社会公众等。这些会计信息使用者同样需要根据相关的信息做出决策。例如，企业贷款人、供应商等债权人往往关注企业的偿债能力和财务风险，他们需要通过研读企业的会计信息评估企业能否如期支付贷款本金及其利息，能否如期支付所欠购货款等；政府及有关部门作为经济管理和经济监管部门，通常关心经济资源分配的公平、合理，市场经济秩序的公正、有序，宏观决策所依据信息的真实可靠等，他们需要信息来监管企业的有关活动（尤其是经济活动）、制定税收政策、进行税收征管和国民经济统计等；社会公众也关心企业的生产经营活动，包括对所在地经济做出的贡献，如增加就业、刺激消费、提供社区服务等。因此，在财务报告中提供有关企业发展前景及其能力、经营效益及效率等方面的信息，可以满足社会公众的信息需要。会计信息使用者所需要的许多信息是相同的，通常能够满足投资者需求的会计信息，也能够满足其他使用者需要的大部分信息。

现代企业制度强调企业所有权和经营权相分离，企业管理层是受委托人之托经营管理企业及其各项资产，负有受托责任。也就是说，企业管理层所经营管理的企业各项资产基本上均为投资者投入的资本（或者留存收益作为再投资）或者向债权人借入的资金所形成的，企业管理层有责任妥善保管并合理、有效运用这些资产。企业投资者和债权人等也需要及时或者经常性地了解企业管理层保管、使用资产的情况，以便于评价企业管理层的责任情况和业绩，并决定是否需要调整投资或者信贷政策，是否需要加强企业内部控制和其他制度建设，是否需要更换管理层等。因此，财务报告应当反映企业管理层受托责任的履行情况，以有助于外部投资者和债权人等评价企业的经营管理责任和资源使用的有效性。

三、会计信息的处理程序

财务会计的对象是企业的资金运动。会计要素是企业资金运动的具体化。根据我国企业会计准则的规定，企业的会计要素包括资产、负债、所有者权益、收入、费用和利润，这六个要素是反映企业财务状况和经营成果的基本单位，也是会计报表的基本构成要素。会计要素的前三项反映了企业的财务状况，后三项反映的是企业的经营成果。财务会计是对企业的会计要素进行确认、计量、记录和报告的信息处理系统。

（一）会计确认

会计确认是企业根据会计准则规定的标准和方法，辨认和确定经济信息是否作为会计信息进行正式记录并列入财务报告的过程。会计确认主要解决企业发生的经济业务是否应当进入会计信息系统，应该作为什么会计要素的组成部分进入，以及应该在什么时候进入的问题。某一会计事项一旦被确认，就要同时以文字和数据加以记录，其金额包括在报表中。进行会计确认，必须以会计确认的标准为依据。会计确认的标准主要有会计假设、企业会计准则、企业财务通则及有关财经法规等。只有符合这些会计核算特定规范要求的，会计才予以确认。

（二）会计计量

会计计量是指以货币为主要计量单位，对被计量对象进行量化，从而确定应记录金额的会计处理程序。会计计量主要解决某项经济业务在会计上"反映多少"，即入账金额问题。作为财务会计的一个重要环节，会计计量的主要内容包括资产、负债、所有者权益、收入、费用、成本和损益等，并以资产计价与盈亏决定为核心。会计计量应坚持三个基本质量标准：①同质性，即会计计量所提示的数量关系（再现体）应与被提示的物品或事项的内在数量关系（客体）保持一致；②证实性，即在给定条件相同时，不同的会计人员对同一客体的计量应得出相同的结果，也就是计量结果可以互为证实；③一致性，即计量方法的使用要保持前后期的一致性，以免使用者对会计信息产生误解。

（三）会计记录

会计记录是将经确认、计量的项目，运用复式记账的方法记入有关账簿的过程，主要解决某项经济业务在会计上"如何登记"的问题。在这个环节中，需要解决的问题主要如下：账户设置；财务处理程序；账户对应关系；账户与报表项目的协调与配合等。通过会计的记录，不仅对资本的运动进行详细与具体的描述和量化，也对数据进行分类、汇总及加工。只有经过这一程序，会计才能生成有助于经济决策等方面的财务信息。会计记录运用的会计方法有设置账户、复式记账、填制凭证和登记账簿等。

（四）会计报告

会计报告是把通过会计记录所生成的信息，进行加工和转换，传递给信息使用者的过程。会计报告的主要表现形式是财务会计报告。会计记录生成的信息量多又很分散，不便于信息使用者使用，必须压缩信息的数量、提高其质量，使其成为相互联系的财务指标体系。财务会计报告是企业对外提供的反映企业某一特定日期财务状况和某一会计期间经营成果、现金流量的文件，它以账簿记录为依据，采用表格和文字形式，把会计所形成的财务信息传递给信息使用者。财务报告包括财务报表和其他应当在财务报告中披露的相关信息与资料。其中，财务报表由报表本身及其附注两部分构成，附注是财务报表的有机组成部分，而报表至少应当包括资产负债表、利润表和现金流量表等报表。

四、会计基本假设

会计基本假设是企业会计确认、计量和报告的前提，是对会计核算所处时间、空间环境等所做的合理设定。会计核算所处社会经济环境极为复杂，作为会计对象的企业经济活动也极为复杂。在这种情况下，要使会计实现其目标，就需要对其外部环境进行合理的判断，以此合理的判断作为会计核算的基本前提条件。依据这些基本假设，会计人员才能确定会计核算的范围，即会计信息的范围，确定会计核算的内容，确定收集和加工会计信息的方法与程序。会计基本假设是对未被确切认识的事物，根据客观的正常情况和发展趋势，做出合乎情理的判断，是合乎逻辑的推断，是以人们无数次会计实践的正确认识为依据做出的判断。离开会计假设，会计活动就失去了确认、计量、记录和报告的基础，会计工作就会陷入混乱，甚至难以进行。

（一）会计主体

会计主体是指企业会计确认、计量和报告的空间范围。会计主体通常是在经营上或经济上具有独立性或相对独立性的单位。会计主体假设把会计处理的数据和提供的信息，严格地限制在一个特定的空间范围，从根本上确认了会计信息系统立足于微观，主要为微观经济服务的属性。

在会计主体假设下，企业应当对其自身发生的交易或者事项进行会计确认、计量和报告，反映其所从事的各项生产经营活动，向财务报告使用者反映企业财务状况、经营成果和现金流量，提供与其决策有用的信息。明确界定会计主体是开展会计确认、计量和报告工作的重要前提。首先，只有明确了会计主体，才能划定会计所要处理的各项交易或事项的范围。在会计工作中，只有那些影响企业本身经济利益的交易或事项才能加以确认、计量和报告，那些不影响企业本身经济利益的交易或事项则不进行确认、计量和报告。其次，明确了会计主体，才能将会计主体的交易或者事项与会计主体所有者的交易或者事项及其他会计主体的交易或者事项区分开来。属于企业所有者主体发生的经济交易或者事项不应纳入企业会计核算的范围，企业所有者投入企业的资本或者企业向所有者分配的利润，则属于企业主体所发生的交易或者事项，应当纳入企业会计核算的范围。

需要注意的是，会计主体不同于法律主体，法律主体必然是一个会计主体，但是会计主体不一定是法律主体。例如，一个企业作为一个法律主体，应当建立财务会计系统，独立反映其财务状况、经营成果和现金流量，因此它也是一个会计主体；但是，企业集团作为一个需要编制合并财务报表的会计主体，其自身并不是法律主体，但它却是会计主体。

（二）持续经营

持续经营，是指在可以预见的将来，企业将会按当前的规模和状态继续经营下去，不会停业，也不会大规模削减业务。在持续经营前提下，会计确认、计量和报告应当以企业持续、正常的生产经营活动为前提。明确这个基本假设，就意味着会计主体将按照既定的用途使用资产，按照既定的合约条件清偿债务，会计人员就可以在此基础上选择会计原则和会计方法。当一个企业不能持续经营时就应当停止使用这个假设，如果仍按持续经营基本假设选择会计确认、计量和报告原则与方法，就不能客观地反映企业的财务状况、经营成果和现金流量，会误导会计信息使用者的经济决策。如果判断企业会持续经营，就可以假定企业的固定资产会在持续经营的生产经营过程中长期发挥作用，并服务于生产经营过程，固定资产就可以根据历史成本进行记录，并采用折旧的方法，将历史成本分摊到各个会计期间或相关产品的成本中；如果判断企业不会持续经营，固定资产就不应采用历史成本进行记录并按期计提折旧。

（三）会计分期

会计分期，是指将一个企业持续经营的生产经营活动划分为一个个连续的、长短相同的期间。在会计分期假设下，企业应当划分会计期间，分期结算账目和编制财务报告。会计期间通常分为年度和中期。中期，是指短于一个完整的会计年度的报告期间。划分会计期间并据以结算盈亏，按期编报财务报告，就可以及时向财务报告使用者提供有关企业财务状况、经营成果和现金流量的信息。

根据持续经营假设，一个企业将按当前的规模和状态持续经营下去。但无论是企业的生产经营决策还是投资者、债权人等的决策都需要及时的信息，需要将企业持续的生产经营活动划分为一个个连续的、长短相同的期间，分期确认、计量和报告企业的财务状况、经营成果和现金流量。由于会计分期，才产生了当期与以前期间、以后期间的差别，所以不同类型的会计主体有了记账的基准，进而出现了折旧、摊销等会计处理方法。

（四）货币计量

货币计量是指会计主体在财务会计确认、计量和报告时以货币作为计量尺度，反映会计主体的生产经营活动。在会计的确认、计量和报告过程中之所以选择货币为基础进行计量，是因为货币是商品的一般等价物，是衡量一般商品价值的共同尺度。其他的计量单位，如重量、长度、容积、台和件等，只能从一个侧面反映企业的生产经营情况，无法在量上进行汇总和比较，也不便于会计计量和经营管理。只有选择货币这一共同尺度进行计量，才能全面反映企业的生产经营情况。

货币计量利用通用的货币计量单位进行全部的计量活动，计量结果可以相加、相减、相乘、相除，从而得到会计报告，并能够对其做进一步的分析。然而在有些情况下，统一采用货币计量也有缺陷。一方面，某些影响企业财务状况和经营成果的因素，如企业经营战略、研发能力、市场竞争力、企业成员或雇员的知识和技能、客户的忠诚等，往往难以用货币来计量，但这些信息对于会计信息使用者决策来讲也很重要，为此，企业应在财务报告中补充披露有关非财务信息来弥补上述缺陷。另一方面，在货币计量的背后隐含币值不变的假设。会计业务中常常将不同时点的货币金额进行汇总比较，这是以币值不变为前提的，因为只有在币值稳定或相对稳定的情况下，不同时点上的资产的价值才有可比性，不同期间的收入和费用才能进行比较，并计算确定其经营成果，会计核算提供的会计信息才能真实地反映会计主体的经济活动情况。在实际生活中，如果币值发生变动，但不足以影响会计信息质量，我们可以认为币值相对稳定，此假定同样适用；但是如果发生严重的通货膨胀，则需要改变相应的会计原则及会计处理方法。

【实践训练1】

（1）甲公司会计张华进行会计处理时，没有将企业投资者李强的个人支出计入企业账户，张会计的做法是否正确？为什么？

（2）张会计若对此笔业务进行会计处理，请说明是依据什么进行处理的？

五、会计核算基础

实际工作中，企业交易或者事项的发生时间与相关货币收支时间有时并不完全一致。例如，款项已经收到，但销售并未实现；或者款项已经支付，但并不是为本期生产经营活动而发生的。为了更加真实、公允地反映特定会计期间的财务状况和经营成果，基本准则明确规定，企业在会计确认、计量和报告中应当以权责发生制为基础。根据权责发生制的基础要求，凡是当期已经实现的收入和已经发生或应当负担的费用，无论款项是否收付，都应当作为当期的收入和费用，计入利润表；凡是不属于当期的收入和费用，即使款项已在当期收付，也不应当作为当期的收入和费用。权责发生制主要是从时间上规定会计确认的基础，其核心是根据权责关系的实际发生期间来确认收入和费用。

收付实现制是与权责发生制相对应的一种会计基础，它是以收到或支付现金作为确认收入和费用等的依据。目前，我国行政单位会计核算采用收付实现制，事业单位一部分业务采用收付实现制。

【实践训练 2】

2014 年 10 月，甲公司向乙公司销售一批商品，增值税专用发票注明，价款 10 000 元，增值税 1 700 元，货款尚未收到。分别用两种会计核算基础确认 10 月的收入金额是多少？

六、会计信息质量要求

会计信息是企业相关利益各方进行决策的重要依据，会计信息质量的好坏直接关系到投资人的利益，关系国家宏观经济的调控，关系到债权人等相关利益方的权益，因此，我国会计准则对会计信息的质量提出了较高的要求。会计信息质量要求是对企业财务报告提供高质量会计信息的基本规范，是财务报告中所提供会计信息对投资者等使用者决策有用，且应具备的基本特征。根据基本准则规定，会计信息质量要求包括可靠性、相关性、可理解性、可比性、实质重于形式、重要性、谨慎性和及时性等。

（一）可靠性

可靠性要求企业以实际发生的交易或者事项为依据进行确认、计量和报告，如实反映符合确认和计量要求的各项会计要素及其他相关信息，保证会计信息真实可靠、内容完整。根据这一要求，企业在会计工作中应当做到以下几点。

（1）以实际发生的交易或者事项为依据进行确认、计量。符合会计要素定义及其确认条件的资产、负债、所有者权益、收入、费用和利润，都要如实反映在财务报表中；不得根据虚构的、没有发生的、尚未发生的交易或者事项进行会计要素的确认、计量和报告。

（2）在符合重要性和成本效益原则的前提下，保证会计信息的完整性。根据相关规定编报的报表及其附注内容等应当保持完整，与使用者决策相关的有用信息都应当充分披露，不得随意遗漏或者减少应予披露的信息。

（3）财务报告中的会计信息应当是中立的、无偏的。企业不能通过选择或列示财务报告中有关会计信息以影响决策和判断，达到事先设定的结果或效果，否则，这样的财务报告信息就不是中立的。

（二）相关性

相关性要求企业提供的会计信息应当与财务报告使用者的经济决策需要相关，有助于他们对企业过去、现在或者未来的情况做出评价或者预测。在会计核算工作中坚持相关性要求，就是要求企业在收集、加工、处理和提供会计信息过程中，要充分考虑各方面会计信息使用者的需要。

一项信息是否符合相关性要求，主要取决于其预测价值、反馈价值与及时性。如果一项信息能帮助使用者预测未来事项的结果，则此项信息具有预测价值，使用者可根据预测的可能结果，做出最佳选择；如果一项信息能使其使用者证实或更正过去预测的实际结果，通过与预期结果进行比较来判断过去的预期是否有误，从而避免将来做同样的决策时再犯错误，则说明此项信息具有反馈价值，信息的反馈价值有助于未来决策；任何信息要想影响决策就必须在决策之前提供，虽然及时提供的信息不一定具有相关性，但信息若不能及时提供必定会失去效用。

（三）可理解性

可理解性要求企业提供的会计信息清晰明了，便于财务报告使用者理解和使用。企业编制财务报告、提供会计信息的目的在于使用，而要使使用者能够有效使用会计信息，应当让其了解会计信息的内涵，弄懂会计信息的内容，这就要求财务报告所提供的会计信息应当清晰明了，易于理解。只有这样，才能提高会计信息的有用性，实现财务报告的目标，满足向财务报告使用者提供决策有用信息的要求。

会计信息是一种专业性较强的信息产品，在强调会计信息可理解性要求的同时，还应假定使用者具有一定的有关企业经营活动和会计方面的知识，并且愿意付出努力去研究这些信息。对于某些复杂的信息，如交易本身较为复杂或者会计处理较为复杂，但其与使用者的经济决策相关的，企业就应当在财务报告中予以充分披露。

（四）可比性

可比性要求企业提供的会计信息应当相互可比。具体来说可比性包括两个方面：一是同一企业不同时期可比。企业在不同时期发生的相同或者相似的交易或事项，应当采用一致的会计政策，不得随意变更。如果按照规定或者在会计政策变更后可以提供更可靠、更相关的会计信息，可以变更会计政策，但对于有关会计政策变更的情况，应当在附注中予以说明。二是不同企业相同会计期间可比。不同企业发生的相同或相似的交易或事项，应当采用统一规定的会计政策，确保会计信息口径一致，相互可比，以使不同企业按照一致的确认、计量和报告要求提供有关会计信息。

（五）实质重于形式

实质重于形式要求企业按照交易或者事项的经济实质进行会计确认、计量和报告，不仅仅以交易或者事项的法律形式为依据。

企业发生的交易或事项在多数情况下其经济实质和法律形式是一致的，但在有些情况下也会出现不一致。例如，以融资性租赁方式租入的固定资产，虽然从法律形式来讲企业并不拥有其所有权，但是由于租赁合同中规定的租赁期相当长，接近于该资产的使用寿命；租赁期结束时承租企业有优先购买该资产的选择权；在租赁期内承租企业有权支配资产并从中受益等。因此，从其经济实质来看，企业能够控制融资租入资产所创造的未来经济利益，在会计确认、计量和报告上就应当将以融资性租赁方式租入的资产视为企业的资产，列入企业的资产负债表。又如，企业按照销售合同销售商品但又签订了售后回购协议。虽然从法律形式上实现了收入，但如果企业没有将商品所有权上的主要风险和报酬转移给购货方，没有满足收入确认的各项条件，即使签订了商品销售合同或者已将商品交付给购货方，也不应当确认销售收入。实质重于形式的典型运用有融资性租赁、售后回购和关联关系确定等。

（六）重要性

重要性要求企业所提供的会计信息应当反映与企业财务状况、经营成果和现金流量有关的所有重要交易或者事项。

财务报告中提供的会计信息的省略或者错报会影响投资者等信息使用者据此做出决策的，该信息就具有重要性。重要性要求在选择会计方法和程序时，要考虑经济业务本身的性质和规模，根据特定的经济业务对经济决策影响的大小，来选择合适的会计方法和程序。重要性的应用需要依赖职业判断，企业应当根据其所处环境和实际情况，从项目的性质和金额大小两方面加以判断。例如，一笔经济业务的性质比较特殊，不单独反映就有可能遗漏一个重要事实，不利于会计信息使用者全面掌握这个企业的情况时，就应当严格核算，单独反映，提请注意；反之，就没有必要单独反映，重点提示。又如，某类经济业务的金额在企业收入、费用或资产总额中所占的比重较小时，就可以采用较为简单的方法和程序进行核算；反之，当经济业务的发生对企业的财务状况和损益影响很大时，就应当严格按照规定的会计方法和程序进行核算。

（七）谨慎性

谨慎性要求企业对交易或者事项进行会计确认、计量和报告时保持应有的谨慎，不应高估资产或者收益、低估负债或者费用。

在市场经济环境下，企业的生产经营活动面临许多风险和不确定性，如应收款项的可收回性、固定资产的使用寿命、无形资产的使用寿命、售出存货可能发生的退货或者返修等，对于这些不确定性，需要企业管理者做出合理的判断。根据会计信息质量的谨慎性要求，企业在面临不确定性因素的情况下做出职业判断时，应当保持应有的谨慎，充分估计到各种风险和损失，既不高估资产或者收益，也不低估负债或者费用。例如，对于企业发生的或有事项，通常不能确认或有资产，只有当相关经济利益基本确定能够流入企业时，才能作为资产予以确认；相反，相关的经济利益很可能流出企业而且构成现时义务时，应当及时确认为预计负债，就体现了会计信息质量的谨慎性要求。

但是，谨慎性的应用不允许企业设置秘密准备，如果企业故意低估资产或者收入，或者故意高估负债或者费用，将不符合会计信息的可靠性和相关性要求，损害会计信息质量，扭曲企业实际的财务状况和经营成果，从而对使用者的决策产生误导。

（八）及时性

及时性要求企业对已经发生的交易或者事项，及时进行确认、计量和报告，不得提前或者延后。

在当今市场经济条件下，企业竞争日趋激烈，各方面对会计信息的及时性要求越来越高，会计核算工作如果不及时，就很难准确地反映企业在一定时点上的财务状况和一定期间的经营成果与现金流量。会计信息的价值在于帮助所有者或者其他方面做出经济决策，具有时效性。即使是可靠的、相关的会计信息，如果不及时提供，失去了时效性，对于使用者的效用也会大大降低，甚至不再具有实际意义。在会计确认、计量和报告过程中贯彻及时性，一是要求及时收集会计信息，即在经济交易或者事项发生后，及时收集整理各种原始单据或者凭证；二是要求及时处理会计信息，即按照会计准则的规定，及时对经济交易或者事项进行确认或者计量，并编制财务报告；三是要求及时传递会计信息，即按照国家规定的有关时限，及时地将编制的财务报告传递给财务报告使用者，便于其及时使用和决策。

【实践训练 3】

甲公司于 2014 年 10 月向 A 公司销售一批商品，增值税专用发票已经开出，商品也已经发出，并办妥托收手续。但此时得知 A 公司发生重大损失，出现财务困难，短期内不能支付货款。为此甲公司 10 月未对该销售业务确认收入实现，此会计处理所采用的会计信息质量要求是什么？

七、会计要素的确认

会计要素是根据交易或者事项的经济特征所确定的财务会计对象的基本分类。根据企业会计准则的规定，会计要素按照其性质分为资产、负债、所有者权益、收入、费用和利润。资产、负债和所有者权益要素侧重于反映企业的财务状况，收入、费用和利润要素侧重于反映企业的经营成果。会计要素的界定和分类可以使财务会计系统更加科学严密，为投资者等财务报告使用者提供更加有用的信息。

（一）资产定义及确认条件

资产是指企业过去的交易或者事项形成的、由企业拥有或控制的、预期会给企业带来经济利益的资源。根据资产的定义，资产具有以下特征。

1. 资产是企业拥有或者控制的资源

资产作为一项资源，应当由企业拥有或者控制，具体是指企业享有某项资源的所有权，或者虽然不享有某项资源的所有权，但该资源能被企业所控制。

企业享有资产的所有权，通常表明企业能够排他性地从资产中获取经济利益。一般而言，在判断资产是否存在时，所有权是考虑的首要因素。有些情况下，资产虽然不为企业所拥有，即企业并不享有其所有权，但企业控制了这些资产，同样表明企业能够从资产中获取经济利益，符合会计上对资产的定义。例如，某企业以融资性租赁方式租入一项固定资产，尽管企业并不拥有其所有权，但是如果租赁合同规定的租赁期相当长，接近于该资产的使用寿命，表明企业控制了该资产的使用及其所能带来的经济利益，也应当将其作为企业资产予以确认、计量和报告。

2. 资产预期会给企业带来经济利益

资产预期会给企业带来经济利益，是指资产直接或者间接导致现金或现金等价物流入企业的潜力。这种潜力可以来自企业日常的生产经营活动，也可以是非日常活动；带来经济利益的形式可以是现金或者现金等价物形式，也可以是能转化为现金或者现金等价物的形式，或者是可以减少现金或者现金等价物流出的形式。

资产预期能否会为企业带来经济利益是资产的重要特征。例如，企业采购的原材料、购置的固定资产等可以用于生产经营过程，制造商品或者提供劳务，对外出售后收回货款，货款即为企业所获得的经济利益。如果某一项目预期不能给企业带来经济利益，那么就不能将其确认为企业的资产。前期已经确认为资产的项目，如果不能再为企业带来经济利益，也不能再确认为企业的资产。例如，待处理财产损失及某些财务挂账等，由于不符合资产定义，均不应当确认为资产。

3. 资产是由企业过去的交易或者事项形成的

资产应当由企业过去的交易或者事项所形成，过去的交易或者事项包括购买、生产、建造行为或者其他交易或事项。换句话说，只有过去的交易或者事项才能产生资产，企业预期在未来发生的交易或者事项不形成资产。例如，企业有购买某存货的意愿或者计划，但是购买行为尚未发生，就不符合资产的定义，不能因此而确认存货资产。

将一项资源确认为资产，不仅需要符合资产的定义，还应同时满足以下两个条件。

1）与该资源有关的经济利益很可能流入企业

从资产的定义来看，能否带来经济利益是资产的一个本质特征，但在现实生活中，由于经济环境瞬息万变，与资源有关的经济利益能否流入企业或者能够流入多少实际上带有不确定性。因此，资产的确认还应与经济利益流入的不确定性程度的判断结合起来。如果根据编制财务报表时所取得的证据，与资源有关的经济利益很可能流入企业，那么就应当将其作为资产予以确认；反之，不能确认为资产。

2）该资源的成本或者价值能够可靠的计量

财务会计系统是一个确认、计量和报告的系统，其中可计量性是所有会计要素确认的重要前提，资产的确认也是如此。只有当有关资源的成本或者价值能够可靠的计量时，资产才能予以确认。在实务中，企业取得的许多资产都是发生了实际成本的，如企业购买或者生产的存货，企业购置的厂房或者设备等，对于这些资产，只要实际发生的购买成本或者生产成本能够可靠计量，就视为符合资产确认的可计量条件。在某些情况下，企业取得的资产没有发生实际成本或者发生的实际成本很小，如企业持有的某些衍生金融工具形成的资产，对于这些资产，尽管它们没有实际成本或者发生的实际成本很小，但是如果其公允价值能够可靠计量，也被认为符合资产可计量性的确认条件。

（二）负债定义及确认条件

负债是指企业过去的交易或者事项形成的，预期会导致经济利益流出企业的现时义务。根据负债的定义，负债具有以下特征。

1. 负债是企业承担的现时义务

负债必须是企业承担的现时义务，这是负债的一个基本特征。其中，现时义务是指企业在现行条件下已承担的义务。未来发生的交易或者事项形成的义务，不属于现时义务，不应当确认为负债。这里所指的义务可以是法定义务，也可以是推定义务。其中法定义务是指具有约束力的合同或者法律法规规定的义务，通常必须依法执行。例如，企业购买原材料形成应付账款，企业向银行借入款项形成借款，企业按照税法规定应当交纳的税款等，均属于企业承担的法定义务，需要依法予以偿还。推定义务是指根据企业多年来的习惯做法、公开的承诺或者公开宣布的政策而导致企业将承担的责任，这些责任也使有关各方形成了企业将履行义务解脱责任的合理预期。

2. 负债预期会导致经济利益流出企业

预期会导致经济利益流出企业是负债的一个本质特征，只有企业在履行义务时会导致经济利益流出企业的，才符合负债的定义，如果不会导致企业经济利益流出，就不符合负债的定义。在履行现时义务清偿负债时，导致经济利益流出企业的形式多种多样。例如，用现金偿还或以实物资产形式偿还；以提供劳务形式偿还；以部分转移资产、部分提供劳务形式偿还；将负债转为资本；等等。

3. 负债是由企业过去的交易或者事项形成的

负债应当由企业过去的交易或者事项所形成。换句话说，只有过去的交易或者事项才形成负债，企业将在未来发生的承诺、签订的合同等交易或者事项，不形成负债。

将一项现时义务确认为负债，需要符合负债的定义，还应当同时满足以下两个条件。

1）与该义务有关的经济利益很可能流出企业

从负债的定义来看，负债预期会导致经济利益流出企业，但是履行义务所需流出的经济利益带有不确定性，尤其是与推定义务相关的经济利益通常需要依赖于大量的估计。因此，负债的确认应当与经济利益流出的不确定性程度的判断结合起来。如果有确凿证据表明，与现时义务有关的经济利益很可能流出企业，就应当将其作为负债予以确认；反之，如果企业承担了现时义务，但是导致经济利益流出企业的可能性已不复存在，就不符合负债的确认条件，不应将其作为负债予以确认。

2）未来流出的经济利益的金额能够可靠的计量

负债的确认在考虑经济利益流出企业的同时，对于未来流出的经济利益的金额应当能够可靠计量。对于与法定义务有关的经济利益流出金额，通常可以根据合同或者法律规定的金额予以确定，考虑到经济利益流出的金额通常在未来期间，有时未来期间较长，有关金额的计量需要考虑货币时间价值等因素的影响。对于与推定义务有关的经济利益流出金额，企业应当根据履行相关义务所需支出的最佳估计数进行估计，并综合考虑有关货币时间价值、风险等因素的影响。

（三）所有者权益定义及确认条件

所有者权益是指企业资产扣除负债后由所有者享有的剩余权益。公司的所有者权益又称为股东权益。所有者权益是所有者对企业资产的剩余索取权，它是企业资产中扣除债权人权益后应由所有者享有的部分，既可反映所有者投入资本的保值增值情况，又体现了保护债权人权益的理念。

1. 所有者权益的来源构成

所有者权益的来源包括所有者投入的资本、直接计入所有者权益的利得和损失、留存收益等，通常由实收资本（或股本）、资本公积（含资本溢价或股本溢价、其他资本公积）、盈余公积和未分配利润构成，商业银行等金融企业按照规定在税后利润中提取的一般风险准备，也构成所有者权益。

所有者投入的资本是指所有者投入企业的资本部分，它既包括构成企业注册资本或者股本部分的金额，也包括投入资本超过注册资本或者股本部分的金额，即资本溢价或者股本溢价，这部分投入资本在我国企业会计准则体系中被计入了资本公积，并在资产负债表中的资本公积项目下反映。

直接计入所有者权益的利得和损失，是指不应计入当期损益，会导致所有者权益发生增减变动的，与所有者投入资本或者向所有者分配利润无关的利得或损失。其中，利得是指由企业非日常活动所形成的，会导致所有者权益增加的，与所有者投入资本无关的经济利益的流入，利得包括直接计入所有者权益的利得和直接计入当期利润的利得。损失是指由企业非日常活动所发生的，会导致所有者权益减少的，与向所有者分配利润无关的经济利益的流出，损失包括直接计入所有者权益的损失和直接计入当期利润的损失。直接计入所有者权益的利得和损失主要包括可供出售金融资产的公允价值变动额、现金流量套期中套期工具公允价值变动额（有效套期部分）等。

留存收益是企业历年实现的净利润留存于企业的部分，主要包括累计计提的盈余公积和未分配利润。

2. 所有者权益的确认条件

所有者权益的确认、计量主要取决于资产、负债、收入及费用等其他会计要素的确认和计量。所有者权益即为企业的净资产，是企业资产总额中扣除债权人权益后的净额，反映所有者（股东）财富的净增加额。通常企业收入增加时，会导致资产的增加，相应地会增加所有者权益；企业发生费用时，会导致负债增加，相应地会减少所有者权益。因此，企业日常经营的好坏和资产负债的质量直接决定着企业所有者权益的增减变化与资本的保值增值。

所有者权益反映的是企业所有者对企业资产的索取权，负债反映的是企业债权人对企业资产的索取权，而且通常债权人对企业资产的索取权要优先于所有者对企业资产的索取权，而所有者享有的是企业资产的剩余索取权，两者在性质上有本质区别，因此企业在会计确认、计量和报告中应当严格区分负债和所有者权益，以如实反映企业的财务状况，尤其是企业的偿债能力和产权比率等。在实务中，企业某些交易或者事项可能同时具有负债和所有者权益的特征，在这种情况下，企业应当将属于负债和所有者权益的部分分开核算与列报。例如，企业发行的可转换公司债券，企业应当将其中的负债部分和权益性工具部分进行分拆，分别确认负债和所有者权益。

（四）收入定义及确认条件

收入是指企业在日常活动中形成的，会导致所有者权益增加的，与所有者投入资本无关的经济利益的总流入。根据收入的定义，收入具有以下特征。

1. 收入是企业在日常活动中形成的

日常活动是指企业为完成其经营目标所从事的经常性活动，以及与之相关的活动。例如，工业企业制造并销售产品、商业企业销售商品、保险公司签发保单、咨询公司提供咨询服务、软件企业为客户开发软件、安装公司提供安装服务、商业银行对外贷款、租赁公司出租资产等，均属于企业的日常活动。明确界定日常活动是为了将收入与利得相区分，日常活动是确认收入的重要判断标准，凡是日常活动所形成的经济利益的流入应当确认为收入，反之，非日常活动所形成的经济利益的流入不能确认为收入，而应当计入利得。例如，处置固定资产属于非日常活动，所形成的净利益就不应确认为收入，而应当确认为利得。又如，无形资产出租所取得的租金收入属于日常活动所形成的，应当确认为收入，但是处置无形资产属于非日常活动，所形成的净利益，不应当确认为收入，而应当确认为利得。

2. 收入会导致所有者权益的增加

与收入相关的经济利益的流入应当会导致所有者权益的增加，不会导致所有者权益增加的经济利益的流入不符合收入的定义，不应确认为收入。例如，企业向银行借入款项也导致了企业经济利益的流入，但该流入并不导致所有者权益的增加，而是使企业承担了一项现时义务，不应将其确认为收入，应当确认为一项负债。

3. 收入是与所有者投入资本无关的经济利益的总流入

收入应当会导致经济利益的流入，从而导致资产的增加。例如，企业销售商品，应当收到现金或者在未来有权收到现金，才表明该交易符合收入的定义。但是，经济利益的流入有时是所有者投入资本的增加所致，所有者投入资本的增加不应当确认为收入，应当将其直接确认为所有者权益。

企业收入的来源渠道多种多样，不同收入来源的特征有所不同，其收入确认条件也往往存在一些差别，如销售商品、提供劳务、让渡资产使用权等。一般而言，收入只有在经济利益很可能流入从而导致企业资产增加或者负债减少，且经济利益的流入额能够可靠计量时才能予以确认。收入的确认至少应当符合以下条件：一是与收入相关的经济利益应当很可能流入企业；二是经济利益流入企业的结果会导致资产的增加或者负债的减少；三是经济利益的流入额能够可靠计量。

（五）费用定义及确认条件

费用是指企业在日常活动中发生的，会导致所有者权益减少的，与向所有者分配利润无关的经济利益的总流出。根据费用的定义，费用具有以下特征。

1. 费用是企业在日常活动中形成的

费用必须是企业在其日常活动中所形成的，这些日常活动的界定与收入定义中涉及的日常活动的界定相一致。日常活动所产生的费用通常包括销售成本（营业成本）和管理费用等。将费用界定为日常活动所形成的，目的是将其与损失相区分，企业非日常活动所形成的经济利益的流出不能确认为费用，而应当计入损失。

2. 费用会导致所有者权益的减少

与费用相关的经济利益的流出应当会导致所有者权益的减少，不会导致所有者权益减少的经济利益的流出不符合费用的定义，不应确认为费用。

3. 费用是与向所有者分配利润无关的经济利益的总流出

费用的发生应当会导致经济利益的流出，从而导致资产的减少或者负债的增加（最终也会导致资产的减少）。费用的表现形式包括现金或者现金等价物的流出，存货、固定资产和无形资产等的流出或者消耗等。企业向所有者分配利润也会导致经济利益的流出，而该经济利益的流出属于投资者投资回报的分配，是所有者权益的直接抵减项目，不应确认为费用，应当将其排除在费用的定义之外。

费用的确认除了应当符合定义外，也应当满足严格的条件，即费用只有在经济利益很可能流出从而导致企业资产减少或者负债增加，以及经济利益的流出额能够可靠计量时才能予以确认。费用的确认至少应当符合以下条件：一是与费用相关的经济利益应当很可能流出企业；二是经济利益流出企业的结果会导致资产的减少或者负债的增加；三是经济利益的流出额能够可靠计量。

（六）利润定义及确认条件

利润是指企业在一定会计期间的经营成果。通常情况下，如果企业实现了利润，表明企业的所有者权益将增加，业绩得到了提升；反之，如果企业发生了亏损（即利润为负数），表明企业的所有者权益将减少，业绩下降。利润是评价企业管理层业绩的指标之一，也是投资者等财务报告使用者进行决策时的重要参考。

1. 利润的来源构成

利润包括收入减去费用后的净额，以及直接计入当期利润的利得和损失等。其中收入减去费用后的净额反映企业日常活动的经营业绩，直接计入当期利润的利得和损失反映企业非日常活动的业绩。直接计入当期利润的利得和损失，是指应当计入当期损益、最终会引起所有者权益发生增减变动的，以及与所有者投入资本或者向所有者分配利润无关的利得或损失。企业应当严格区分收入和利得、费用和损失之间的区别，以更加全面地反映企业的经营业绩。

2. 利润的确认条件

利润反映收入减去费用、利得减去损失后的净额。利润的确认主要依赖于收入和费用及利得与损失的确认，其金额的确定也主要取决于收入、费用、利得和损失金额的计量。

【实践训练4】

分析说明下列经济业务的发生，会使哪些会计要素发生增减变动？对损益产生影响的业务有哪些?

（1）支付现金股利。

（2）盈余公积弥补亏损。

（3）计提坏账准备。

八、会计计量属性

会计计量是为了将符合确认条件的会计要素登记入账并列报于财务报表而确定其金额的过程。企业应当按照规定的会计计量属性进行计量，确定相关金额。计量属性是指所要计量的某一要素的特性方面，如桌子的长度、铁矿的重量、楼房的面积等。从会计角度，计量属性反映的是会计要素金额的确定基础，主要包括历史成本、重置成本、可变现净值、现值和公允价值等。

（一）历史成本

历史成本，又称为实际成本，就是取得或制造某项财产物资时实际支付的现金或现金等价物。在历史成本计量属性下，资产按照其购置时支付的现金或者现金等价物的金额，或者按照购置资产时所付出的对价的公允价值计量。负债按照其因承担现时义务而实际收到的款项或者资产的金额，或者承担现时义务的合同金额，或者按照日常活动中为偿还负债预期需要支付的现金或者现金等价物的金额计量。

（二）重置成本

重置成本又称现行成本，是指按照当前市场条件，重新取得同样一项资产所需支付的现金或现金等价物金额。在重置成本计量属性下，资产按照现在购买相同或者相似资产所需支付的现金或者现金等价物的金额计量。负债按照现在偿付该项债务所需支付的现金或者现金等价物的金额计量。在实务中，重置成本多应用于盘盈固定资产的计量等。

（三）可变现净值

可变现净值，是指在正常生产经营过程中，以资产预计售价减去进一步加工成本和预计销售费用及相关税费后的净值。在可变现净值计量属性下，资产按照其正常对外销售所能收到现金或者现金等价物的金额扣减该资产至完工时估计将要发生的成本，以及估计的销售费用和相关税费后的金额计量。可变现净值通常应用于存货资产减值情况下的后续计量。

（四）现值

现值是指对未来现金流量以恰当的折现率进行折现后的价值，是考虑货币时间价值的一种计量属性。在现值计量属性下，资产按照预计从其持续使用和最终处置中所取得的未来净现金流入量的折现金额计量。负债按照预计期限内需要偿还的未来净现金流出量的折现金额计量。

（五）公允价值

公允价值，是指市场参与者在计量日发生的有序交易中，出售一项资产所能收到或者转移一项负债所需支付的价格。企业以公允价值计量相关资产或负债，应当考虑资产或负债的特征。相关资产或负债的特征是指市场参与者在计量日对该资产或负债进行定价时考虑的特征，包括资产状况及所在位置、对资产出售或者使用的限制。

企业会计准则规定，企业在对会计要素进行计量时，一般应当采用历史成本，如果采用重置成本、可变现净值、现值、公允价值计量的，应当保证所确定的会计要素金额能够取得并可靠计量。

企业会计准则体系适度、谨慎地引入公允价值这一计量属性，是因为随着我国资本市场的发展，越来越多的股票、债券和基金等金融产品在交易所挂牌上市，使这类金融资产的交易已经形成了较为活跃的市场，因此，我国已经具备了引入公允价值的条件。在这种情况下，引入公允价值，更能反映企业的实际情况，对投资者等财务报告使用者的决策更具有相关性。但是，企业会计准则体系引入公允价值是适度、谨慎和有条件的。我国作为新兴和转型的市场经济国家，如果不加限制地引入公允价值，有可能出现公允价值计量不可靠，甚至借机人为操纵利润的现象。

【实践训练 5】

分析说明下列经济业务应采用那种计量属性计量？

（1）购买材料一批，价款 5 000 元，增值税额 850 元，用转账支票支付。

（2）12 月 31 日对存货进行盘点，发现 A 材料盘盈 200 千克。

（3）12 月 31 日企业拥有的一台专用设备发生减值迹象，进行减值测试，估计未来 4 年的现金流量分别为 20 万元、30 万元、35 万元和 40 万元。

（4）企业在证券市场购买的股票，12 月 31 日的收盘价为每股 15.80 元。

本 章 小 结

本章学习财务会计的基本理论问题，为下文的学习奠定理论基础。

财务会计是以有关会计法规、准则和制度为主要依据，通过确认、计量、记录和报告等程序对各项会计要素进行加工处理，为有关各方提供企业财务状况、经营成果和现金流量等信息的一项专业会计，是运用会计核算的基本原理与方法，以企业会计准则等会计法规为依据，对企业资金运动进行反映和控制，为所有者、债权人提供会计信息的对外报告会计。财务报告的目标是向财务报告使用者提供与企业财务状况、经营成果和现金流量等有关的会计信息，反映企业管理层受托责任履行情况，有助于财务报告使用者做出经济决策。财务会计的对象是企业的资金运动，会计要素是企业资金运动的具体化。我国会计准则规定的六个会计要素是反映企业财务状况和经营成果的基本单位，也是会计报表的基本构成要素。财务会计通过对会计要素进行确认、计量、记录和报告完成会计信息的处理。

会计人员确定会计核算的范围和内容，确定收集和加工会计信息的方法与程序都要以会计基本假设为依据，会计基本假设是企业进行会计确认、计量和报告的前提，是对会计核算所处时间、空间环境等所做的合理设定。我国企业会计准则以明确会计主体、持续经营、会计分期和货币计量为企业基本会计假设。对于企业收入与费用的确定，应当以权责发生制为基础。权责发生制从时间上规定了会计确认的基础，其核心是根据权责关系的实际发生期间来确认收入和费用。会计信息是企业相关利益各方进行决策的重要依据，会计信息质量的好坏直接关系到投资人的利益，关系国家宏观经济的调控，关系到债权人等相关利益方的权益。企业所提供的会计信息必须符合可靠性、相关性、可理解性、可比性、实质重于形式、重要性、谨慎性和及时性等方面的会计信息质量要求。

会计要素按照其性质分为资产、负债、所有者权益、收入、费用和利润。会计要素的界定和分类可以使财务会计系统更加科学严密，为投资者等财务报告使用者提供更加有用的信息。进行会计要素的确认应符合企业会计准则所规定的确认条件，会计要素金额的确定应当按照规定的会计计量属性进行计量，会计计量属性主要包括历史成本、重置成本、可变现净值、现值和公允价值等。

问 题 思 考

1. 与管理会计比较，财务会计有哪些特征？

2. 财务会计信息处理的基本程序是什么？

3. 什么是会计基本假设？我国会计准则规定的会计基本假设有哪些？

4. 提供高质量会计信息的要求有哪些？

5. 企业会计要素的定义及其确认条件是什么？

6. 企业进行会计要素确认的标准有哪些？

7. 通过走访调查了解企业（包括大中型、小企业、上市公司）、事业单位等会计岗位的设置。

| 项目一 | 项目一 | 项目一　《企业会计准则—— | 项目一　《企业会计 |
| 学习指导 | 习题 | 基本准则》变化对比分析 | 准则——基本准则》 |

第二章　项目二　出纳岗位核算

【知识目标】通过学习了解出纳岗位的核算任务，熟悉库存现金的内容、银行转账结算方式和银行存款的管理，掌握出纳岗位的业务核算流程，掌握货币资金的核算方法。

【能力目标】能够判断违反现金资金使用规定的情形；能够进行现金资金的账务处理；掌握不同结算方式下的账务处理及银行存款账余额调节表的编制方法。

【关键词】出纳岗位任务；现金支付规定；银行转账结算方式；其他货币资金；核算；清查处理

企业发生的经济业务中，货币资金的使用频率较高，使用范围较大，涉及业务较多，本章的教学中，以日记账、支票和汇票等为主载体，让学生更好地掌握常用票据的填写方法，基本的货币核算方法，为以后各章节的学习做好准备。

第一节　任务一　出纳工作任务

出纳工作作为会计工作的一个重要岗位，有专门的操作技术和工作规则。出纳工作是管理货币资金、票据和有价证券的一项工作，出纳员一般是指会计部门的出纳员。出纳工作的任务如下。

（1）负责办理银行存款和现金领取。

（2）负责支票、汇票、发票和收据的管理，保管结算所需使用的印章。

（3）负责填制和审核相关凭证，登记银行存款和库存现金日记账。

（4）负责报销差旅费的工作。员工出差需要借支款的，就必须填写借支单，然后交总经理审批签名，交由财务审核，确认无误后，由出纳发款。员工出差回来后，据实填写支付证明单，并在支付证明后面贴上收据或发票，先交由证明人签名，然后由总经理签名，进行实报实销，再经会计审核后，由出纳给予报销。

（5）员工工资的发放。

（6）出纳员调离本岗位、离职或请假时间较长的，要将经管的款项、有价证券、贵重物品、公章、收据和支票等，向接办人员移交，办妥交接手续。

第二节　任务二　库存现金的核算

一、任务导入

某公司 2014 年 3 月发生如下库存现金收付款业务：3 月 1 日，签发现金支票一张，从银行提取现金 2 000 元。3 月 1 日，采购部门王志强出差，预借差旅费 3 000 元，以现金支付。3 月 10 日，以现金支付接待客户费用 450 元。3 月 10 日，王志强出差回来，报销差旅费 2 800 元，交回多余现金 200 元。3 月 20 日，以现金支付职工张瑾生活困难补助费 300 元。

二、任务分析

为了准确核算公司库存现金，出纳员需要完成以下工作。

（1）现金收付：①现金收付的，要当面点清金额，并注意票面的真伪。若收到假币予以没收，由责任人负责。②现金一经付清，应在原单据上加盖"现金付讫章"。多付或少付金额，由责任人负责。③把每日收到的现金送到银行。

（2）报销审核：①在支付证明单上经办人是否签字，证明人是否签字。若无签字，应补签。②附在支付证明单后的原始票据是否有涂改。如果有涂改，要问明原因或不予报销。③正规发票是否与收据混贴。如果有这种情况，应分开贴。④支付证明单上填写的项目是否超过规定。若超过规定，应当重填。⑤大、小写金额是否相符。若不相符，应更正重填。⑥报销内容是否属合理的报销。若不合理，应拒绝报销，有特殊原因，应经审批。⑦支付证明单上是否有单位授权负责人签字。若无签字，不予报销。

一般单位出纳工作流程图如图 2-1 所示。

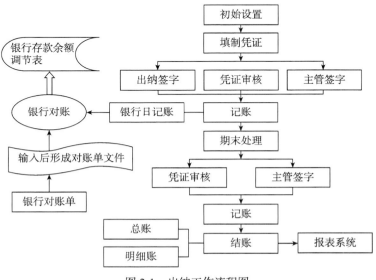

图 2-1　出纳工作流程图

三、知识储备与任务实施

（一）库存现金的管理

库存现金是指通常存放于企业财会部门，由出纳人员经管的货币。库存现金是企业流动性最强的资产，企业应当严格遵守国家有关现金管理制度，正确进行现金收支核算，监督现金使用的合法性与合理性。

1. 现金的使用范围的管理

根据国家现金管理制度和结算制度的规定，企业收支的各种款项，必须按照国务院颁布的《现金管理暂行条例》的规定办理，在规定的范围内使用现金。允许企业使用现金结算的范围如下。

（1）支付职工个人的工资、奖金、津贴。

（2）支付职工的抚恤金、丧葬补助费及各种劳保、福利，国家规定的对个人的其他支出。

（3）支付个人劳务报酬。

（4）根据国家规定发给个人的科学技术、文化艺术、体育等各种奖金。

（5）支付向个人收购农副产品和其他物资的价款。

（6）出差人员必须随身携带的差旅费。

（7）结算起点（1 000 元）以下的零星支出。

（8）经中国人民银行确定需要支付现金的其他支出。

属于上述现金结算范围的支出，企业可以根据需要向银行提取现金支付，不属于上述现金结算范围的款项支付，一律通过银行进行转账结算。

2. 库存现金的限额管理

在企业所拥有的资产中，库存现金的流动性最大，最容易被挪用或侵占，因此，企业必须加强对现金的管理，以提高其使用效率，保护其完整、安全。企业内部现金管理应按内部牵制制度的要求实行钱账分管，即对现金的收付业务和记账工作实行由两人或两人以上分管，互相牵制，互相监督。

库存现金限额是指为保证各单位日常零星支出按规定允许留存的现金数额。库存现金限额是由开户银行根据开户单位的实际需要等情况核定，一般按照单位 3 ~ 5 天的日常零星开支确定。边远地区和交通不便地区开户单位的库存现金限额，可按多于5 天但不超过 15 天的日常零星开支的需要确定。库存现金的限额一经确定，必须严格遵守，超过部分应于当日终了前存入银行；不足限额时，可签发现金支票向银行提取现金补足。需要增加或减少现金限额的单位，应向开户银行提出申请，由开户银行核定。

3. 不得坐支现金的管理

企业在经营活动中发生的现金收入，应及时送存开户银行。当日送存有困难的，由开户银行确定送存时限。企业支付现金时，可以从企业的库存现金限额中支付，也可以从开户银行的存款中支付，但不得从本企业的现金收入中直接支付，即不得"坐支"现金。因特殊情况需要坐支现金的，应当先报开户银行审核批准，由开户银行核定坐支范围和限额。

4. 日常现金收支的管理

库存现金的管理应做到日清月结，为了保证账实相符，还应进行定期或者不定期的清查。企业不得用不符合财务制度的凭证顶替库存现金，即不得"白条顶库"；不得谎报用途套取现金；不准用银行账户代其他单位和个人存入和支取现金；不准将单位收入的现金以个人名义存入储蓄（公款私存）；不准保留账外公款（小金库）。

（二）库存现金收支的核算

1. 库存现金收支的核算

【例 2-1】根据任务导入给出的业务，应编制如下会计分录，并及时登记现金日记账。

（1）3月1日，签发现金支票一张，从银行提取现金2 000元，补充库存。

借：库存现金　　　　　　　　　　　　　　　　　　　　　2 000
　　贷：银行存款　　　　　　　　　　　　　　　　　　　　　　　2 000

（2）3月1日，采购部门王志强出差，预借差旅费3 000元，以现金支付。

借：其他应收款　　　　　　　　　　　　　　　　　　　　3 000
　　贷：库存现金　　　　　　　　　　　　　　　　　　　　　　　3 000

（3）3月10日，王志强出差回来，报销差旅费2 800元，交回多余现金200元。

借：管理费用　　　　　　　　　　　　　　　　　　　　　2 800
　　库存现金　　　　　　　　　　　　　　　　　　　　　　200
　　贷：其他应收款　　　　　　　　　　　　　　　　　　　　　　3 000

（4）3月10日，以现金支付接待客户费用450元。

借：管理费用　　　　　　　　　　　　　　　　　　　　　450
　　贷：库存现金　　　　　　　　　　　　　　　　　　　　　　　450

（5）3月10日，以现金支付职工张瑾生活困难补助费500元。

借：应付职工薪酬——职工福利　　　　　　　　　　　　　500
　　贷：库存现金　　　　　　　　　　　　　　　　　　　　　　　500

为了管理好企业的现金，如实反映现金收付和结存的情况，企业必须设置"现金日记账"。现金日记账由出纳人员根据收付款凭证，按照业务发生顺序逐笔登记。每日终了，应当在现金日记账上计算出当日的现金收入合计额、现金支出合计额和结余额，并将现金日记账上的账面余额与实际库存现金额相核对，保证账款相符；月度终了，现金日记账的余额应当与现金总账的余额核对，做到账账相符。

现金日记账一般采用借贷余三栏式，其格式如表2-1所示。

表 2-1　库存现金日记账

2014 年		凭证字号	摘要	对方科目	借方	贷方	余额
月	日						
3	1		期初余额				1 800
	1	银付	从银行提现	银行存款	2 000		
	1	现付	借支差旅费	其他应收款		3 000	
			本日合计		2 000	3 000	800
		现收	报销差旅费	其他应收款	200		
		现付	支付招待费	管理费用		450	
		现付	支付职工困难补助	应付职工薪酬		300	
			本日合计		200	750	250

有外币现金收支业务的企业，应当按照人民币现金、外币现金的币种设置现金日记账账户进行明细核算。

2. 库存现金盘点中短缺和溢余的核算

为了保证现金核算的正确性，企业应当定期或不定期地进行现金的清查。现金清查的目的是加强对出纳工作的监督，以保证现金的安全、完整。现金清查的主要方法是实地盘点法，确定库存现金的实有数，与库存现金的账存余额数进行核对，以查明库存现金的盈亏情况，做到日清月结，账款相符。库存现金的盘点，应由清查人员会同出纳员共同负责。

（1）盘点前，出纳员应先将现金收付凭证全部登记入账，并结出余额。

（2）盘点时，出纳员必须在场，现金应逐张清点，如发现溢余，必须会同出纳员核实清楚。除查明账实是否相符外，还要查明有无以"白条"抵充现金，有无坐支现金，现金库存是否超过银行核定的限额等违反现金管理制度的规定。

（3）盘点结束后，应根据盘点结果填制"库存现金盘点报告表"，如表 2-2 所示，并由清查人员和出纳员签名或盖章。

表 2-2　库存现金盘点报告表

年　　月　　日

实存金额	账存金额	对比结果		备注
		长款	短款	

盘点员签章　　　　　　　　　　　　　　　　　　　　　　　　　　　出纳员签章

对于发现的有待查明原因的现金短缺或溢余，应先通过"待处理财产损溢"科目核算。属于现金短缺的，应按实际短缺的金额，借记"待处理财产损溢——待处理流动资产损溢"，贷记"库存现金"；属于现金溢余的，按实际溢余的金额，借记"库存现金"，贷记"待处理财产损溢——待处理流动资产损溢"。对于出现的现金短缺或现金溢余，待查明原因后，要分情况进行处理。

如现金短缺，属于应由责任人赔偿的部分，借记"其他应收款——应收现金短缺款（××个人）"或"库存现金"，贷记"待处理财产损溢——待处理流动资产损溢"；属于应由保险公司赔偿的部分，借记"其他应收款——应收保险赔偿款"，贷记"待处理财产损溢——待处理流动资产损溢"；属于无法查明的其他原因，根据管理权限，经批准后处理，借记"管理费用——现金短缺"，贷记"待处理财产损溢——待处理流动资产损溢"。

【例 2-2】某企业 2015 年 3 月末现金清产中，发现短缺 300 元，编制会计分录如下。

（1）根据库存现金盘点报告表。

借：待处理财产损溢——待处理流动资产损溢　　　　　　　　　　　300
　　贷：库存现金　　　　　　　　　　　　　　　　　　　　　　　　　300

（2）经查明原因，应由出纳员赔偿 200 元，其余 100 元经批准作为管理费用，编制会计分录如下。

借：其他应收款——某出纳员　　　　　　　　　　　　　　　　　　200
　　管理费用　　　　　　　　　　　　　　　　　　　　　　　　　100
　　贷：待处理财产损溢——待处理流动资产损溢　　　　　　　　　　300

（3）收到出纳员交来赔偿款时，编制会计分录如下。

借：库存现金　　　　　　　　　　　　　　　　　　　　　　　　　200
　　贷：其他应收款——某出纳员　　　　　　　　　　　　　　　　　200

如为现金溢余，属于应支付给有关人员或单位的，应借记"待处理财产损溢——待处理流动资产损溢"科目，贷记"其他应付款——××单位或个人"科目；属于无法查明原因的现金溢余，经批准后，借记"待处理财产损溢——待处理流动资产损溢"科目，贷记"营业外收入——现金溢余"科目。

【例 2-3】（1）出纳员本日终了清点现金，发现长款 150 元，长款原因尚未查明。编制会计分录如下。

借：库存现金　　　　　　　　　　　　　　　　　　　　　　　　　150
　　贷：待处理财产损溢——待处理流动资产损溢　　　　　　　　　　150

（2）上项长余款项无法查明原因，经批准转作营业外收入时，编制会计分录如下。

借：待处理财产损溢——待处理流动资产损溢　　　　　　　　　　　150
　　贷：营业外收入——现金溢余　　　　　　　　　　　　　　　　　150

【实践训练 1】

（1）根据"2014 年 1 月 1 日，签发现金支票一张，支付郑喜捷年终奖 10 602.47 元"，填写的现金支票如表 2-3 所示。

表 2-3　中国工商银行现金支票

中国工商银行 现金支票存根 支票号码　№1243 科目＿＿＿＿＿＿＿ 对方科目＿＿＿＿＿ 签发日期：　年　月　日	本支票付款期限十天	中国工商银行 现金支票（冀）　　　支票号码 №1243

中国工商银行 现金支票（冀）　　　支票号码 №1243

签发日期（大写）　　年　月　日　　付款行名称：（略）

收款人：　　　　　　　　　　　　　签发人账号：（略）

人民币 （大写）		千	百	十	万	千	百	十	元	角	分

用途＿＿＿＿＿＿＿＿＿

上列款项请从我账户内支付　　　　　密码区

签发人盖章：

收款人：	
金额：	
用途：	
备注：	
单位主管　　会计	

（2）2014 年 3 月 14 日，甲公司财务科科长王江去郑州开会，当日到达。3 月 19 日出差归来，3 月 20 日报销差旅费。王江于 2014 年 3 月 5 日为出差预借差旅费 2 000 元。该公司出差补助标准为每人每天 200 元。往返火车票如图 2-2 所示，住宿发票如表 2-4 所示。

要求：①填制差旅费报销单（表 2-5）。②根据审核后的差旅费报销单，填制记账凭证（表 2-6）。

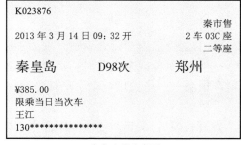

（a）去程火车票	（b）返程火车票

图 2-2　往返火车票

表 2-4　河南省郑州市服务业发票示例

表 2-5　差旅费报销单示例

差旅费报销单

报销部门：　　　　　　　　　　　填报日期：　年　月　日

姓名		职别		出差事由	

出差起止日期自　　　年　　　月　　　日起至　　　年　　　月　　　日止 共　　　天

附单据　　　张

日期		起讫地点	车船费	住宿费	出差补助	小计
月	日					
合计						

合计金额（大写）

原借款_____元	补付现金_____元	收回现金_____元	领款人签字：

部门主管：　　　　　　　　　　　　　　　　　　　　　　　　出差人：

表 2-6　记账凭证示例

记账凭证

年　　　月　　　日　　　　　　　　　　　第×号

摘要	会计科目		借方金额									贷方金额									记账符号	附凭证
	总账科目	明细科目	百	十	万	千	百	十	元	角	分	百	十	万	千	百	十	元	角	分		
																						证
合计																						张

会计主管　　　　记账　　　　审核　　　　制证　　　　出纳

【课堂思考】

（1）库存现金核算与库存现金清查的规定有哪些？

（2）库存现金盘点报告表如何填写？

第三节　任务三　银行存款的核算

一、任务导入

某公司 2014 年 3 月发生银行存款收付款业务如下：3 月 1 日，签发现金支票一张，从银行提取现金 2 000 元。3 月 1 日，从中国工商银行取得 3 个月期限借款 100 万元，收到银行入账通知。3 月 2 日，收到银行收账通知，收到甲公司偿还的货款 85 000 元。3

月 10 日，开出转账支票 58 500 元，支付乙公司的购货欠款。3 月 20 日，开出现金支票支付本月职工工资 300 000 元。

二、任务分析

为了准确核算公司银行存款，出纳员需要完成以下工作。

（1）购买空白结算凭证，保管空白支票，专设登记簿登记，规范支票签发。

（2）办理银行结算业务，登记银行存款日记账，具体如下：①登记银行日记账时先分清账户，避免张冠李戴。开汇兑手续。②每日结出各账户存款余额，以便总经理及财务会计了解公司资金运作情况，以调度资金。每日下班之前填制结报单。

（3）妥善保管银行印鉴和相关印章，确保资金安全，具体如下：①保管好各种空白支票，不得随意乱放；②公司财务章平时由出纳保管，每日下班后上交财务章。

（4）定期到银行领取银行对账单，与银行存款日记账核对，编制银行存款余额调节表。

三、知识准备与任务实施

银行存款是指企业存入银行或其他金融机构的货币资金。按照国家有关规定，凡是独立核算的企业都必须在当地银行开设账户；企业在银行开设账户以后，除按核定的限额保留库存现金外，超过限额的现金必须存入银行；除了在规定的范围内可以用现金直接支付外，在经营过程中所发生的一切货币收支业务，都必须通过银行存款账户进行结算。

（一）银行存款开户规定及原则

按照中国人民银行《支付结算办法》规定，企业应在银行开立账户，以办理存款、取款和转账等结算。企业银行存款账户依据用途不同可以分为基本存款账户、一般存款账户、临时存款账户和专用存款账户等。

1. 基本存款账户

基本存款账户是指企业办理日常结算和现金收付的账户。企业的工资、奖金等现金的支取，只能通过该账户办理。

2. 一般存款账户

一般存款账户是指企业在基本存款账户以外的银行借款转存，以及与基本存款账户的企业不在同一地点的附属非独立核算单位开立的账户。本账户只能办理转账结算和现金缴存，不能支取现金。

3. 临时存款账户

临时存款账户是指企业根据临时生产经营活动的需要而开立的账户，企业可以通过本账户办理转账结算，以及根据国家现金管理规定办理现金收付。企业暂时性的转账、现金收付业务可以通过本账户结算，如异地产品展销、临时性采购资金等。

4. 专用存款账户

专用存款账户是指企业因特定用途需要所开立的账户，如基建专款等。

企业在银行开立账户后，可到开户银行购买各种银行往来使用的凭证（如现金支票、转账支票、进账单和送款簿等），用以办理银行存款的收付。

一个企业只能选择一家银行的一个营业机构开立一个基本存款账户，不得在多家银行开立基本存款账户，也不得在同一家银行的几个分支机构开立一般存款账户。企业开立的所有银行账户均由企业财务部门负责管理。

（二）银行结算账户的办理流程

1. 企业设立基本账户应提供的材料

（1）营业执照正本原件及复印件 3 张。

（2）组织机构代码证正本及复印件 3 张。

（3）公司公章、法人章和财务专用章。

（4）法人身份证原件及复印件 3 张。

（5）税务登记证正本原件及复印件 3 张。

2. 银行结算账户申请书的填写

开立单位银行结算账户申请书如下所示。

开立单位银行结算账户申请书

存款人名称			电话	
地址			邮编	
存款人类别		组织机构代码		
法定代表人（　）单位负责人（　）	姓名			
	证件种类		身份证号码	
行业分类	A（　）B（　）C（　）D（　）E（　）F（　）G（　）H（　）I（　）J（　）K（　）L（　）M（　）N（　）O（　）P（　）Q（　）R（　）S（　）T（　）			
注册资金		地区代码		
经营范围				
证明文件种类		证明文件编号		
税务登记证编号（国税或地税）				
关联企业	关联企业信息填列在"关联企业登记表"上			
账户性质	基本（　）一般（　）专用（　）临时（　）			
资金性质		有效日期至	年　　月　　日	

续表

以下为存款人上级法人或主管单位信息			
上级法人或主管单位名称			
基本存款账户开户许可证核准号		组织机构代码	
法定代表人（　） 单位负责人（　）	姓名		
	证件种类		
	证件号码		
以下栏目由开户银行审核后填写			
开户银行名称		开户银行代码	
账户名称		账号	
基本存款账户开户许可证核准号		开户日期	
本存款人申请开立单位银行结算账户，并承诺所提供的开户资料真实、有效。 存款人（公章） 年　月　日	开户银行审核意见： 经办人（签章） 存款人（签章） 年　月　日		中国人民银行审核意见： 经办人（签章） 中国人民银行（签章） 年　月　日

填列说明：①申请开立临时存款账户，必须填列有效日期；申请开立专用存款账户，必须填列资金性质。②该行业标准由银行在营业场所公告，"行业分类"中各字母代表的行业种类如下。A 表示农、林、牧、渔业；B 表示采矿业；C 表示制造业；D 表示电力、燃气及水的生产供应业；E 表示建筑业；F 表示交通运输、仓储和邮政业；G 表示信息传输、计算机服务及软件业；H 表示批发和零售业；I 表示住宿和餐饮业；J 表示金融业；K 表示房地产业；L 表示租赁和商务服务业；M 表示科学研究、技术服务和地质勘查业；N 表示水利、环境和公共设施管理；O 表示居民服务和其他服务业；P 表示教育业；Q 表示卫生、社会保障和社会福利业；R 表示文化、教育和娱乐业；S 表示公共管理和社会组织；T 表示其他行业。③带括号的选项填"√"

（三）银行存款核算

银行存款的核算包括总分类核算和明细分类核算。银行存款的总分类核算通过设置"银行存款"账户进行，明细分类核算通过设置"银行存款日记账"进行。

1. 银行存款收、付款业务的凭证

企业在生产经营活动中，经常与开户银行发生银行存款的收、付款业务。这些业务，总的来说分为两类：一类是企业将现金存入银行或从银行提取现金；另一类是通过银行转账结算收付银行存款。企业办理银行存款的各种收、付款业务，都必须填制或取得银行规定的结算凭证，作为收、付款项的书面证明，经会计主管人员审核签证后，据以填制银行存款的收款凭证或付款凭证进行银行存款收、付款项的核算。银行结算凭证的格式和填制手续，因结算方式不同而各有差异。

2. 银行存款的总分类核算

为了记录和反映企业存入银行和其他金融机构的各种款项，企业应设置"银行存款"总分类账，该账户属于资产类，其借方反映企业银行存款的增加，贷方反映企业银行存款的减少，期末余额一般在借方，反映企业期末银行存款的余额。企业在银行的其他存款，如外埠存款、银行汇票存款、银行本票存款和信用证存款等，在"其他货币资金"账户核算，不通过"银行存款"账户核算。

"银行存款"总账与"库存现金"总账一样，应由不从事出纳工作的会计人员负责登记，登记时，既可以根据银行存款收付款凭证逐笔登记，也可以定期编制汇总收付款凭证汇总登记，还可以根据多栏式银行存款日记账汇总登记。

【例2-4】根据任务描述，会计处理如下。

（1）3月1日，签发现金支票一张，从银行提取现金2 000元。

借：库存现金　　　　　　　　　　　　　　　　　　　　　2 000
　　贷：银行存款　　　　　　　　　　　　　　　　　　　　2 000

（2）3月1日，从中国工商银行取得3个月期限借款100万元，收到银行入账通知。

借：银行存款　　　　　　　　　　　　　　　　　　　1 000 000
　　贷：短期借款　　　　　　　　　　　　　　　　　　1 000 000

（3）3月2日，收到银行收账通知，收到甲公司偿还的货款85 000元。

借：银行存款　　　　　　　　　　　　　　　　　　　　85 000
　　贷：应收账款　　　　　　　　　　　　　　　　　　　85 000

（4）3月10日，开出转账支票58 500元，支付乙公司的购货欠款。

借：应付账款　　　　　　　　　　　　　　　　　　　　58 500
　　贷：银行存款　　　　　　　　　　　　　　　　　　　58 500

（5）3月20日，开出现金支票支付本月职工工资300 000元。

借：应付职工薪酬——工资　　　　　　　　　　　　　　300 000
　　贷：银行存款　　　　　　　　　　　　　　　　　　300 000

3. 银行存款明细核算

设置银行存款日记账进行明细核算。"银行存款日记账"可按开户银行和其他金融机构、存款种类等设置，根据收付款凭证，按照业务的发生顺序逐笔登记，每日终了，应结出余额。

为了保证银行存款的安全和核算的正确，"银行存款日记账"应定期与"银行对账单"对账，至少每月核对一次。银行存款的对账包括三项内容：银行存款日记账与银行存款首付款凭证相互核对，做到账证相符；银行存款日记账与银行存款总账核对，做到账账相符；银行存款日记账与银行对账单核对，做到账实相符。银行存款日记账与银行对账单相核对时，双方余额不一致，除了可能是记账错误外，还可能是由未达账项引起的。

未达账项是指企业与银行之间，由于凭证传递上的时间差，一方已登记入账，而另一方尚未入账的账项。由于企业、银行间存款收支凭证的传递需要一定时间，所以同一笔业务企业和银行各自入账的时间不一定相同，在同一日期，企业账上银行存款的余额与银行账上企业存款的余额往往不一致。这种差别具体来说有以下四种情况。

（1）银行已记作企业存款增加，而企业尚未接到收款通知，因而尚未记账的款项。

（2）银行已记作企业存款减少，而企业尚未收到付款通知，因而尚未记账的款项。

（3）企业已记作银行存款增加，而银行尚未办妥入账手续。

（4）企业已记作银行存款减少，而银行尚未支付入账的款项。

发现未达账项，应编制"银行存款余额调节表"进行调节。调节后双方余额如果不等，表明记账有差错，需要进一步查对，找出原因，更正错误的记录；双方余额如果相等，一般说明双方记账没有错误。银行存款余额调节表只是为了核对账目，并不能作为调整银行存款账面余额的记账依据。对于未达账项，必须待结算凭证到达并变成已达账项后方可进行相应账务处理。对于长期搁置的未达账项，应及时查阅凭证和有关资料，及时与银行联系，查明原因及时解决。

【例 2-5】2014 年 9 月 30 日企业银行存款日记账余额为 75 205 元，银行转来对账单的余额为 94 560 元，经逐笔核对，发现以下未达账项。

（1）企业送存转账支票 66 800 元，并已登记银行存款增加，但银行尚未记账。

（2）企业开出转账支票 6 655 元，但持票单位尚未到银行办理转账，银行尚未记账。

（3）企业委托银行代收某企业购货款 83 000 元，银行已收妥并登记入账，但企业尚未收到收款通知。

（4）银行代企业支付电话费 3 500 元，银行已登记企业银行存款减少，但企业未收到银行付款通知，尚未记账。

根据上述资料编制的银行存款余额调节表见表 2-7。

表 2-7　银行存款余额调节表　　　　　　　　　　　单位：元

项目	金额	项目	金额
银行存款日记账余额	75 205	银行对账单余额	94 560
加：银行已收企业未收	83 000	加：企业已收银行未收	66 800
减：银行已付企业未付	3 500	减：企业已付银行未付	6 655
调节后的存款余额	154 705	调节后的存款余额	154 705

根据余额调节表，调节以后的双方余额相同，表明双方的记账没有错误。其实际可以动用的银行存款为 154 705 元。如果余额调节表的调解后余额不平，说明双方肯定至少有一方记账有误，但是如果双方金额一致，也不绝对表明记账没有错误，因为双方同时登记错误等情况也可能会使余额调节相等。

【课堂思考】

（1）企业去银行开户需要提供哪些资料？

（2）银行存款余额调节表多长时间编一次？编制的目的是什么？由谁编制？它是会计档案吗？

（四）银行转账结算方式

为了保证银行结算业务的正常开展，中国人民银行总行制定了统一的结算制度。根据中国人民银行有关结算制度规定，目前，企业可以采用支票、银行本票、银行汇票、商业汇票、汇兑、委托收款、异地托收承付、信用卡和信用证等结算方式。

1. 银行汇票

银行汇票是汇款人将款项交存当地开户银行，由银行签发给汇款人持往异地办理转账结算或支取现金的票据。银行汇票具有使用灵活、票随人到和兑现性强等特点，适用于先收钱后发货或钱货两清的商品交易。单位和个人向异地支付的各种款项均可使用银行汇票。银行汇票可以用于转账，填明"现金"字样的银行汇票也可以用于支取现金。

2. 银行本票

银行本票是申请人将款项交存银行，由银行签发的承诺自己在见票时无条件支付确定的金额给收款人或者持票人的票据。由于银行本票是由银行签发并保证兑付，所以具有见票即付、信用高和支付能力强的特点。单位或个人在同一票据交换区域支付各种款项，都可以使用银行本票。

3. 支票

支票是银行的存款人签发给收款人办理结算或委托开户银行将款项支付给收款人的票据。支票由银行统一印制，分为现金支票、转账支票和普通支票。印有"现金"字样的为现金支票，现金支票只能用于支取现金，现金支票付款期限为 10 天。印有"转账"字样的为转账支票，转账支票只能用于转账。未印有"现金"或"转账"字样的为普通支票，普通支票既可以用于支取现金，又可以用于转账；在普通支票左上角划两条平行线为划线支票，划线支票只能用于转账，不得支取现金。

4. 商业汇票

商业汇票是收款人或付款人签发，由承兑人承兑，并于到期日向收款人或持票人支付款项的票据。承兑是指票据付款人承诺在票据到期日支付票据金额的票据行为。商业汇票使商业信用票据化，具有稳定、可靠和兑付性强的特点。

同城或异地在银行开立存款账户的法人与其他组织之间，订有购销合同的商品交易的款项结算才能使用商业汇票。采用商业汇票结算方式时，承兑人即付款人有到期无条件支付票款的责任。商业汇票的付款期限由双方商定，但最长不得超过 6 个月，其提示付款期为汇票到期前 10 日内。付款人应当自收到提示承兑的汇票之日超 3 日内承兑或拒绝承兑，付款人拒绝承兑必须出具拒绝承兑的证明。商业汇票一律记名，允许背书转让，但背书应连续。符合条件的商业汇票的持票人可持未到期的商业汇票连同贴现凭证一并送交银行，向银行申请贴现。

按承兑人的不同，商业汇票分为商业承兑汇票和银行承兑汇票。

5. 汇兑

汇兑是汇款人委托银行将款项汇给外地收款人的结算方式，适用于单位和个人异地之间各种款项的结算。

汇兑分为信汇和电汇两种，由汇款人选择使用信汇是指汇款人委托银行通过邮寄方式将款项划给收款人。电汇是指汇款人委托银行通过电报将款项划转给收款人。

6. 委托收款

委托收款是收款人委托银行向付款人收取款项的结算方式。委托收款在同城、异地均可以办理，不受金额起点限制。它分为邮寄和电报划回两种，由收款人选择。委托收款适用于收取电话费、电费等付款人众多、分散的公用事业费等有关款项的收取。

7. 异地托收承付

托收承付是指根据购销合同由收款人发货后委托银行向异地付款人收取款项，由付款单位向银行承认付款的结算方式。它适用于异地单位之间有购销合同的商品交易或劳务供应等款项的结算。结算金额起点为 10 000 元。

托收承付款项的划回方式为邮寄和电报两种。销货单位根据购销合同发货后，填写托收承付凭证，盖章后连同发运证件或其他有关证明和交易单证送交开户银行办理托收手续。销货单位开户银行接受委托后，将有关凭证寄往购货单位开户银行，由购货单位开户银行通知购货单位付款。购货单位应立即对有关凭证进行审查，承付货款分为验单付款和验货付款两种，承付期分别为 3 天和 10 天。对于符合规定的情况，付款人不得无理拒付。

8. 信用卡

信用卡是指商业银行向个人和单位发行的，凭其向特约单位购物、消费和向银行存取现金，具有消费信用的特制载体卡片，适用于同城和异地的特约单位购物、消费。信用卡按使用对象分为单位卡和个人卡，按信用等级分为金卡和普通卡。

凡在中国境内金融机构开立基本存款账户的单位可申领单位卡。单位申领信用卡，应按规定填制申请表，连同有关资料一并送交发卡银行。符合条件并按一定要求交存一定金额的备用金后，银行为申请人开立信用卡存款户，并发给信用卡。单位卡账户的资金一律从基本存款账户转账存入。在使用过程中，不得交存现金；不得直接将销货收入存入卡内；不得用于 10 万元以上的商品交易、劳务供应款项的结算；不得支取现金；不得出租或转借信用卡；不得将单位的款项存入个人账户。使用信用卡可以透支，金卡最高不得超过 10 000 元，普通卡最高不得超过 5 000 元，透支期限最长不得超过 60 天。

9. 信用证

信用证是指开证银行依照申请人的申请开出的，在一定的期限内凭符合规定的单据付款的书面保证文件。

信用证结算方式是国际贸易中最主要、最常用的支付方式。经中国人民银行批准经营结算业务的商业银行总行，以及经商业银行总行批准开办信用证结算业务的分支机构，也可以办理国内企业之间商品交易的信用证结算业务。

企业使用信用证办理国际结算和国内结算，应当填写开证申请书、信用证申请人承诺书连同有关购销合同一并提交开证银行，开证行受理开证业务后，企业需向开证行交存一定金额的保证金；开证行开立信用证并以邮寄或电传方式将其发送通知行，通知行将信用证转交受益人；受益人收到信用证并审核无误后，即备货装运，持跟单汇票连同信用证一同送交当地议付行；议付行审核后扣除利息，垫付货款，之后将与单汇票寄交开证行索回垫款；开证行收到跟单汇票后，通知申请人验单付款，赎单提货。企业"信用卡"和"国内信用证"结算方式的使用有一定的限制，为此，本书仅比较七种常用的银行结算方式。

七种常用银行结算方式的概念、适用范围、使用区域、结算金额起点、付款期限及结算特点如表 2-8 所示，七种常用银行结算方式收款方、付款方的会计处理如表 2-9 所示。

表 2-8　七种银行结算方式比较表

结算方式	支票	银行汇票	商业汇票	银行本票	汇兑	异地托收承付	委托收款
	现金支票、转账支票		商业承兑汇票、银行承兑汇票	定额本票、不定额本票	信汇、电汇	邮寄、电报	邮寄、电报
概念	由出票人签发，委托办理支票存款业务的银行在见票时无条件支付确定的金额给收款人或者持票人的票据	出票银行签发，由其见票时按实际结算金额无条件支付给收款人或者持票人的票据	出票人签发，委托付款人在指定日期无条件支付确定的金额给收款人或者持票人的票据	银行签发，承诺自己在见票时无条件支付确定的金额给收款人或者持票人的票据	汇款人委托银行将其款项支付给收款人的结算方式	根据购销合同，由收款人发货后委托银行向异地托收款人收取款项，由付款人向银行承认付款的结算方式	收款人委托银行向付款人收取款项的结算方式
适用范围	商品交易、劳务供应、清偿债务等	单位和个人先收款后发货或钱货两清的商品交易	在银行开户的法人之间具有真实交易关系或债权债务关系的结算	商品交易、劳务供应及其他款项结算	单位和个人的各种款项结算	企业商品交易及因商品交易而产生的劳务供应、清偿债务等款项	单位和个人凭已承兑商业汇票、债券、存单等付款人债务证明办理款项的结算，收取电费、电话费等公共事业费
使用区域	同城	同城/异地	同城/异地	同城	异地	异地	同城/异地
结算金额起点				定额 1 000 元、3 000 元、1 万元、5 万元		单位 1 万元新华书店 1 000 元	
付款期限	10 天	1 个月	最长不超过 6 个月	2 个月		验单 3 天验货 10 天	
结算特点	方便、灵活	使用灵活、票随人到，兑现性强	有利于商业信用票据化，可贴现	见票即付，信誉高	划拨款项简便灵活	银行严格监督收付双方的商品交易和资金清算	不受金额起点限制，简便灵活

表 2-9　七种银行结算方式的会计处理表

结算方式	支票	银行汇票	商业汇票	银行本票	汇兑	异地托收承付	委托收款
付款方	签发支票交收款人，据支票存根及有关原始凭证： 借：材料采购 贷：银行存款	（1）收到银行签发的银行汇票，据银行汇票申请书（存根）联： 借：其他货币资金 贷：银行存款 （2）持银行汇票购货，收到有关发票账单： 借：材料采购 贷：其他货币资金 （3）收回剩余款项，据银行汇票（多余款收账通知）： 借：银行存款 贷：其他货币资金	开出并承兑商业汇票： 借：材料采购 贷：应付票据	（1）收到银行签发的本票，据银行本票申请书存根联： 借：其他货币资金 贷：银行存款 （2）持银行本票购货，收到有关发票账单： 借：材料采购 贷：其他货币资金	据汇票凭证回单联： 借：有关科目 贷：银行存款	据承付支款通知和有关发票账单： 借：材料采购 贷：银行存款	据委托收款凭证的付款通知和有关原始凭证： 借：应付账款 贷：银行存款 如拒绝付款的不作账务处理
收款方	收到支票，填写进账单送存银行，据进账单回单联及有关原始凭证： 借：银行存款 贷：主营业务收入	收到银行汇票，填写进账单送存银行，据进账单回单联及有关原始凭证： 借：银行存款 贷：主营业务收入	收到商业汇票： 借：应收票据 贷：主营业务收入	收到银行本票，填写进账单送存银行，据进账单回单联及销货发票等： 借：银行存款 贷：主营业务收入	据银行收款通知： 借：银行存款 贷：有关科目	（1）办理托收手续，据托收承付结算凭证回单： 借：应收账款 贷：主营业务收入 （2）接到银行收款通知： 借：银行存款 贷：应收账款	收到银行收款通知： 借：银行存款 贷：应收账款

第四节　任务四　其他货币资金的核算

一、任务导入

甲公司 2014 年 1 月发生以下经济业务。

（1）5 日，委托其开户的中国银行将 80 000 元电汇给北京的中国银行，开立采购专户。

（2）8 日，申请签发银行汇票用于向南京化工厂购货，填写"银行汇票委托书"并将 30 000 元款项从银行存款账户转入银行汇票存款，取得银行汇票和银行盖章退回的委托书存根联。

（3）15 日，在中国银行申请领用信用卡，按要求于 1 月 15 日向银行交存备用金 50 000 元，1 月 20 日用信用卡支付 1 月水电费 3 500 元。

（4）22 日，向财达证券公司存入资金 200 000 万元。

二、任务分析

为了准确核算公司其他货币资金，需要完成以下工作。

（1）保管空白银行汇票、银行本票，专设登记簿登记，规范票据的签发。

（2）办理其他货币资金结算业务时，属于票据的按票据法的有关规定办理。

（3）妥善保管银行印鉴和相关印章，确保资金安全，具体包括以下两点：①保管好各种空白票据，不得随意乱放；②公司财务章平时由出纳保管，每日下班后上交财务章。

（4）定期到银行领取银行对账单，与银行存款日记账和票据登记簿核对。

三、知识储备与任务实施

为了准确核算其他货币资金，出纳员要掌握其他货币资金的内容和核算方法。

（一）其他货币资金的内容

其他货币资金是指企业除现金和银行存款以外的其他各种货币资金。其他货币资金主要包括外埠存款、银行汇票存款、银行本票存款、信用卡存款、信用证存款和存出投资款等。其他货币资金就性质而言，同现金和银行存款一样均属于货币资金，但是存放地点和用途不同于现金和银行存款。因此在会计上是通过设置"其他货币资金"账户进行核算的。

1. 外埠存款

外埠存款是指企业到外地进行临时或零星采购时，汇往采购地银行开立采购专户的款项，也称采购专户存款。

2. 银行汇票存款

银行汇票存款是指为取得银行汇票，按照规定交纳或存于银行的等于汇票票面金额的那部分款项。

3. 银行本票存款

银行本票存款是指企业为了取得银行本票，按照规定交纳或存于银行的等于本票票面金额的那部分款项。

4. 信用卡存款

信用卡存款是指企业为取得信用卡而存入银行信用卡专户的款项。

5. 信用证存款

信用证存款是指采用信用证结算方式的企业为开具信用证而存入银行信用证保证金专户的款项。

6. 存出投资款的核算

存出投资款是指企业已存入证券公司但尚未进行短期投资的资金。

（二）账户的设置

为了核算和监督企业的各种其他货币资金，企业应设置"其他货币资金"账户，该账户属于资产类性质，其借方登记其他货币资金的增加数，贷方登记其他货币资金的减少数，期末借方余额，反映其他货币资金的结存数。"其他货币资金"账户应按其种类设置"外埠存款"、"银行汇票存款"、"银行本票存款"、"信用卡存款"、"信用证存款"和"存出投资款"等明细账户进行明细核算。

1. 外埠存款

外埠存款是指企业到外地进行临时或零星采购时，汇往采购地银行开立采购专户的款项。企业将款项汇往外地时，应填写汇款委托书，委托开户银行办理汇款。汇入地银行以汇款单位名义开立临时采购账户，该账户的存款不计利息、只付不收、付完清户，除了采购人员可以从中提取少量现金外，一律采用转账结算。采购完毕，外地银行将多余存款退回企业开户银行。

外埠存款在"其他货币资金"账户下设"外埠存款"明细账核算。企业将款项委托当地银行汇往采购地开立专户时，借记"其他货币资金——外埠存款"，贷记"银行存款"。外出采购人员报销用外埠存款支付材料采购货款等款项时，借记"材料采购""应交税费——应交增值税（进项税额）"，贷记"其他货币资金——外埠存款"。用外埠存款采购结束后，如果还有剩余的外埠存款，应转回当地银行，借记"银行存款"，贷记"其他货币资金——外埠存款"。

2. 银行汇票存款

用银行汇票结算的经济业务，会计上应在"其他货币资金"账户下"银行汇票存款"明细账核算。

企业向银行申请办理银行汇票，填写"银行汇票申请书"将款项交存银行时借记"其他货币资金——银行汇票"，贷记"银行存款"；企业用银行汇票支付款项收到有关发票账单时，借记"材料采购""应交税费——应交增值税（进项税额）"等，贷记"其他货币资金——银行汇票"。采购支付后银行汇票有多余款或因汇票超出付款期等原因而退回款项时，应根据开户行转来的银行汇票的第四联（多余款收账通知），借记"银行存款"，贷记"其他货币资金——银行汇票"。企业收到银行汇票、填制进账单到开户银行办理款项入账手续时，根据进账单及销货发票等，借记"银行存款"，贷记"主营业务收入""应交税费——应交增值税（销项税额）"。如果企业在销货过程中收到购货单位送来的银行汇票时，借记"银行存款"，贷记"主营业务收入"和"应交税费——应交增值税（销项税额）"等。

3. 银行本票存款

需要用银行本票结算的经济业务，需在"其他货币资金"账户下设置"银行本票存款"明细账核算。

企业向银行提交"银行本票申请书",将款项交存银行取得银行本票后,借记"其他货币资金——银行本票",贷记"银行存款"。企业用银行本票支付购货等款项,以及收到有关发票账单时,借记"材料采购""应交税费——应交增值税(进项税额)"等,贷记"其他货币资金——银行本票"。若企业因银行本票超过付款期等原因而要求银行退款时,应填写进账单一式两联,连同本票一并送交银行,根据银行收回本票时盖章退回的进账单第一联,借记"银行存款",贷记"其他货币资金——银行本票"。如果企业在销货过程中收到购货单位送来的银行本票时,应将银行本票连同进账单交银行办理转账收款手续,借记"银行存款",贷记"主营业务收入"和"应交税费——应交增值税(销项税额)"等。

4. 信用卡存款

反映信用卡的开立及使用信用卡结算的经济业务,应在"其他货币资金"账户下设置"信用卡存款"明细账核算。

企业向银行提交申请表,将款项及有关资料交存银行后,根据银行盖章退回的进账单,借记"其他货币资金——信用卡存款",贷记"银行存款"。企业用信用卡购物或支付有关费用,借记有关账户,贷记"其他货币资金——信用卡存款"。企业的持卡人如不需要继续使用信用卡时,应持信用卡主动到发卡银行办理销户,销卡时,单位卡科目余额转入企业基本存款户,不得提取现金,借记"银行存款",贷记"其他货币资金——信用卡"。

5. 存出投资款

存出投资款在"其他货币资金"账户下设置"存出投资款"明细账核算。企业向证券公司划出资金时,应按实际划出的金额,借记"其他货币资金——存出投资款",贷记"银行存款";购买股票、债券等时,借记"交易性金融资产"等,贷记"其他货币资金——存出投资款"。

（三）其他货币资金的核算

【例2-6】根据任务描述,应编制如下会计分录,并及时登记其他货币资金明细账。

（1）5日,委托其开户的中国银行将80 000元电汇给北京的中国银行,开立采购专户。

根据银行汇款凭证编制如下会计分录。

借：其他货币资金——外埠存款　　　　　　　　　　　　　　　80 000
　　贷：银行存款　　　　　　　　　　　　　　　　　　　　　　80 000

10日,采购员交来采购材料的有关凭证,增值税专用发票注明的货款60 000元,增值税10 200元,材料已验收入库。

借：原材料　　　　　　　　　　　　　　　　　　　　　　　　60 000
　　应交税费——应交增值税(进项税额)　　　　　　　　　　　10 200
　　　贷：其他货币资金——外埠存款　　　　　　　　　　　　　70 200

（2）8日，申请签发银行汇票用于向南京化工厂购货，填写"银行汇票委托书"并将 30 000 元款项从银行存款账户转入银行汇票存款，取得银行汇票和银行盖章退回的委托书存根联。

根据银行盖章退回的委托书存根联编制如下会计分录。

借：其他货币资金——银行汇票存款　　　　　　　　　　　　　　30 000
　　贷：银行存款　　　　　　　　　　　　　　　　　　　　　　　　　30 000

12日，向南京化工厂购买的材料已到达企业并验收入库，增值税专用发票注明的货款 20 000 元，增值税 3 400 元，运输费用 1 500 元，增值税 165 元。余款收到银行进账通知。

借：原材料　　　　　　　　　　　　　　　　　　　　　　　　21 500
　　应交税费——应交增值税（进项税额）　　　　　　　　　　3 565
　　贷：其他货币资金——银行汇票存款　　　　　　　　　　　　　25 065

（3）15 日，在中国银行申请领用信用卡，按要求于 1 月 15 日向银行交存备用金 50 000 元，1 月 20 日用信用卡支付 1 月水电费 13 500 元。

根据银行划款凭证编制如下会计分录。

借：其他货币资金——信用卡存款　　　　　　　　　　　　　50 000
　　贷：银行存款　　　　　　　　　　　　　　　　　　　　　　　50 000

20 日支付水费时编制如下会计分录。

借：管理费用——水电费　　　　　　　　　　　　　　　　　13 500
　　贷：其他货币资金——信用卡存款　　　　　　　　　　　　　13 500

（4）22 日，向财达证券公司存入资金 200 000 万元。根据银行划款凭证编制如下会计分录。

借：其他货币资金——存出投资款　　　　　　　　　　　　200 000
　　贷：银行存款　　　　　　　　　　　　　　　　　　　　　200 000

本 章 小 结

货币资金是企业在生产经营活动中存在于货币形态的资产，主要包括企业的库存现金、银行存款和其他货币资金。建立健全货币资金的内部控制制度是货币资金管理的关键，其基本内容主要包括货币资金的授权批准、职务分离控制、凭证稽核控制、货币资金定期盘点与核对控制等。

库存现金是企业存放于财会部门，由专职出纳人员保管的货币资金。库存现金的总分类核算通过"现金总分类账户"进行，明细分类核算在"现金日记账"中进行。单位内部可建立备用金制度。为了保证现金收支的正确无误，现金核算应做到日清日结。

银行存款是企业存放于银行的货币资金。企业银行存款账户包括基本存款账户、一般存款账户、临时存款账户和专用存款账户。企业应设立"银行存款总账"和"银行存款日记账"反映银行存款的收付及结存情况，每日终了结出余额，月末或定期与银行转来的对单账进行核对。对于"未达账项"应通过编制"银行存款余额调节表"进行检查核对。

企业发生的大量结算业务是通过银行转账结算来完成的，银行转账结算方式主要有支票、汇票和本票等结算方式，以及信用卡、信用证、汇兑、托收承付和委托收款等凭证结算方式。

其他货币资金是企业除现金、银行存款以外的各种货币资金，主要包括外埠存款、银行本票存款、银行汇票存款、信用证存款、信用卡存款和存出投资款等其他货币资金。企业通过设置"其他货币资金"账户，反映和监督其他货币资金的收支和结存情况。

问 题 思 考

1. 库存现金的适应范围有哪些？
2. 库存现金内部控制制度的基本内容有哪些？
3. 什么是银行结算起点？
4. 银行存款核算的原则是什么？
5. 银行转账结算方式的种类有哪些？各有什么特点？
6. 其他货币资金的主要内容包括哪些？

项目二 学习指导	项目二 习题	项目二　《支付 结算办法》	项目二　中国人民银行关于印发 《人民币银行结算账户管理办法 实施细则》的通知

第三章 项目三 往来款项结算岗位核算

【知识目标】通过学习了解往来款项结算岗位的核算任务，熟悉往来款项结算的岗位职责，掌握往来款项结算的基本知识、往来款项结算的账务处理，掌握坏账损失的确认和处理方法。

【能力目标】能够准确熟练地判断应收应付款项各个账户的使用；掌握应收款项和应付款项不同科目的账务处理技能，掌握往来账簿明细账的登记和管理方法，能够独立进行计算和提取坏账准备。

【关键词】应收账款；应收票据；应付账款；应付票据；坏账准备

第一节 任务一 往来款项结算岗位工作任务

企业往来款项结算岗位是会计核算业务中核算量大、要求较高的一个会计核算岗位。往来款项结算作为会计工作的一个重要岗位，有专门的操作技术和工作规则。企业往来业务核算涉及应收账款、应付账款、应收票据、应付票据、预收账款、预付账款、其他应收款和其他应付款等的核算。企业往来款项结算岗位工作的任务如下。

（1）建立往来款项结算手续制度。贯彻执行国家财经法律、法规、方针、政策和上级主管部门的规章制度。

（2）负责管理和记录购销业务与其他往来的应收应付、预收预付及暂收暂付等款项，对各种往来款项，按单位或个人分户设账，序时登记，进行明细核算；并按相关单位进行分单位辅助核算。

（3）对往来账定期进行核对清算，归类分析，为企业的赊销政策提供依据。按月编制应收、应付往来款项的明细报表。

（4）做好往来款项的催收工作，内部单位的债权债务必须在年终对账时彻底清算。年终对未清算的外部往来款项逐笔办理"债权债务签认单"。督促相关单位债权债务清理工作。

（5）对无法收回或无法支付、应付中存在问题的，提出处理意见，保证资金的合理使用。

（6）进行坏账确认、坏账准备计提及转销的账务处理。

企业往来款项结算岗位的基本程序如图 3-1 所示。

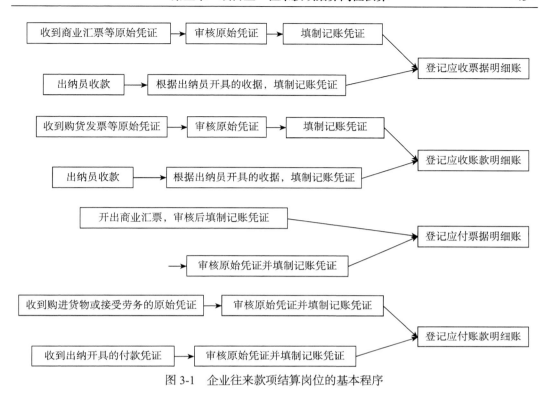

图 3-1　企业往来款项结算岗位的基本程序

第二节　任务二　应收账款的核算

一、任务导入

甲公司向乙公司销售 B 产品 1 台，单价 100 000 元，增值税税率为 17%。货已发出，货款暂未收到。双方订立购销合同，约定采用现金折扣方式结算，折扣条件为 2/10、1/20 和 N/30，计算折扣时不考虑增值税。

二、任务分析

为了准确核算公司应收账款业务，会计人员需要完成以下工作。

（1）认真复核各种应收、暂付单据，填制凭证并签章，由现金或银行出纳办理收付款业务。

（2）根据核算和管理的需要，设置明细账进行明细核算，做到记账清楚，余额准确，账表相符，并按规定编报季度和年度的债权报表。

（3）做好应收账款管理工作，认真做好应收账款的账龄分析工作，及时提供分析报告，并提出合理化建议。

三、知识储备与任务实施

应收及预付款项是指企业在日常生产经营过程中发生的各种债权，包括应收款项和预付款项。应收款项包括应收账款、应收票据和其他应收款等；预付款项则是指企业按照合同规定预付的款项，如预付账款等。

（一）应收账款的确认

应收账款是指企业因销售商品、产品或提供劳务等，应向购货单位或接受劳务单位收取的款项。应收账款有其特定的范围，企业在非购销活动中产生的应收款项，如企业与外单位之间的各种应收赔款、罚款、存出保证金，以及企业应向职工收取的各种垫付款项等，不属于应收账款而应作为其他应收款；企业在销售产品、商品或提供劳务时，如因采用商业汇票结算方式而以票据形式表现出的应收款项，也不属于应收账款而作为应收票据。

应收账款的确认与收入的确认密切相关。应收账款的确认应以取得债权为基本原则，在交易发生或销售收入确认时确认入账，即以销售收入的确认日作为应收账款的入账时间。

（二）应收账款的计价

应收账款的计价就是确定应收账款的入账金额，并合理估计其可收回的金额。一般情况下应收账款应按买卖双方成交时的实际发生额入账。应收账款的入账金额包括因销售商品或提供劳务从购货方或接受劳务方应收的合同或协议价款（应收的合同或协议价款不公允的除外）、增值税销项税额及代购货单位垫付的包装费、运杂费等。如果企业在销售时实行折扣的办法，企业在对应收账款计价时需要考虑商业折扣和现金折扣等因素。

（1）商业折扣。商业折扣是指企业在销售商品时，为了鼓励购货单位多购买商品，在商品价目单价格的基础上，按规定的百分比所打的折扣，即通常所说的"薄利多销"。商业折扣通常用百分数表示，如5%、10%、15%等。商品价目单价格扣除商业折扣后为双方的实际交易价格，即发票价格。商业折扣对应收账款的入账金额不产生影响，即企业的应收账款应按扣除商业折扣后的实际销售价格作为入账金额。

（2）现金折扣。现金折扣是指销售企业为了鼓励客户在一定时间内早日偿还货款，对销售价格给予的一定比例的扣减。现金折扣通常发生在以赊销方式销售商品及提供劳务的交易中。企业为了鼓励客户及早偿付货款，通常与债务人达成协议，债务人在不同的期限内付款可享受不同比例的折扣。现金折扣一般用符号"折扣/付款期限"表示。例如，"2/10、1/20、N/30"分别表示客户在10天内付款可给予2%的优惠；客户在20天内付款可给予1%的优惠；在30天内（超过20天）付款，则不给予优惠，按发票金额全额付款。

在存在现金折扣的情况下，销售方应收账款的收回金额随客户付款时间的不同而有所差异，这必然对应收账款的入账金额产生影响。对于这种影响，会计上有两种处理方法可供选择，即总价法和净价法。

总价法是将未减去现金折扣前的金额作为实际售价，记作应收账款的入账价值。在这种方法下，只有客户在折扣期内支付货款时，企业才确认现金折扣，并把它视为一项企业融通资金的成本，在会计上作为财务费用处理。我国的会计实务中采用此方法。

净价法是将扣减最大现金折扣后的金额作为实际售价，据以确认应收账款的入账价值。在这种方法下，把客户为取得现金折扣而在折扣期内付款视为正常现象，将客户由于超过折扣期付款而使销售方多收入的金额视为提供信贷而获得的收入，在会计上作为利息收入处理。

（三）应收账款的核算

为了反映应收账款的发生与回收情况，企业应设置"应收账款"账户。该账户属于资产类，借方登记因销售业务而发生的各种应收取的款项，贷方登记已经收回的应收账款，期末余额在借方，反映企业尚未收回的应收账款。该账户可按债务人进行明细核算。

【例3-1】2014年12月1日，甲公司向乙公司销售一批A产品，按照价目表上标明的价格计算，其售价金额为50 000元，由于是老客户，公司给予10%的商业折扣，折扣金额为5 000元。公司开出的增值税专用发票上标明价款45 000元，增值税7 650元，另外，公司以支票支付代垫运杂费800元，公司根据有关的发票账单向银行已办妥托收手续。该公司编制的会计分录如下。

借：应收账款——乙公司　　　　　　　　　　　　　　　53 450
　　贷：主营业务收入——A产品　　　　　　　　　　　　45 000
　　　　应交税费——应交增值税（销项税额）　　　　　　7 650
　　　　银行存款　　　　　　　　　　　　　　　　　　　800

2014年12月2日，乙公司验单或验货后承付款项。公司收到银行转来的收款通知，编制的会计分录如下。

借：银行存款　　　　　　　　　　　　　　　　　　　53 450
　　贷：应收账款——乙公司　　　　　　　　　　　　　53 450

【例3-2】任务导入中经济业务的原始凭证如表3-1和表3-2所示。

表3-1　增值税专用发票示例（一）
增值税专用发票
开票日期：2014年12月2日

购货单位	名称：乙公司					密码区		第二联　记账联　销货方记账凭证
	纳税人识别号：×××							
	地址、电话：上海市静安区××号							
	开户行及账号：中国工商银行南塔办事处×××							
商品及劳务名称	规格	计量单位	数量	单价	金额	税率	税额	
B		台	1	100 000	100 000	17%	17 000	
价税合计	⊕壹拾壹万柒仟元整		￥117 000.00					
销货单位	名称：甲公司					备注		
	纳税人识别号：×××							
	地址、电话：							
	开户行及账号：×××							

收款人：　　　　　　复核人：　　　　　　开票人：　　　　　　开票单位：

表 3-2　购销折扣合同示例（一）

购销折扣合同

甲方：乙公司　　　　　　　　　　　　　　　　　　　　乙方：甲公司

　　甲方于 2014 年 12 月 2 日向乙方购买 B 产品一台，单价 100 000 元，货款 100 000 元，税款 17 000 元。经双方商定，实行现金折扣，具体折扣条件为 2/10、1/20 和 N/30。

　　以上条件，甲乙双方共同遵守。

甲方：　　　　　　乙公司　　　　　　　　　　乙方：　　　　　　甲公司

甲公司编制的会计分录如下。

　　借：应收账款——乙公司　　　　　　　　　　　　　　　　　　　117 000

　　　　贷：主营业务收入——B 产品　　　　　　　　　　　　　　　　100 000

　　　　　　应交税费——应交增值税（销项税额）　　　　　　　　　　17 000

如果乙公司在 10 天内付款，则按售价享受的现金折扣为 2 000（100 000×2%）元，编制的会计分录如下。

　　借：银行存款　　　　　　　　　　　　　　　　　　　　　　　115 000

　　　　财务费用　　　　　　　　　　　　　　　　　　　　　　　　 2 000

　　　　贷：应收账款——乙公司　　　　　　　　　　　　　　　　　117 000

如果乙公司在 11~20 天内付款，则按售价享受的现金折扣为 1 000（100 000×1%）元，编制的会计分录如下。

　　借：银行存款　　　　　　　　　　　　　　　　　　　　　　　116 000

　　　　财务费用　　　　　　　　　　　　　　　　　　　　　　　　 1 000

　　　　贷：应收账款——乙公司　　　　　　　　　　　　　　　　　117 000

如果乙公司超过 20 天付款，则不能享受现金折扣，须按全额支付款项。收到款项时，编制的会计分录如下。

　　借：银行存款　　　　　　　　　　　　　　　　　　　　　　　117 000

　　　　贷：应收账款——乙公司　　　　　　　　　　　　　　　　　117 000

（四）应收账款明细账的登记

　　应收账款通常按照债务人名称设置明细账，逐日逐笔登记，往来款项的明细账登记方法基本相同，本书只列举应收账款明细账的登记方法，其他账户略。假设甲公司 2014 年 12 月"应收账款——乙公司"明细账的期初余额为 20 000 元，根据甲公司 12 月"应收账款——乙公司"发生的经济业务登记明细账如表 3-3 所示。

表 3-3 应收账款明细账

乙公司

记账日期	凭证字号	摘要	对方科目	借方金额	贷方金额	方向	余额
2014 年 12 月 1 日		期初余额				平	20 000.00
2014 年 12 月 1 日	记 1			53 450.00		借	73 450.00
2014 年 12 月 2 日	记 2				53 450.00	借	20 000.00
2014 年 12 月 2 日	记 3			117 000.00		借	137 000.00
2014 年 12 月 11 日	记 4				117 000.00	借	20 000.00
2014 年 12 月 31 日		本期合计		170 450.00	170 450.00	借	20 000.00
2014 年 12 月 31 日		本年累计				借	20 000.00

第三节 任务三 应收票据的核算

一、任务导入

甲公司向丙公司销售 B 货物，价款 200 000 元，开出增值税专用发票。货已发出，收到丙公司一张不带息，且 3 个月到期的商业承兑汇票，票面金额为 234 000 元。

二、任务分析

为了准确核算公司应收票据业务，会计人员需要完成以下工作。

（1）认真复核各种商业汇票，填制凭证并签章，由出纳办理付款业务。

（2）正确计算应收票据的利息、到期值和贴现息，根据核算和管理的需要，正确核算应收票据的取得、收回、背书转让和贴现。

（3）设置应收票据备查簿，逐笔登记应收票据的种类、号码和出票日期、票面金额、票面利率等资料，应收票据到期结清票款或退票后，在备查簿内逐笔注销。

三、知识储备与任务实施

应收票据作为一种债权凭证，应包括企业持有的未到期或未兑现的各种票据，如汇票、支票和本票等。在我国，由于支票、银行本票及银行汇票均为见票即付的票据，无须将其列为应收票据予以处理，所以应收票据仅仅是指企业持有的未到期或未兑现的商业汇票。

应收票据是指企业因销售商品、产品或提供劳务等而持有的，且尚未到期兑现的商业汇票，包括银行承兑汇票和商业承兑汇票。

我国商业汇票的期限一般不超过 6 个月，是企业的一项流动资产，在会计实务中，企业的应收票据是指收到的经承兑人承兑的商业汇票。

（一）应收票据的分类

应收票据可以按照不同的标准进行分类。按照票据承兑人的不同，商业汇票分为银行承兑汇票和商业承兑汇票两种；按照票据是否计息，商业汇票分为不带息商业汇票和带息商业汇票；按照票据是否带有追索权，商业汇票分为带追索权的商业汇票和不带追索权的商业汇票。追索权是指企业在转让应收款项的情况下，接受应收款项的转让方在应收款项遭受拒付或逾期未付时，向该应收款项转让方索取应收金额的权利。

（二）应收票据的计价

企业收到开出并承兑的商业汇票，无论是否带息，均按应收票据的票面价值入账。对于带息应收票据，应于期末按票据的票面价值和确定的利率计提利息，并同时计入当期损益。

应收票据的期限分为按月表示和按日表示两种。按月计算的票据，以到期月份的对日为票据到期日。按日计算的票据，应从出票日起按实际天数计算，习惯上出票和到期日只能算其中一天，即"算头不算尾"或"算尾不算头"。例如，3 月 1 日出票的期限为 3 个月的票据，到期日为 6 月 1 日，如果期限为 90 天，则到期日为 5 月 30 日。与此同时，计算利息使用的利率，要换算成日利率（即年利率 ÷ 360）。

票据利息=面值×利率×票据期限

（三）应收票据的核算

为了核算应收票据的取得和收回情况，企业应设置"应收票据"账户。该账户属于资产类，借方登记收到承兑的商业汇票的票面金额，贷方登记企业到期收回的商业汇票或未到期向银行申请贴现的商业汇票，以及已背书转让给其他单位的商业汇票的票面金额，期末余额在借方，反映企业持有的未到期商业汇票的票面金额。本科目可以按开出并承兑商业汇票的单位进行明细核算，并可设置"应收票据备查簿"，逐笔登记商业汇票的种类、号数和出票日、票面金额、交易合同号和付款人、承兑人、背书人的姓名或单位名称、到期日、背书转让日、贴现日、贴现率和贴现净额，以及收款日和收回金额、退票情况等资料。商业汇票到期结清票款或退票后，在备查簿中应予注销。

1. 应收票据的取得与到期收回

企业因销售商品、提供劳务等而收到的商业汇票，应借记"应收票据"，贷记"主营业务收入""应交税费——应交增值税（销项税额）"等。

【例 3-3】任务导入中经济业务的原始凭证如表 3-4 和表 3-5 所示。

表 3-4 增值税专用发票示例（二）

增值税专用发票

开票日期：2014 年 12 月 4 日

购货单位	名称：丙公司						密码区	
	纳税人识别号：×××							
	地址、电话：青岛市南京路××号							
	开户行及账号：招商银行青岛分行×××							
商品及劳务名称	规格	计量单位	数量	单价	金额	税率	税额	
B		台	4	50 000	200 000	17%	34 000	
价税合计	⊕贰拾叁万肆仟元整　　　¥234 000.00							
销货单位	名称：甲公司						备注	
	纳税人识别号：×××							
	地址、电话：							
	开户行及账号：×××							

收款人：　　　　　　　复核人：　　　　　　　开票人：　　　　　　　开票单位：

第二联　记账联　购货方记账凭证

表 3-5 商业承兑汇票示例

商业承兑汇票

出票日期（大写）：贰零壹肆年壹拾贰月零肆日

付款人	全称	丙公司	收款人	全称	甲公司								
	账号	×××		账号	×××								
	开户银行	招商银行青岛分行		开户银行	×××								
出票金额	人民币（大写）贰拾叁万肆仟元整		千	百	十	万	千	百	十	元	角	分	
			¥	2	3	4	0	0	0	0	0		
汇票到期日	2015 年 3 月 4 日	交易合同号码											
本汇票已承兑，到期无条件支付票款 承兑人签章 承兑日期 2014 年 12 月 4 日			本汇票请予以承兑于到期日付款 出票人签章										

取得票据时编制的会计分录如下。

借：应收票据 234 000
　　贷：主营业务收入 200 000
　　　　应交税费——应交增值税（销项税额） 34 000

票据到期，甲公司收到银行收款通知书时，编制的会计分录如下。

借：银行存款 234 000
　　贷：应收票据 234 000

【例 3-4】甲公司收到丙公司一张 4 个月期限的银行承兑汇票，面值 58 500 元，抵付前欠货款。编制的会计分录如下。

借：应收票据   58 500
　　贷：应收账款——丙公司   58 500

【例3-5】甲公司2014年9月1日销售一批产品给乙公司，货已发出，增值税专用发票上注明的商品价款为100 000元，增值税销项税额为17 000元。当日收到乙公司签发的商业承兑汇票一张，期限为6个月，票面利率5%，甲公司编制的会计分录如下。

（1）收到票据时编制的会计分录如下。

借：应收票据   117 000
　　贷：主营业务收入   100 000
　　　　应交税费——应交增值税（销项税额）   17 000

（2）2014年12月31日，计提票据利息如下：

计提利息=117 000×5%×4/12=1 950（元）

借：应收利息   1 950
　　贷：财务费用   1 950

（3）票据到期收回时银行存款和财务费用如下。

银行存款：117 000+117 000×5%×6/12=119 925（元）

财务费用：117 000×5%×2/12=975（元）

借：银行存款   119 925
　　贷：应收票据   117 000
　　　　应收利息   1 950
　　　　财务费用   975

2. 应收票据的转让

企业将持有的应收票据背书转让以取得所需物资时，按应计入取得物资成本的金额，借记"在途物资"或"原材料"等，按专用发票上注明的可抵扣的增值税额，借记"应交税费——应交增值税（进项税额）"，按商业汇票的票面金额，贷记"应收票据"，如有差额，借记或贷记"银行存款"等。

【例3-6】甲公司向丁公司购买材料一批，货款30 000元，增值税5 100元，公司将所持未到期的一张票面金额为32 000元的银行承兑汇票背书转让给丁公司，用以抵付货款，另外，该公司另支付补价3 100元。编制的会计分录如下。

借：在途物资   30 000
　　应交税费——应交增值税（进项税额）   5 100
　　贷：应收票据   32 000
　　　　银行存款   3 100

3. 应收票据的贴现

企业所持有的应收票据在到期前，如果出现资金短缺，可以持未到期的商业汇票去银行申请贴现，从而解决临时性的资金需要。贴现是指票据持有人将未到期的票据在背书后转让给银行，由银行按票据到期值扣除贴现日至票据到期日的利息后，将余额付给持票人，作为银行对企业的短期贷款。因此，票据贴现实质是企业融通资金的一种形式。贴现时，银行计算贴现息的利率称为贴现率，企业给银行的利息称为贴现息，企业从银行获得的票据到期值扣除贴现息后的货币收入称为贴现净额。贴现净额的计算公式为

贴现净额=票据到期值−贴现息

式中，票据到期值=票据面值+票据面值×票面利率×票据期限

贴现息=票据到期值×贴现率×贴现期

贴现期即从贴现日到到期日的时间间隔。通常贴现日和到期日只计算其中的一天，即"算头不算尾"或"算尾不算头"。

我国现实实务中的票据大多为不带息票据，以下以不带息票据为例说明应收票据贴现的核算。

在会计上，企业应根据贴现的商业汇票是否带有追索权分别采用不同的方法进行处理。

1）不带追索权的应收票据贴现

将不带追索权的应收票据贴现，企业在转让票据所有权的同时也将票据到期不能收回票据的风险一并转给了贴现银行，不带追索权，就意味着当出票人不按期付款时，银行不可向背书企业索偿，企业对票据到期无法收回的票据款不承担连带责任，即符合金融资产终止确认的条件。因此，将不带追索权的商业汇票贴现时，企业应按实际收到的贴现金额借记"银行存款"账户，按贴现票据的票面金额贷记"应收票据"账户，按贴现票据实际收到的贴现金额与票面金额之间的差额借记"财务费用"账户。

在我国，企业将银行承兑汇票贴现基本上不存在到期不能收回票款的风险，企业应将银行承兑汇票贴现视为不带追索权的商业汇票贴现业务，按金融资产终止确认的原则处理。

【例 3-7】2014 年 12 月 4 日，将上月 20 日销货时丙公司交来的一张银行承兑汇票到银行申请贴现，票面金额为 325 600 元，期限 3 个月。银行规定月贴现利率为 6‰，贴现协议中不附带追索条款。款项已转入企业账户。原始凭证如表 3-6 和表 3-7 所示。

表 3-6　银行承兑汇票示例（一）

银行承兑汇票

签发日期（大写）：　贰零壹肆 年 壹拾壹 月 零贰拾 日

付款人全称	丙公司			收款人全称	甲公司								
付款人账号	×××			收款人账号	×××								
开户行全称				开户银行									
汇票金额	人民币（大写）叁拾贰万伍仟陆佰元整	千	百	十	万	千	百	十	元	角	分
				￥	3	2	5	6	0	0	0	0
汇票到期日	贰零×伍年零贰月零贰拾日	本汇票已经承兑，到期由本行支付		承兑协议编号		
本汇票已承兑，到期无条件支付票款			科目（借）		
			对方科目（贷）		
承兑人签章	行签章			
承兑日期　2014 年 11 月 20 日	承兑日期	转账　年　月　日		
		复核　　记账		

表 3-7 贴现凭证（收账通知）示例
贴现凭证（收账通知）
填写日期 2014 年 12 月 4 日

申请人	全称	甲公司	贴现汇票	种类	银行汇票		号码					
	账号	×××		出票日	2014 年 11 月 20 日							
	开户银行			到期日	2015 年 2 月 20 日							
汇票承兑人 （或银行）		××银行	账号			开户 银行						

汇票金额（即贴现金额）		人民币 （大写）叁拾贰万伍仟陆佰元整				百	十	万	千	百	十	元	角	分
					¥	3	2	5	6	0	0	0	0

贴现率	6‰	贴现利息	万	千	百	十	元	角	分	实付现金额	十	万	千	百	十	元	角	分
		¥	5	0	7	9	3	6			3	2	0	5	2	0	6	4

上述款项已入你单位账号

银行签章

2014 年 12 月 4 日

票据贴现天数=78（天）

贴现息=325 600 × 6‰ ÷ 30 × 78=5 079.36（元）

贴现净额=325 600−5 079.36=320 520.64（元）

借：银行存款   320 520.64

    财务费用   5 079.36

      贷：应收票据   325 600

2）带追索权的应收票据贴现

将带追索权的应收票据贴现，企业并未转嫁票据到期不能收回票据金额的风险，当出票人不按期付款时，银行可向背书企业索偿。企业所承担的这种连带责任，是企业的一种或有负债，该债务直至贴现银行收到票据金额后方可解除。因此，将带追索权的商业汇票贴现后，不符合金融资产终止确认的条件，不应冲销"应收票据"账户金额。根据实际收到的贴现金额借记"银行存款"，按贴现票据的票面金额贷记"短期借款"，按贴现票据实际收到的贴现金额与票面金额之间的差额借记"财务费用"账户。

在我国，企业将商业承兑汇票贴现，是一种典型的带追索权的票据贴现业务。

【例 3-8】以【例 3-7】的资料为例，假设贴现的汇票为商业承兑汇票，公司应编制的会计分录如下。

借：银行存款   320 520.64

    财务费用   5 079.36

      贷：短期借款   325 600

票据到期时，若丙公司如数付款，则贴现申请人的连带责任解除，编制的会计分录如下。

借：短期借款   325 600

      贷：应收票据   325 600

票据到期时，若丙公司无力付款，贴现申请人要负连带付款责任，编制的会计分录如下。

借：短期借款   325 600
    贷：银行存款   325 600

同时编制如下会计分录。

借：应收账款   325 600
    贷：应收票据   325 600

第四节 任务四 预付账款的核算

一、任务导入

甲公司根据购货合同规定，以银行存款预付给丁公司货款 9 000 元，供应单位提供货物后，开来发票账单，列计货款 8 000 元，增值税额 1 360 元。

二、任务分析

对于预付账款的核算，应完成以下工作。

（1）审核采购合同、付款申请单。

（2）审核无误交由出纳付款。

（3）结算预付账款。

（4）按照流程做出会计处理，并登记明细账。

三、知识储备与任务实施

（一）预付账款的概念

预付账款是指企业按照购货合同规定，预先以货币资金或以货币等价物支付供应单位的款项。预付账款和应收账款都是企业的短期债权，但二者形成的环节不同。应收账款是由企业销货引起的，是应向购货方收取的款项；而预付账款则是由企业购货引发的，是预先付给供货方的款项。

（二）预付账款的科目设置

企业预付的款项，应在款项付出时，以预付金额入账。企业发生的预付款项业务，通过"预付账款"账户核算。该账户属于资产类，预付款项时记入借方，收到所购货物等时按应支付的金额记入贷方，期末余额在借方，反映企业预付的款项；期末如为贷方余额，表示企业尚未补付的款项。该账户应按供货单位进行明细核算。

企业按照购货合同的规定向供货单位预付款项时，借记"预付账款"，贷记"银行存款"；收到所购货物时，按照应计入材料采购成本的金额，借记"在途物资"或"原材料""库存商品"等，按专用发票注明的增值税，借记"应交税费——应交增值税（进项税额）"，按发票账单注明的应付金额，贷记"预付账款"；当预付账款小于采购货物所需支付的款项时，应将不足部分补付，借记"预付账款"，贷记"银行存款"；当预付账款大于采购货物所需支付的款项时，对收回的多余款项，应借记"银行存款"，贷记"预付账款"。

（三）预付账款的核算

【例3-9】任务导入中，甲公司根据合同预付给丁公司货款9 000元，符合"预付账款"科目核算的范围，企业应编制的会计分录如下。

（1）预付货款时编制的会计分录如下。

借：预付账款——丁公司　　　　　　　　　　　　　　　9 000
　　贷：银行存款　　　　　　　　　　　　　　　　　　　　　　9 000

（2）供货单位提供所购货物，并开来发票账单时编制的会计分录如下。

借：在途物资——××品名　　　　　　　　　　　　　　8 000
　　应交税费——应交增值税（进项税额）　　　　　　　1 360
　　　　贷：预付账款——丁公司　　　　　　　　　　　　　　9 360

（3）补付丁公司货款时编制的会计分录如下。

借：预付账款——丁公司　　　　　　　　　　　　　　　360
　　贷：银行存款　　　　　　　　　　　　　　　　　　　　　360

在会计实务中，预付账款业务不多的企业，可以不设"预付账款"账户，而将预付账款直接通过"应付账款"账户核算。预付款项时，借记"应付账款"，贷记"银行存款"；收到所购货物时再予以转销。

第五节　任务五　其他应收款的核算

一、任务导入

企业借入戊公司包装物，开出转账支票支付包装物押金1 000元。财会部门预付给职工和内部有关部门，用于差旅费、日常零星开支、零星采购、售货找零等的款项，如何核算？

二、任务分析

为了准确核算公司其他应收款业务，会计人员需要完成以下工作。

（1）认真复核各种应收、暂付和借款单据，填制凭证并签章，由现金或银行出纳办理收付款业务。

（2）督促预支差旅费的员工及时办理报销还款手续，借款单上无相关部门及财务部领导签字，签字不全，或借款单填写有误者不予付款。

（3）按照流程做出会计处理，并登记明细账。

三、知识储备与任务实施

（一）其他应收款的概念

其他应收款是指企业除应收票据、应收账款、预付账款、应收股利和应收利息等以外的其他各种应收及暂付款项。其主要内容包括以下几点：应收的各种赔款、罚款；应收的出租包装物租金；应向职工收取的各种垫付款项；存出保证金，如租入包装物支付的押金；备用金；其他的各种应收暂付款项。

（二）其他应收款的账户设置

为了反映其他应收款的增减变动及其结存情况，企业应设置"其他应收款"账户。该账户属于资产类，借方登记其他应收款的增加；贷方登记其他应收款的收回或转销；期末余额在借方，反映企业尚未收回的其他应收款。该账户可按照对方单位（或个人）进行明细核算。

（三）其他应收款的核算

【例3-10】任务导入中，包装物押金虽然已付，但应在偿还包装物时收回，属于暂付款项。编制的会计分录如下。

借：其他应收款——戊公司　　　　　　　　　　　　　　　　　　1 000
　　贷：银行存款　　　　　　　　　　　　　　　　　　　　　　　　1 000

企业内各部门因业务经营需要，往往要准备一定数额的备用金。备用金是指单位财会部门预付给职工和内部有关部门用于差旅费、日常零星开支、零星采购和售货找零等，事后需要报销的款项，又称业务周转金。

备用金的使用方法是先借后用，凭据报销。备用金的核算可以根据不同情况采取实报实销制和定额备用金制两种。

单位内部各部门或工作人员因零星开支、零星采购等需要预借备用金时，一般应由经办人填写"借款单"。"借款单"一式三联，第一联为付款凭证，财务部门作为记账依据；第二联为结算凭证，借款期间由出纳员留存，报销时作为核对依据，报销后随同报销单据作为记账凭证的附件；第三联交借款人保存，报销时由出纳员签字后作为借款结算及交回借款的收据。经办人在填写"借款单"时，应当如实认真地填写借款事由、金额和借款日期并签名，送有关领导审批后根据"借款单"编制现金付款记账凭证。使用时要按照规定的用途使用，不得购买私人物资；职工使用备用金办事完毕，要在规定期限内到财务部门报销，剩余备用金即时交回，不得拖欠，报销时应由报销人填写"报销单"，并附原始凭证说明用途经审核后报销。

1. 定额备用金制

定额备用金是指用款单位按定额持有的备用金，其具体方法如下：根据用款单位的实际需要核定备用金定额，由财会部门按定额备用金支付给用款部门，待用款部门实际使用后，经财会部门审核，凭有效单据报账领款，以补足用款单位的定额。这种方法一般适用于具有经常性费用开支的内部用款单位。当备用金使用部门初次领用备用金时，应借记"其他应收款"账户，贷记"库存现金"账户；期末到财务部门报销，确认费用并补足备用金时，借记"管理费用"等，贷记"银行存款""库存现金"；在用款单位不再需要备用金时，才将备用金收回，借记"库存现金"等，贷记"其他应收款——备用金"。企业也可根据需要单独设置"备用金"总账进行核算。

【例3-11】甲公司开出现金支票2 000元，向行政部门支付定额备用金。编制的会计分录如下。

　　　借：其他应收款——备用金——行政部门　　　　　　　　　　2 000
　　　　　贷：银行存款　　　　　　　　　　　　　　　　　　　　　　　2 000

行政部门向财会部门报销日常办公用品费1 200元，财会部门以现金支付。编制的会计分录如下。

　　　借：管理费用　　　　　　　　　　　　　　　　　　　　　　　1 200
　　　　　贷：库存现金　　　　　　　　　　　　　　　　　　　　　　　1 200

行政部门不再需要备用金，将备用金2 000元退回。编制的会计分录如下。

　　　借：库存现金　　　　　　　　　　　　　　　　　　　　　　　2 000
　　　　　贷：其他应收款——备用金——行政部门　　　　　　　　　　2 000

2. 实报实销制

这种方法手续简单，一般适用于用款单位或职工的非经常性开支，如预付给职工个人的差旅费。领取备用金时，应借记"其他应收款"账户，贷记"库存现金"账户；报销费用时，应借记"管理费用"等，贷记"其他应收款——备用金"。

【例3-12】甲公司行政部门职工刘强预借差旅费2 000元，以现金支付。编制的会计分录如下。

　　　借：其他应收款——刘强　　　　　　　　　　　　　　　　　　2 000
　　　　　贷：库存现金　　　　　　　　　　　　　　　　　　　　　　　2 000

刘强出差回来，报销差旅费2 270元，差额补付现金。编制的会计分录如下。

　　　借：管理费用　　　　　　　　　　　　　　　　　　　　　　　2 270
　　　　　贷：其他应收款——刘强　　　　　　　　　　　　　　　　　　2 000
　　　　　　　库存现金　　　　　　　　　　　　　　　　　　　　　　　270

（四）应收股利和应收利息的核算

应收股利是企业由于对外投资而应向接受投资一方收取的现金股利和分配的利润。

应收股利通过"应收股利"账户进行核算，该账户借方登记应收的现金股利或其他单位分配的利润，贷方登记实际收到的现金股利或其他单位分来的利润，期末借方余额反映企业尚未收回的现金股利或利润。

应收利息是企业在交易性金融资产、持有至到期投资和可供出售金融资产等业务中应收取的利息。企业应设置"应收利息"账户进行核算，该账户借方登记应收的利息，贷方登记实际收到的利息，期末借方余额反映企业尚未收回的利息。

第六节　任务六　应收款项减值的核算

一、任务导入

甲公司 2014 年年末应收账款余额为 800 000 元。该公司规定的信用期限为 1 个月，并将应收账款按账龄划分为未超过信用期、超过信用期不足 3 个月、超过信用期不足半年、超过信用期不足 1 年、超过信用期不足 2 年、超过信用期不足 3 年和超过信用期 3 年以上共 7 类。

二、任务分析

应收款项无法收回造成坏账损失，会严重影响企业的经营业绩。在应收账款减值业务中应做好以下工作。

（1）企业应定期进行应收账款、其他应收款等应收款项的核对清查。在清查过程中，若发现确实无法收回的往来款项，要认真查明原因，分清责任，并按规定的程序报经有关部门批准后，方可进行账务处理。对于存在的问题和原因，提出加强往来款项管理的建议或措施。

（2）认真做好应收款项的账龄分析工作，及时提供分析报告，并提出合理化建议。

（3）会计准则规定，允许企业提取坏账准备。企业对应收款项可以按规定的方法和比例计提坏账准备，当实际发生坏账损失时，可冲减已提的坏账准备，充分体现会计的稳健性原则。

三、知识储备与任务实施

（一）应收款项发生减值的判断

应收款项属于企业拥有的金融资产。企业应该在资产负债表日对应收款项的账面价值进行检查，确定减值损失，计提减值准备。

对坏账损失的确认，既注重证据又注重实质，对有确凿证据表明确实无法收回的应收账款和其他应收款，根据企业管理权限，经股东大会或董事会，或厂长（经理）办公会或类似权力机构批准后作为坏账损失处理。

符合下列条件之一者，应确认应收款项减值。

（1）因债务人破产或死亡，以其破产财产或遗产清偿债务后，仍然无法收回的应收款项。

（2）因债务单位撤销、资不抵债或现金流量严重不足，确实不能收回的应收款项。

（3）因发生严重的自然灾害等导致债务单位停产而在短时间内无法偿付债务，确实无法收回的应收款项。

（4）因债务人逾期未履行偿债义务超过三年，经核查确实无法收回的应收款项。

企业的预付账款，如有确凿证据表明企业预付账款的性质已经发生改变，或者因供货单位破产、撤销等原因已经无望再收到所购货物的，应将原计入预付账款的金额转入"其他应收款"账户，并按规定计提坏账准备。

企业持有的尚未到期的应收票据，如有确凿证据表明企业持有的未到期应收票据不能够收回或收回的可能性不大时，应将其账面余额转入"应收账款"账户，并计提相应的坏账准备。

为了正确估计各应收款项的减值，企业应该经常对应收款项进行函证，并对其可收回性进行评估。企业可以根据具体情况，自行确定计提坏账准备的方法和计提比例等。一般地，企业对于当年发生的、计划进行债务重组的、与关联方发生的，以及其他已逾期但无确凿证据证明不能收回的应收款项不能全额计提坏账准备。

（二）应收款项减值的核算方法

企业应收款项发生减值在会计核算上有直接转销法和备抵法两种方法。

1. 直接转销法

直接转销法是在应收款项实际发生减值时，直接冲销有关的应收款项，并确认资产减值。

采用直接转销法对应收款项减值进行核算，只有在实际发生减值时才作为减值计入当期损益，并冲减应收款项，核算手续比较简便。但这种方法在实际发生减值时才确认，容易导致日常核算的应收款项价值虚增、损益虚列，既不符合权责发生制和收入与费用的配比，也不符合谨慎性要求。在资产负债表上，只能提供应收款项的账面余额，无法提供关于应收款项可收回净额的会计信息，歪曲了企业期末财务状况。企业一般不采用直接转销法核算减值，我国企业会计准则也不允许采用这种方法。

2. 备抵法

备抵法是根据应收款项可收回金额按期估计减值并形成坏账准备，在实际发生减值时再冲销坏账准备的方法。

采用备抵法核算减值，每期估计的减值直接计入当期损益，体现了谨慎性的要求。在资产负债表上能如实反映应收款项的净额，使报表使用者能够了解企业应收款项的可变现金额。同时，在利润表上也避免了因应收款项价值虚列而造成的利润虚增，避免了企业明盈实亏。我国企业会计准则规定企业应采用备抵法核算各种应收款项的减值。

采用备抵法核算各种应收款项的减值，需要采用一定的方法对各个会计期间的坏账准备进行合理估计，常用的方法有应收款项余额百分比法和账龄分析法。

1）应收款项余额百分比法

应收款项余额百分比法是按应收款项余额的一定比例估计该应收款项减值的方法。采用这种方法时，每期所估计的减值，应根据减值占应收款项余额的经验比例和该应收款项的余额确定。提取比例目前一般掌握在 3‰~5‰。

2）账龄分析法

账龄分析法是按各应收款项账龄的长短，根据以往经验确定坏账准备百分比，并据以估计坏账准备的方法。这里所指的账龄是指客户所欠账款的时间。虽然应收款项能否收回及其收回的程度与应收款项的过期长短并无直接联系，但一般说来，账龄越长，账款不能收回的可能性就越大，因此企业可以按应收款项的账龄估计坏账准备。

我国会计制度规定，计提坏账准备的方法及提取比例等均由企业自行确定。坏账准备提取方法一经确定，不得随意变更。如需变更，除应报经批准及备案外，还应在会计报表附注中予以说明。

（三）应收款项减值的账户设置

为了核算企业应收款项减值的情况，企业一般应设置"坏账准备""资产减值损失"等账户。

1. "坏账准备"账户

"坏账准备"账户属于资产类账户，核算企业按照一定方法提取的坏账准备。贷方登记按期估计的坏账准备数额，借方登记已确认为坏账损失应予转销的应收款项数额，余额通常在贷方，表示已经预提但尚未转销的坏账准备数，在期末资产负债表上列作各项应收款项的减项。

2. "资产减值损失"账户

"资产减值损失"账户属于损益类账户，核算企业根据资产减值等准则计提各项减值准备所形成的损失。借方登记发生的资产减值损失，贷方登记结转入本年利润的资产减值损失。

（四）应收款项减值的会计处理

坏账准备可按以下公式计算：

当期实际提取的坏账准备=当期按应收款项计算应提坏账准备金–"坏账准备"账户的贷方余额

如果期末按应收款项计算的应提取坏账准备的金额大于本账户的贷方余额，应按其差额提取坏账准备；如果期末按应收款项计算的应提取坏账准备的金额小于"坏账准备"

的贷方余额，应按其差额冲减已计提的坏账准备；如果期末本账户为借方余额，则应按应收款项计算的应提取坏账准备的金额，加上本账户的借方余额计提。

企业提取坏账准备时编制的会计分录如下。

借：资产减值损失——计提的坏账准备

　　贷：坏账准备

冲减已计提的坏账准备时编制的会计分录如下。

借：坏账准备

　　贷：资产减值损失——计提的坏账准备

发生应收款项减值时编制的会计分录如下。

借：坏账准备

　　贷：应收账款

　　　　其他应收款

已确认并转销的应收款项减值以后又收回时编制的会计分录如下。

借：应收账款

　　其他应收款

　　贷：坏账准备

同时编制以下会计分录。

借：银行存款

　　贷：应收账款

　　　　其他应收款

1. 应收款项余额百分比法

应收款项余额百分比法是根据会计期末应收款项各账户余额和估计的坏账率，计算应收款项减值，计提坏账准备的方法。

【例 3-13】甲公司确定的坏账准备提取比例为 5‰。2011~2014 年发生下列有关坏账损失业务，作有关计算并编制会计分录如下。

2011 年年末"应收账款"账户余额 1 000 000 元（本例题暂且不考虑其他应收款项），"坏账准备"账户贷方余额 3 000 元。

（1）2011 年年末"坏账准备"账户应保持的余额 ＝ 1 000 000 × 5‰ = 5 000（元）

应提取的坏账准备=5 000–3 000=2 000（元）

借：资产减值损失——计提的坏账准备　　　　　　　　　　　　　　2 000

　　贷：坏账准备　　　　　　　　　　　　　　　　　　　　　　　　2 000

（2）2012 年 5 月发生了应收款项减值（甲单位）3 000 元。

借：坏账准备　　　　　　　　　　　　　　　　　　　　　　　　　3 000

　　贷：应收账款——甲单位　　　　　　　　　　　　　　　　　　　3 000

（3）2012 年年末"应收账款"余额 1 200 000 元，应提取的坏账准备为

1 200 000 × 5‰–2 000=4 000（元）

借：资产减值损失——计提的坏账准备　　　　　　　　　　　　　　4 000

　　　　　贷：坏账准备　　　　　　　　　　　　　　　　　　　　　　4 000

（4）2013 年 5 月 8 日，接到银行通知，2013 年 5 月已冲销的应收款项减值（甲单位）3 000 元又收回存入银行。

　　　　借：应收账款——甲单位　　　　　　　　　　　　　　　3 000
　　　　　　　贷：坏账准备　　　　　　　　　　　　　　　　　　　　3 000
　　　　借：银行存款　　　　　　　　　　　　　　　　　　　　3 000
　　　　　　　贷：应收账款——甲单位　　　　　　　　　　　　　　　3 000

（5）2013 年年末"应收账款"余额 1 500 000 元，应提取的坏账准备为
1 500 000×5‰–9 000=–1 500（元）

　　　　借：坏账准备　　　　　　　　　　　　　　　　　　　　1 500
　　　　　　　贷：资产减值损失——计提的坏账准备　　　　　　　　　1 500

（6）2014 年 4 月发生了应收款项减值（乙单位）8 000 元。

　　　　借：坏账准备　　　　　　　　　　　　　　　　　　　　8 000
　　　　　　　贷：应收账款——乙单位　　　　　　　　　　　　　　　8 000

（7）2014 年年末"应收账款"余额 1 000 000 元，应提取的坏账准备为
1 000 000×5‰+500=5 500（元）

　　　　借：资产减值损失——计提的坏账准备　　　　　　　　　5 500
　　　　　　　贷：坏账准备　　　　　　　　　　　　　　　　　　　　5 500

2. 账龄分析法

【例 3-14】根据任务导入中应收账款明细账的有关记录，该公司编制的应收账款账龄分析表见表 3-8。

表 3-8　应收账款账龄分析表

2014 年 12 月 31 日　　　　　　　　　　　单位：元

客户名称	应收账款账面余额	未超信用期限	超过信用期限					
			不足 3 个月	不足半年	不足 1 年	不足 2 年	不足 3 年	3 年以上
A	250 000	150 000	100 000					
B	300 000	200 000		50 000	50 000			
C	120 000	100 000	20 000					
D	100 000			20 000		50 000	20 000	10 000
E	30 000		30 000					
合计	800 000	450 000	150 000	70 000	50 000	50 000	20 000	10 000

根据历史资料并结合当前情况，对公司各类应收账款分别确定计提坏账准备的比例后，编制坏账准备计算表（表 3-9）。

表 3-9　坏账准备计算表

2014 年 12 月 31 日　　　　　　　　　　　　单位：元

应收账款按账龄分类	应收账款金额	估计减值的比例/%	坏账准备金额
未超过信用期	450 000	1	4 500
超过信用期不足 3 个月	150 000	5	7 500
超过信用期不足半年	70 000	10	7 000
超过信用期不足 1 年	50 000	20	10 000
超过信用期不足 2 年	50 000	30	15 000
超过信用期不足 3 年	20 000	40	8 000
超过信用期 3 年	10 000	50	5 000
合计	800 000	—	57 000

　　根据表 3-9 的计算结果，以及"坏账准备"账户计提坏账准备前的余额情况，编制会计分录如下。

　　（1）假定计提坏账准备前，"坏账准备"账户无余额。

　　借：资产减值损失——计提的坏账准备　　　　　　　　　　　　　　57 000

　　　　贷：坏账准备　　　　　　　　　　　　　　　　　　　　　　　　　57 000

　　（2）假定年末计提坏账准备前，"坏账准备"账户已有贷方余额 30 000 元。

　　本年计提的坏账准备=57 000-30 000=27 000（元）

　　借：资产减值损失——计提的坏账准备　　　　　　　　　　　　　　27 000

　　　　贷：坏账准备　　　　　　　　　　　　　　　　　　　　　　　　　27 000

　　（3）假定年末计提坏账准备前，"坏账准备"账户已有贷方余额 65 000 元。

　　本年计提的坏账准备=57 000-65 000=-8 000（元）

　　借：坏账准备　　　　　　　　　　　　　　　　　　　　　　　　　8 000

　　　　贷：资产减值损失——计提的坏账准备　　　　　　　　　　　　　8 000

　　（4）假定年末计提坏账准备前，"坏账准备"账户有借方余额 20 000 元。

　　本年计提的坏账准备=57 000+20 000=77 000（元）

　　借：资产减值损失——计提的坏账准备　　　　　　　　　　　　　　77 000

　　　　贷：坏账准备　　　　　　　　　　　　　　　　　　　　　　　　　77 000

　　从以上分析可以看出，余额百分比法和账龄分析法实际上都是百分比法，只是估计坏账准备的基础不同而已。

第七节　任务七　应付款项的核算

一、任务导入

　　2014 年 4 月 8 日，甲公司向锦州方圆铸件厂赊购铸铜件 8 000 千克，单价 20.5 元，增值税税率为 17%，双方订立购销合同，约定采用现金折扣方式结算，折扣条件为 2 / 10，1 / 20，N / 30，计算折扣时不考虑增值税，货已验收入库。付款时间不同，付款的金额也不一样。2014 年 4 月 15 日，向丙公司购入 A 材料 6 000 件，订立购销合同，单价 15 元，增值税税率为 17%。款项用已经承兑的银行承兑汇票结算，自行运输，货已验收入库。

二、任务分析

为加强财务管理，维护公司信誉并掌控资金动向，应付款项岗位需完成以下工作。

（1）审核有无合同，没有采购合同不予付款。

（2）审核以前有无往来关系，以前付款后，销货或提供劳务的收款方的收款收据是否开具，前款未清、后款不付，前款应收回的收据未清，后款不予支付。

（3）认真复核各种暂收、应付和预收款单据，填制凭证并签章，由现金或银行出纳办理收付款业务。

（4）正确使用会计科目，根据核算和管理的需要，设置明细账进行明细核算，做到记账清楚，余额准确，账表相符，并按规定编报季度、年度的债权债务方面的报表。

三、知识储备与任务实施

（一）应付账款

应付账款是指企业因购买材料、商品或接受劳务供应等经营活动应支付的款项。应付账款应当于收到相关发票时按照应付金额入账。因购买商品等而产生的应付账款，应设置"应付账款"科目进行核算，用以反映这部分负债的价值。

1. 应付账款的确认

应付账款入账时间的确定，一般应以与所购买物资所有权有关的风险和报酬已经转移或劳务已经接受为标志。但在实际工作中，一般是区别下列情况处理：在物资和发票账单同时到达的情况下，应付账款一般待物资验收入库后，才按发票账单登记入账，这主要是为了确认所购入的物资是否在质量、数量和品种上都与合同上订明的条件相符，以免因先入账而在验收入库时发现购入物资错、漏、破损等问题再行调账，在会计期末仍未完成验收的，则应先按合理估计金额将物资和应付债务入账，事后发现问题再行更正；在物资和发票账单未同时到达的情况下，由于应付账款需根据发票账单登记入账，有时货物已到，发票账单要间隔较长时间才能到达，由于这笔负债已经成立，应作为一项负债反映。为了在资产负债表上客观反映企业所拥有的资产和承担的债务，在实际工作中，月份终了将所购物资和应付债务估计入账，待下月初再用红字予以冲回，以便下月付款（或开出承兑商业汇票）时，按正常结账程序根据实际金额借记"原材料"等科目，贷记"银行存款"等科目。

2. 应付账款的核算

【例 3-15】2014 年 4 月 10 日，甲公司从丁公司购入一批货物，收到增值税专用发票注明货款 50 000 元，增值税进项税额 8 500 元。商品尚未收到，货款尚未支付。

对于该笔业务，甲公司应编制的会计分录如下。

借：在途物资　　　　　　　　　　　　　　　　　　　　　　　　50 000
　　应交税费——应交增值税（进项税额）　　　　　　　　　　　　8 500
　　　贷：应付账款——丁公司　　　　　　　　　　　　　　　　　58 500

【例 3-16】2014 年 5 月，甲公司购买一批材料。材料已经入库，但月末尚未收到发票账单。已知该批材料的计划成本为 80 000 元。

对于该业务，2014 年 5 月 31 日甲公司应编制的会计分录如下。

借：原材料　　　　　　　　　　　　　　　　　　　　　　　　　80 000
　　　贷：应付账款——暂估应付账款　　　　　　　　　　　　　　80 000

2014 年 6 月 1 日，甲公司冲销上月末的暂估价值，编制的会计分录如下。

借：原材料　　　　　　　　　　　　　　　　　　　　　　　　　80 000
　　　贷：应付账款——暂估应付账款　　　　　　　　　　　　　　80 000

如果购销双方约定了现金折扣条件，则购货方应当采用总价法核算，即按不考虑现金折扣的价款总额入账，实际在折扣期内付款时，将享有的现金折扣作为利息收益，贷记"财务费用"科目。

【例 3-17】任务导入中第一笔业务原始凭证如表 3-10~表 3-12 所示。

表 3-10　增值税专用发票示例（三）
增值税专用发票
此联不作报销、扣税凭证使用
开票日期：2014 年 12 月 8 日

购货单位	名称：甲公司					密码区		
	纳税人识别号：×××							
	地址、电话：							
	开户行及账号：×××							
商品及劳务名称	规格	计量单位	数量	单价	金额	税率	税额	
铸铜件		千克	8 000	20.5	164 000	17%	27 880	
合计								
价税合计	⊕壹拾玖万壹仟捌佰捌拾元整　　¥191 880.00							
销货单位	名称：锦州方圆铸件厂					备注		
	纳税人识别号：×××							
	地址、电话：锦州市陵河区××号							
	开户行及账号：×××							

收款人：　　　　　　复核人：　　　　　　开票人：　　　　　　开票单位：

表3-11 收料单示例（一）

收料单

2014 年 12 月 8 日 材料类别：

名称	单位	数量		实际成本		计划单价	金额	差异
		应收	实收	买价				
				单价	金额			
铸铜件	千克	8 000	8 000	20.5	164 000			

记账： 采购员： 收料： 制单：

表3-12 购销折扣合同示例（二）

购销折扣合同

甲方：甲公司 乙方：锦州方圆铸件厂

　　甲方于2014年12月8日向乙方购买铸铜件8 000千克，单价20.5元，货款164 000元，税款27 880元。经双方商定，实行现金折扣，具体折扣条件为2/10，1/20，N/30。

　　以上条件，甲乙双方共同遵守。

甲方： 甲公司

乙方： 锦州方圆铸件厂

　　对于任务导入中第一笔业务，2014年12月8日甲公司在收到材料时应编制的会计分录如下。

　　　　借：原材料——铸铜件　　　　　　　　　　　　　　　　164 000

　　　　　　应交税费——应交增值税（进项税额）　　　　　　 27 880

　　　　　　贷：应付账款——锦州方圆铸件厂　　　　　　　　　191 880

　　假定甲公司12月17日付款，则甲公司应享有的现金折扣为3 280（164 000×2%）元，实际支付的价款为188 600（191 880–3 280）元。甲公司应编制的会计分录如下。

　　　　借：应付账款——锦州方圆铸件厂　　　　　　　　　　　191 880

　　　　　　贷：银行存款　　　　　　　　　　　　　　　　　　188 600

　　　　　　　　财务费用　　　　　　　　　　　　　　　　　　　3 280

　　假定甲公司12月27日付款，则甲公司应享有的现金折扣为1 640（164 000×1%）元，实际支付的价款为190 240（191 880–1 640）元。甲公司应编制的会计分录如下。

　　　　借：应付账款——锦州方圆铸件厂　　　　　　　　　　　191 880

　　　　　　贷：银行存款　　　　　　　　　　　　　　　　　　190 240

　　　　　　　　财务费用　　　　　　　　　　　　　　　　　　　1 640

　　假定甲公司2015年1月6日付款，则甲公司不享有现金折扣，实际支付的价款为191 880元。甲公司应编制的会计分录如下。

借：应付账款——锦州方圆铸件厂　　　　　　　　　　　191 880
　　贷：银行存款　　　　　　　　　　　　　　　　　　　191 880

在某些情况下，付款人可能确实无法支付应付款项（如债权人破产），此时应将应付账款的账面价值结转出来，同时将其确认为当期的营业外收入。

（二）应付票据

1. 应付票据的概念

应收票据是指企业采用商业汇票结算方式延期付款购入货物应付的票据款。在我国，商业汇票的付款期限最长为 6 个月。商业汇票按照承兑人不同分为商业承兑汇票和银行承兑汇票。按照是否带息分为带息票据和不带息票据。

2. 应付票据发生时的核算

企业在购买商品、接受劳务开出并承兑商业汇票时，借记"原材料""应交税费——应交增值税（进项税额）"等科目，贷记"应付票据"科目。以承兑的商业汇票抵偿应付账款时，借记"应付账款"科目，贷记"应付票据"科目。

对于企业因签发银行承兑汇票而应支付给银行的手续费，直接计入当期财务费用。

3. 应付票据到期日的核算

（1）有能力支付票据款。在商业汇票到期时，如果企业有能力支付票据款，企业应按照票面金额偿还票据款（对于带息的商业汇票还应支付相应的利息）。企业的开户银行在收到商业汇票付款通知时，无条件支付票据款。企业在收到开户银行的付款通知时，借记"应付票据""财务费用"等科目，贷记"银行存款"科目。

（2）无力支付票据款。在商业汇票到期时，如果企业无法支付票据款，应根据承兑人不同做不同的处理。

商业承兑汇票的承兑人即为付款人，如果付款人无力支付票据款，银行将把商业汇票退还给收款人，由收付款双方协商解决。由于商业汇票已经失效，付款人应将应付票据款转为应付账款。

按票面价值借记"应付票据"，贷记"应付账款"科目，待协商后再行处理。如果重新签发新的票据以清偿原应付票据的，再从"应付账款"科目转入"应付票据"科目。

银行承兑汇票的承兑人为银行，如果票据到期，企业无力支付到期票款时，承兑银行除凭票向持票人无条件付款外，对出票人尚未支付的汇票金额转作逾期贷款处理。企业无力支付到期银行承兑汇票，在接到银行转来的"××号汇票无款支付转入逾期贷款户"等有关凭证时，借记"应付票据"科目，贷记"短期借款"科目。对银行计收的利息，按短期借款利息的处理办法处理。

【例 3-18】任务导入中第二笔业务原始凭证如表 3-13~表 3-15 所示。

表 3-13　增值税专用发票示例（四）

增值税专用发票

此联不作报销、扣税凭证使用

开票日期：2014 年 12 月 5 日

购货单位	名称：甲公司						密码区	
	纳税人识别号：×××							
	地址、电话：							
	开户行及账号：×××							
商品及劳务名称		规格	计量单位	数量	单价	金额	税率	税额
A 材料			件	6 000	15	90 000	17%	15 300
合计								
价税合计		⊕壹拾万伍仟叁佰元整　　　￥105 300.00						
销货单位	名称：丙公司						备注	
	纳税人识别号：×××							
	地址、电话：							
	开户行及账号：×××							

收款人：　　　　　　　复核人：　　　　　　　开票人：　　　　　　　开票单位：

表 3-14　收料单示例（二）

收料单

2014 年 12 月 5 日　　　　　　　　　　　材料类别：

名称	单位	数量		实际成本			计划单价	金额	差异
		应收	实收	买价					
				单价	金额				
A 材料	件	6 000	6 000	15	90 000				

记账：　　　　　　　采购员：　　　　　　　收料：　　　　　　　制单：

表 3-15　银行承兑汇票示例（二）

银行承兑汇票

签发日期（大写）：贰零壹肆 年 壹拾贰 月 零伍 日

付款人全称	甲公司		收款人全称	丙公司									
付款人账号	×××		收款人账号	×××									
开户行全称			开户银行										
汇票金额	人民币 （大写）壹拾万伍仟叁佰元整			千	百	十	万	千	百	十	元	角	分
					￥	1	0	5	3	0	0	0	0
汇票到期日	贰零壹伍年零贰月零伍日		本汇票已经承兑，到期由本行支付		承兑协议编号								
本汇票已承兑，到期无条件支付票款 承兑人签章 承兑日期　2014 年 12 月 5 日			承兑行签章 承兑日期		科目（借） 对方科目（贷） 转账　年　月　日 复核　　记账								

（1）2014 年 12 月 5 日，开出承兑商业汇票时应编制如下会计分录。

借：原材料 90 000

应交税费——应交增值税（进项税额） 15 300

贷：应付票据 105 300

（2）2015 年 2 月 5 日，企业支付票据款 105 300 元，应编制如下会计分录。

借：应付票据 105 300

贷：银行存款 105 300

如果企业无力支付票据款，则编制如下会计分录。

借：应付票据 105 300

贷：应付账款——丙公司 105 300

对于带息的应付票据，企业通常在期末对尚未支付的应付票据计提利息，并将其计入当期财务费用。到期支付票据款时，尚未计提的利息全部计入当期财务费用。

（三）预收账款

预收账款是指企业在销售商品或提供劳务之前，向客户预收的部分或全部货款。由于商品尚未销售，劳务尚未提供，所收到的款项不能记作收益，而应划分为负债。只有在企业按照合约要求按时提供商品或劳务后，才能确认为收益，债务责任才能解除。

企业应通过"预收账款"科目，核算预收账款的取得、偿付等情况。

预收账款情况不多的企业，也可不设"预收账款"科目，将预收的款项直接记入"应收账款"科目的贷方。

1. 收到预收款时的会计核算

企业因销售商品或提供劳务等收到预收款项时，按实际收到的金额借记"银行存款"等科目，贷记"预收账款"科目。

2. 销售商品或提供劳务时的会计核算

企业在销售商品或者提供劳务时，应在确认销售收入时按照确认收入的金额和应交增值税的金额借记"预收账款"科目，贷记"主营业务收入""应交税费——应交增值税（销项税额）"等科目。

3. 收到剩余价款或退回多余价款的会计核算

如果预收账款不足以支付全部货款和税费，则应按照实际收到的购买方补付的金额，借记"银行存款"科目，贷记"预收账款"科目。

如果预收账款超过应支付的全部货款和税费，销售方应退回多余价款，退回多余款时，借记"预收账款"，贷记"银行存款"。

【例 3-19】2014 年 12 月 5 日，甲公司根据合同预收乙公司货款 120 000 元，收到转账支票并已存入银行，12 月 20 日，甲公司发出商品并开出增值税专用发票，注明货款 120 000 元、增值税额 20 400 元，产品成本为 90 000 元。2014 年 12 月 23 日，收到乙公司转来的剩余款 20 400 元。

（1）2014 年 12 月 5 日，甲公司收到预收账款，编制的会计分录如下。

借：银行存款 120 000

　　贷：预收账款 120 000

（2）2014 年 12 月 20 日，甲公司确认收入并结转成本，编制的会计分录如下。

借：预收账款 140 400

　　贷：主营业务收入 120 000

　　　　应交税费——应交增值税（销项税额） 20 400

借：主营业务成本 90 000

　　贷：库存商品 90 000

（3）2014 年 12 月 23 日，收到剩余货款，编制的会计分录如下。

借：银行存款 20 400

　　贷：预收账款 20 400

（四）其他应付款

其他应付款，是指企业除应付票据、应付账款、预收账款、应付职工薪酬、应付利息、应付股利、应交税费和长期应付款等以外的其他各项应付、暂收的款项，如出租、出借包装物收取的押金等。企业发生的其他各种应付、暂收款项时，借记"管理费用"等科目，贷记"其他应付款"；支付的其他各种应付、暂收款项，借记"其他应付款"，贷记"银行存款"等科目。

【例 3-20】大华公司以经营性租赁方式租入厂房一幢，按租赁合同规定，每月租金于次月月底支付，本月计提应付租金 2 500 元。

本月计提应付租金时编制的会计分录如下。

借：制造费用 2 500

　　贷：其他应付款——应付租金 2 500

次月通过银行转账支付应付租金时编制的会计分录如下。

借：其他应付款——应付租金 2 500

　　贷：银行存款 2 500

本 章 小 结

本章主要学习了应收款项和应付款项的确认、计价及核算问题。

应收及预付款项是企业在日常生产经营过程中发生的各种债权，包括应收款项和预付款项。应收款项包括应收票据、应收账款和其他应收款等；预付款项则是指企业按照合同规定预付的款项，如预付账款等。

根据应收款项的具体特点，企业应根据相关规定提取应收款项减值准备，并通过直接转销法或备抵法进行核算，我国企业会计准则规定企业应采用备抵法核算。

应付及预收款项是企业在日常生产经营过程中发生的各种债务，包括应付款项和预收款项。应付款项包括应付票据、应付账款和其他应付款等；预收款项则是指企业按照合同规定预收的款项，如预收账款等。

问 题 思 考

1. 什么是商业折扣和现金折扣？商业折扣和现金折扣对应收账款的入账价值有何影响？

2. 应收票据贴现如何处理？

3. 预收账款在性质上与应收账款有何区别？如何对预付账款进行核算？

4. 其他应收款主要包括哪些内容？如何进行会计处理？

5. 如何确认应收款项减值？如何进行会计处理？

6. 应付账款何时确认？如何计价？

7. 其他应付款主要包括哪些内容？如何进行会计处理？

项目三 学习指导	项目三 习题	项目三 公司应收票据 控制流程图（实例）	项目三 应付账款对账 及付款操作规定（实例）

第四章 项目四 存货岗位核算

【知识目标】掌握各种存货的价格构成、各种计价方法及存货收发的核算，掌握原材料等存货的有关账务处理。了解存货的分类、收发业务程序和手续。

【能力目标】具备取得存货的账务处理能力，存货在不同计价方法的账务处理能力，材料存货期末计量的不同情形的处理和成本与可变现净值孰低法的账务处理技能。具备审核原始凭证并根据原始凭证编制记账凭证、登记有关存货明细账，以及提供存货收、发、存信息的能力。

【关键词】存货；实际成本；计划成本；成本与市价孰低

第一节 任务一 存货岗位核算任务

存货岗位是制造业会计核算的重要岗位，该岗位要熟悉企业存货的基本内容及存在形式，设置存货的相关会计账户，加强存货的管理，其主要工作如下。

（1）会同有关部门拟定存货管理与核算实施办法，审查存货采购计划、控制采购成本，防止盲目采购。

（2）要求各业务环节提供填写内容齐全的有关凭证，同时规定凭证的传递程序和传递时间。

（3）负责存货收发原始凭证的审核、收发业务的处理和明细核算。对在途存货要督促催收，对已经验收入库尚未付款的存货，月末要估价入账。

（4）会同有关部门建立健全存货手续制度，拟定存货管理与核算的实施方法。

（5）配合有关部门制定存货消耗定额。

（6）负责存货销售业务核算，正确计算和结转存货的销售成本。

（7）协助有关部门对存货进行盘点，确定盘盈、盘亏后进行账务处理。

（8）会同有关部门分析存货的储备情况。

第二节　任务二　存货概述

一、任务导入

2014 年 5 月，甲企业 M 材料期初库存 100 千克，单位成本 102 元/千克；5 月 6 日购入 M 材料 1 000 千克，增值税专用发票注明价格 100 元/千克，增值税 17 000 元，运费增值税专用发票注明运费 5 000 元，增值税 550 元，已验收入库；5 月 10 日，购入 L 材料 500 千克，增值税专用发票注明价格 200 元/千克，增值税 17 000 元，运费增值税专用发票注明运费 1 000 元，增值税 110 元，款项已支付，材料尚未入库；5 月 20 日生产产品领用 M 材料 500 千克；计算期末存货成本。

二、任务分析

存货是指企业在日常活动中持有的以备出售的产成品或商品，处在生产过程中的在产品，以及在生产过程或提供劳务过程中耗用的材料和物料等。

存货的取得方式主要有外购、自制、投资者投入、委托加工、债务重组和接受捐赠等。

为了准确核算存货的取得和发出，需要按以下流程完成工作。

1. 存货入库

库房对购入存货的数量、质量进行检查→根据购货清单与实物一一核对→验收入库，开具入库单→财务部门审核采购发票、相关负责人签字、入库单等相关原始凭证无误后→编制记账凭证→登记存货明细账。

2. 存货发出

领料单位领料应经公司指定的人员批准→库房根据领料单位的申请开具领料单→库房管理人员、领用人签字→财务部门月末汇总领料单，编制发出材料汇总表→编制记账凭证→登记存货明细账。

3. 存货盘点

由财务部门组织负责实物盘点→填写盘点表→与明细账核对→填写账存实存对比表→进行账务处理。

三、知识储备与任务实施

（一）存货的分类

存货分布于企业生产经营的各个环节，而且种类繁多，用途各异。为了加强对存货的管理，给会计信息所有者提供有用信息，应当对存货按照不同的标准进行适当分类。

1. 按照存货的经济内容分类

（1）原材料，是指企业在生产过程中经加工改变其形态或性质并构成产品、主要实体的各种原料及主要材料、辅助材料、外购半成品（外购件）、修理用备件（备品备件）、包装材料、燃料等。

（2）在产品，是指企业正在制造尚未完工的产品，包括正在各个生产工序加工的产品和已加工完毕但尚未检验或已检验但尚未办理入库手续的产品。

（3）半成品，是指经过一定生产过程并已检验合格交付半成品仓库保管，但尚未制造完工成为产成品，仍需进一步加工的中间产品。

（4）产成品，是指工业企业已经完成全部生产过程并验收入库，可以按照合同规定的条件送交订货单位或者可以作为商品对外销售的产品。

（5）商品，是指商品流通企业外购或委托加工完成验收入库用于销售的各种商品。

（6）周转材料，是指企业能够多次使用，但不符合固定资产定义的材料。

例如，为了包装本企业商品而储备的各种包装物，各种工具、管理用具、玻璃器皿、劳动保护用品，以及低值易耗品和建造承包商的钢模板、木模板、脚手架等其他周转材料。

（7）委托代销商品，是指企业委托其他单位代为销售的商品。

2. 按存货的存放地点分类

（1）库存存货，是指已经运到企业或加工完成并已经验收入库的各种存货。

（2）在途存货，是指企业购入的正在运输途中的或货已经运到但尚未验收入库的各种存货。

（3）加工中存货，是指企业自行生产加工，以及委托其他单位加工改制中的各种存货。

（4）委托代销存货，是指存放在委托单位，并委托其代为销售的存货。

3. 按照来源分类

（1）外购存货，是指企业从外单位购入并已验收入库的材料、商品等存货。

（2）自制存货，是指企业自备材料加工完成并验收入库的材料、半成品和产成品等存货。

（3）投资者投入存货，是指投资者投入的材料、商品等存货。

此外，还包括接受捐赠的存货、以非货币性资产交换取得的存货、债务重组等方式取得的存货。

（二）存货取得的计价

存货取得的计价，是指企业取得各项存货的入账价值的确定，即为存货的初始计量。存货的初始计量应当以取得存货的实际成本为基础，实际成本包括采购成本、加工成本和其他成本。由于企业取得存货的方式不同，其实际成本构成内容也不同。因此，存货实际成本应结合存货的具体取得方式分别确定，作为存货入账的依据。

1. 外购存货

外购存货以其采购成本作为实际成本。采购成本是指存货从采购到入库前所发生的全部支出，一般包括购买价款、相关税费、运输费、装卸费、保险费，以及其他可归属于存货采购成本的费用。

购买价款，是指企业购入的存货的发票账单上列明的价款，但不包括按规定可以抵扣的增值税额。

相关税费，是指企业购买、自制或委托加工发生的消费税、资源税和不能从销项税额中抵扣的增值税进项税额。

其他可归属于存货采购成本的费用，即采购成本中除上述各项以外的可直接归属于存货采购成本的费用，如在存货采购过程中发生的仓储费、包装费、运输途中的合理损耗、大宗物资的市内运杂费及入库前的挑选整理费用等。

2. 自制存货

自制存货包括生产车间制造的在产品、自制半成品及产成品。自制存货的成本主要由采购成本和加工成本构成，其中采购成本是由自制存货所耗用或消耗的原材料成本转移而来的，因此加工成本是自制存货成本的主要内容。

加工成本是指在生产经营中自行加工的存货过程中发生的直接人工和制造费用。其中，直接人工是企业在生产过程中，向直接从事产品生产的工人支付的职工薪酬；制造费用是企业为生产产品和提供劳务而发生的各项间接费用，包括企业生产部门管理人员的薪酬、折旧费、办公费、水电费、劳动保护费、季节性和修理期间的停工损失等。

3. 委托加工存货

委托外单位加工完成的存货成本，一般以实际耗用的外发加工的原材料或者半成品成本加上加工费、运输费、装卸费和保险费等费用，以及按规定应计入成本的税金作为实际成本，但不包括企业垫付的应向购买者收取的增值税。

另外需要说明的是，对于外购、加工和自制存货发生的其他成本也应计入存货成本，如为特定客户设计产品所发生的设计费用；可直接归属于符合资本化条件的存货，应当予以资本化的借款费用等。

4. 投资者投入的存货

投资者投入存货的成本，应当按照合同或协议约定的价值确定，但合同或协议约定的价值不公允的除外。

5. 接受捐赠的存货

企业接受捐赠取得的存货，应当分别以下列情况确定入账成本。

（1）捐赠方提供了有关凭据的（如发票、报关单、有关协议等），按凭据上标明的金额加上应支付的相关税费作为入账成本。

（2）捐赠方没有提供有关凭据的，按如下顺序确定入账成本：①同类或类似存货存在活跃市场的，按同类或类似存货的市场价格估计金额加上应支付的相关税费作为入账成本。②同类或类似存货不存在活跃市场的，按该接受捐赠存货预计未来现金流量的现值作为入账成本。

第三节　任务三　原材料的核算

一、任务导入

2014 年 6 月甲公司 A 材料期初库存材料 200 千克，单价 60 元/千克；6 月 5 日购入 A 材料 500 千克，单价 62 元/千克；6 月 9 日发出 400 千克；6 月 15 日购入 600 千克，单价 65 元/千克；6 月 26 日发出 800 千克；计划价格 63 元。采用不同的存货发出方法计算发出材料的成本。

二、任务分析

（1）开设原材料、在途物资、材料采购等明细账，登记期初余额。

（2）当月购进材料→验收入库→填制收料单→采用实际或计划成本核算。

（3）当月领用材料→填制领料单→月末编制发出材料汇总表→采用实际或计划成本核算。

（4）依据发票、收料单、发出材料汇总表等原始凭证→编制记账凭证→依据记账凭证登记明细账。

三、知识储备与任务实施

（一）原材料的实际成本核算

原材料是指用于产品生产并构成产品实体的各种原料及主要材料，以及供产品生产使用不构成产品实体的各种辅助材料。原材料是企业存货的重要组成部分，品种规格较多，收发频繁，在企业的流动资产中占有很大的比重，具有较强的流动性，为便于加强对原材料的管理和核算，需要对其进行科学的分类。

原材料按其经济内容可分为六类：①原料及主要材料；②辅助材料；③外购半成品（外购件）；④修理用备件（备品备件）；⑤包装材料；⑥燃料。

材料的采购成本包括购买价款、相关税费、运输费、装卸费、保险费，以及其他可归属于原材料采购成本的费用。

材料的购买价款是指企业购入的材料或商品的发票账单上列明的价款，但不包括按规定可以抵扣的增值税额。

相关税费是指企业购买材料发生的进口税费、消费税、资源税和不能抵扣的增值税进项税额，以及相应的教育费附加等应计入材料采购成本的税费。

其他可归属于原材料采购成本的费用，如采购过程中发生的仓储费、包装费、运输途中的合理损耗，入库前的挑选整理费用等。

下列费用不应计入材料成本，而计入当期损益。

（1）非正常消耗的直接材料、直接人工和制造费用，应在发生时计入当期损益，不应计入存货成本。

若因为自然灾害而发生的直接材料、直接人工和制造费用，这些费用的发生无助于使该存货达到可使用状态，不应计入存货成本，而应确认为当期损益。

（2）仓储费用，是指企业在存货采购入库后发生的储存费用，应在发生时计入当期损益。但是，在生产过程中为达到下一个生产阶段所必需的仓储费用应计入存货成本。

（3）不能归属于使材料达到目前场所和状态的其他支出，应在发生时计入当期损益，不得计入材料成本。

1. 账户设置

原材料按实际成本计价核算时，一般需要设置"原材料""在途物资"等账户。

（1）"原材料"账户，用来核算企业库存的各种材料的实际成本，包括各种原料及主要材料、辅助材料、外购半成品、修理用备件、包装材料和燃料等。该账户属资产类账户，借方登记验收入库的原材料的实际成本，贷方登记发出原材料的实际成本，余额在借方，表示库存材料的实际成本。该账户应按原材料类别设置二级账户进行二级核算，按照材料的品种、规格设置明细账进行明细分类核算。

（2）"在途物资"账户，用来核算企业采用实际成本进行材料日常核算购入尚未到达或尚未验收入库的各种外购物资的实际成本。对于在途物资，购货方通常应根据所有权是否转移来判定是否应作为其存货入账。该账户属资产类账户，借方登记已付款或已开出、承兑商业汇票的材料的实际成本；贷方登记已验收入库的材料的实际成本；余额在借方，表示已付款或已开出并承兑商业汇票但尚未到达或尚未验收入库的在途材料的实际成本，该账户应按供应单位或材料品种、规格设置明细账进行明细核算。

2. 原材料取得的账务处理

1）发票账单与材料同时到达

【例4-1】甲公司购入C材料一批，增值税专用发票上记载的货款为500 000元，增值税额85 000元，另外对方代垫运费增值税专用发票记载价款1 000元，增值税额110元，全部款项已用转账支票付讫，材料已验收入库。根据增值税专用发票（表4-1和表4-2）、支票存根（表4-3）、收料单（表4-4）编制如下会计分录。

表 4-1　河北省增值税专用发票示例

河北省增值税专用发票

全国统一发票监制章
河北
国家税务总局监制

No 0225

校验码：　（略）

开票日期：2014 年 6 月 13 日

购货单位	名称：甲公司 纳税人识别号：××× 地址、电话：××× 开户行及账号：×××					密码区	（略）		
货物或应税劳务名称	规格型号	单位	数量	单价	金额		税率	税额	
C 材料	s-11	千克	20 000	25	500 000		17%	85 000	
价税合计（大写）	伍拾捌万伍仟元整						（小写）￥585 000.00		
销货单位	名称：大宇公司 纳税人识别号：××× 地址、电话：××× 开户行及账号：×××					备注			

发票联　购货方记账

收款人：陈凤　　　　　　复核：王芳　　　　　　　　　　　　开票人

表 4-2　货物运输业增值税专用发票示例

货物运输业增值税专用发票

全国统一发票监制章
河北
国家税务总局监制

No0368

校验码：　（略）

开票日期：2014　年　6　月　13　日

承运人及纳税人识别号	运达公司		密码区	（略）	
实际受票方及纳税人识别号	××××				
收货人及纳税人识别号	××××		发货人及纳税人识别号	××××	
起运地、经由、到达地	XXX—YYY				
项目及金额	运费		运输货物信息		
合计金额	1 000.00	税率	11%	税额	110.00
价税合计（大写）	壹仟壹佰壹拾元整			（小写）￥1 110.00	
车种车号	×××	车船吨位	×××	备注	
主管税务机关及代码	×××				

记账联　购货方记账

收款人（略）　　　　　复核　　　　　开票人　　　　　承运人（章）

会 计 实 务

表 4-3 中国工商银行现金支票

中国工商银行
现金支票存根
支票号码 №5609
附加信息_____
签发日期：2014年 6月 13日

收款人：	大宇公司
金额：	￥586 110.00
用途：	购材料
备注：	
单位主管 会计	

支票付款期限十天

表 4-4 收料单示例
收料单

供应单位：大宇公司 收料单编号：033
发票号码：0225 2014 年 6 月 15 日 收料仓库：01

材料名称及规格	计量单位	数量		实际成本			单位成本
		应收	实收	发票价格	运杂费	合计	
C 材料	千克	20 000	20 000	500 000.00	1 000.00	501 000.00	25.05

收料人员 （略） 检验人员 填单人员

借：原材料——C 材料 501 000
应交税费——应交增值税（进项税额） 85 110
贷：银行存款 586 110

【例 4-2】甲公司采用托收承付结算方式购入 E 材料一批，货款 40 000 元，增值税 6 800 元，款项在承付期内以银行存款支付，材料已验收入库。根据增值税专用发票（略）、收料单（略）和托收承付结算凭证（付款通知）（表 4-5），编制如下会计分录。

表4-5　委托收款凭证（付款通知）示例

委托收款凭证（付款通知）　　（联次）5　（编号）第3号

委托日期　　　　　　　　　2014 年　6 月　16 日　　　　　　　　托收号码：

付款人	全称	甲公司	收款人	全称	实达公司
	账号	××××		账号	××××
	开户银行	××××		开户银行	××××

收账金额	人民币（大写）：肆万陆仟捌佰元整	百	十	万	千	百	十	元	角	分
				￥	4	6	8	0	0	0	0

款项内容	货款	委托单据	发票	附寄单证张数	

备注：	付款人注意：根据结算办法规定，上列委托收款，再付款期限内未拒付时，即视同全部统一付款

单位主管　　　　会计　　　　复核　　　　记账　　　　付款人开户银行盖章 6 月 20 日

借：原材料——E 材料　　　　　　　　　　　　　　　　　　40 000

　　应交税费——应交增值税（进项税额）　　　　　　　　　6 800

　　　贷：银行存款　　　　　　　　　　　　　　　　　　　　　46 800

2）发票账单已到，材料未到

【例 4-3】甲公司采用汇兑结算方式购入 F 材料一批，发票及账单已收到，增值税专用发票上记载的货款为 20 000 元，增值税额 3 400 元。支付保险费 1 000 元，材料尚未到达。根据增值税专用发票、银行结算凭证，编制如下会计分录。

借：在途物资　　　　　　　　　　　　　　　　　　　　21 000

　　应交税费——应交增值税（进项税额）　　　　　　　　　3 400

　　　贷：银行存款　　　　　　　　　　　　　　　　　　　　24 400

材料入库后，根据收料单等凭证编制如下会计分录。

借：原材料　　　　　　　　　　　　　　　　　　　　　21 000

　　　贷：在途物资　　　　　　　　　　　　　　　　　　　　21 000

3）发票账单未到，材料已经验收入库

若发票账单在月末之前到达，则在收到发票账单当日以实际金额按发票账单与材料同时到达的情况进行处理。若发票账单在月末仍未到，因编制资产负债表的需要，期末应按照暂估价值入账。为了防止重复记账，下期初用红字冲回，等收到发票账单后再以实际金额按正常程序入账。

【例 4-4】甲公司采用委托收款结算方式购入 H 材料一批，材料已验收入库，月末发票账单尚未收到也无法确定其实际成本，暂估价值为 30 000 元。根据收料单编制会计分录。

借：原材料　　　　　　　　　　　　　　　　　　　　　30 000

　　　贷：应付账款——暂估应付账款　　　　　　　　　　　　30 000

下月初填制红字收料单，编制会计分录。

借：原材料　　　　　　　　　　　　　　　　　　　　　$\boxed{30\,000}$

贷：应付账款——暂估应付账款　　　　　　　　　$\boxed{30\,000}$

上述购入的 H 材料于次月收到发票账单，增值税专用发票上记载的货款为 31 000
元，增值税额 5 270 元，开出转账支票付讫，根据增值税专用发票、支票存根和收料单
编制会计分录。

借：原材料——H 材料　　　　　　　　　　　　　31 000
　　应交税费——应交增值税（进项税额）　　　　5 270
　　贷：银行存款　　　　　　　　　　　　　　　　36 270

3. 原材料发出的核算

原材料按实际成本计价核算时，由于购入批次不同，造成原材料的单位成本不同，
发出原材料时，应按一定方法计算确定发出原材料的实际成本。发出原材料的实际成本
可以采用先进先出法、加权平均法或个别计价法等方法确定。发出原材料的实际成本计
算方法一经确定，不能随意变更，如需变更，应在会计报表附注中予以说明。

企业发出材料时，应办理必要的手续和填制领发料凭证，作为材料发出核算的依据。
由于企业材料的日常领发业务比较频繁，为了简化核算工作，平时一般只登记材料明细
分类账，以反映各种材料的收发结存情况，不直接根据领发料凭证填制记账凭证，而是
在月末将"领料单""限额领料单"等发料凭证，按照领用部门和用途进行归类汇总，编
制"发料凭证汇总表"，据以借记"生产成本"、"制造费用"和"管理费用"等科目，贷
记"原材料"科目，进行材料发出的总分类核算。

【例 4-5】甲公司 2014 年 6 月末根据领料单等汇总编制"发料凭证汇总表"，如表 4-6
所示。

表 4-6　发料凭证汇总表示例

发料凭证汇总表

2014 年 6 月 30 日　　　　　　　　　　　　　　单位：元

用途	A 材料	B 材料	合计
基本生产车间：			370 000
甲产品	75 400	105 000	180 400
乙产品	94 600	95 000	189 600
辅助生产耗用	20 000	12 000	32 000
车间管理耗用	8 000	7 000	15 000
行政管理耗用	5 000	8 000	13 000
合计	203 000	227 000	430 000

根据发料凭证汇总表，编制的会计分录如下。

借：生产成本——基本生产成本　　　　　　　　　370 000
　　　　　　——辅助生产成本　　　　　　　　　32 000
　　制造费用　　　　　　　　　　　　　　　　　15 000
　　管理费用　　　　　　　　　　　　　　　　　13 000

　　　　贷：原材料——A 材料　　　　　　　　　　　　　　　　　　203 000
　　　　　　　　　　——B 材料　　　　　　　　　　　　　　　　　227 000

4. 实际成本下原材料发出的计价方法

　　在以实际成本为计价基础的前提下，期初的单位成本和本期内不同批次购入的原材料单位成本不一致，因此，在确定发出的存货价值和期末存货价值时，就必须选择一定的存货计价方法，以解决发出存货和期末存货的计价问题。按照《企业会计准则第 1 号——存货》的规定，存货发出时，企业应当采用先进先出法、加权平均法或个别计价法确定发出存货的实际成本。

　　1）先进先出法

　　先进先出法是假定先收到的存货先发出，并根据这种假定的存货流转次序对发出存货进行计价的一种方法。收到有关存货时，应在存货明细分类账中逐笔登记每批存货的数量、单价和金额；发出存货时，按照先入库的存货先出库的顺序，逐笔登记发出存货和结存存货金额。

　　【例 4-6】假设甲公司 2014 年 6 月 A 材料收入、发出和结存的数据资料如表 4-7 所示，采用先进先出法计算 A 材料发出成本和结存金额。

表 4-7　原材料明细账示例（一）

原材料明细账

材料名称：A 材料　　　　　　　　　　　　　　　　　　　编号（略）

　　规格：（略）　　　　　　　　　　　　　　　　　　　计量单位：千克

2014年		凭证字号	摘要	收入			发出			结余		
月	日			数量	单价	金额	数量	单价	金额	数量	单价	金额
6	1	略	期初余额							300	40	12 000
	5		购入	500	42	21 000				300	40	33 000
										500	42	
	10		发出				400		16 200	400	42	16 800
	15		购入	600	45	27 000				400	42	43 800
										600	45	
	27		发出				800		34 800	200	45	9 000
	30		本月合计	1 100		48 000	1 200		51 000	200	45	9 000

　　6 月 10 日发出材料成本=（300×40+100×42）=16 200（元）

　　6 月 27 日发出材料成本=（400×42+400×45）=34 800（元）

　　月末结存材料成本=100×45=4 500（元）

　　采用先进先出法进行存货计价，其优点如下：①可以将计价工作分散在平时进行，使企业可以随时掌握各种存货的收发和结存的动态变化，有利于均衡存货的计价工作。②同时期末存货是按最近期的购货成本计价的，这就使期末存货成本比较接近现行的市场价值。先进先出法进行存货计价的缺点如下：①在企业存货收发业务频繁、单价经常变动的情况下，对每批发出存货成本的计算则比较烦琐，日常会计核算工作量较大。②当物价上涨时，会造成存货发出成本偏低，企业当期利润虚增的情况；反之，会造成存货发出成本偏高、企业当期利润虚减的情况。

2）月末一次加权平均法

月末一次加权平均法是指在月末以月初结存存货数量和本月收入存货的数量作为权数，计算本月存货加权平均单位成本，从而确定本月发出存货成本和月末结存存货成本的一种方法。

计算公式如下：

加权平均单位成本=（月初结存存货的实际成本+本月收入存货的实际成本）÷（月初结存存货的数量+本月收入存货的数量）

本月发出存货成本=本月发出存货数量×加权平均单位成本

月末结存存货成本=月末结存存货数量×加权平均单位成本

如果计算出的加权平均单位是四舍五入的小数，为了优先保证存货结存成本的正确性，应采用倒挤成本法计算本月发出存货的成本，即

月末结存存货成本=月末结存存货数量×加权平均单位成本

本月发出存货成本=月初结存存货实际成本+本月收入存货实际成本–月末结存存货实际成本

【例 4-7】以【例 4-6】资料为例。采用加权平均法计算 A 材料发出成本和期末结存成本，如表 4-8 所示。

表 4-8　原材料明细账示例（二）

原材料明细账

材料名称：A 材料   编号（略）

规格：（略）   计量单位：千克

2014 年		凭证字号	摘要	收入			发出			结余		
月	日			数量	单价	金额	数量	单价	金额	数量	单价	金额
6	1	略	期初余额							300	40	12 000
	5		购入	500	42	21 000				800		
	10		发出				400			400		
	15		购入	600	45	27 000				1 000		
	27		发出				800			200		
	30		本月合计	1 100		48 000	1 200		51 428	200	42.86	8 572

加权平均单位成本=（12 000+48 000）÷（300+1 100）≈42.86（元／千克）

月末结存材料成本=200×42.86=8 572（元）

本月发出材料成本=12 000+48 000–8 572=51 428（元）

采用月末一次加权平均法，其优点如下：①平时只登记发出数量和结存数量，不登记金额，只在月末一次计算加权平均单位成本，简化日常核算工作。②在市场价格上涨或下跌时所计算出来的单位成本平均化，对存货成本的分摊较为折中。月末一次加权平均法的缺点如下：这种方法全部计算工作集中在月末进行，平时从账面上无法提供发出

和结存存货的单价及金额，不利于加强对存货的管理。

3）移动加权平均法

移动加权平均法是指平时每入库一批存货，就以原有存货数量和本批入库存货数量为权数，计算一个加权平均单位成本，据以对发出存货进行计价的一种方法。

计算公式如下：

移动加权平均单位成本=（原结存存货的实际成本+本批收入存货的实际成本）÷（原结存存货的数量+本批收入存货的数量）

本批发出存货成本=本批发出存货数量×移动加权平均单位成本

月末结存存货成本=月末结存存货数量×期末移动加权平均单位成本

与月末一次加权平均法类似，采用移动加权平均法也应采用倒挤的方法，将计算尾差挤入发出存货成本。首先按移动加权平均单位成本计算结存存货成本，其次倒挤发出存货成本，以保证各批发出的存货以及结存存货的数量、单位成本与总成本的一致性。

【例 4-8】以【例 4-6】资料为例。采用移动加权平均法计算 A 材料发出成本和期末结存成本，如表 4-9 所示。

表 4-9　原材料明细账示例（三）
原材料明细账

材料名称：A 材料　　　　　　　　　　　　　　　　　　编号（略）

规格：（略）　　　　　　　　　　　　　　　　　　计量单位：千克

| 2014 年 | | 凭证字号 | 摘要 | 收入 | | | 发出 | | | 结余 | | |
月	日			数量	单价	金额	数量	单价	金额	数量	单价	金额
6	1	略	期初余额							300	40.00	12 000
	5		购入	500	42	21 000				800	41.25	33 000
	10		发出				400	41.25	16 500	400	41.25	16 500
	15		购入	600	45	27 000				1 000	43.50	43 500
	27		发出				800	43.50	34 800	200	43.50	8 700
	30		本月合计	1 100		48 000	1 200		51 300	200	43.50	8 700

6 月 5 日购入后平均单位成本=（12 000+21 000）÷（300+500）=41.25（元／千克）

6 月 5 日结存材料成本=800×41.25=33 000（元）

6 月 10 日本月发出材料成本=400×41.25=16 500（元）

6 月 15 日购入后平均单位成本=（16 500+27 000）÷（400+600）=43.50（元／千克）

6 月 10 日结存材料成本=1 000×43.50=43 500（元）

6 月 27 日本月发出材料成本=800×43.50=34 800（元）

6 月 27 日结存材料成本=200×43.50=8 700（元）

移动加权平均法的优点如下：将存货的计价和明细账的登记工作分散在平时进行，从而可以随时掌握发出存货的成本和结存存货的成本，为存货管理及时提供所需信息。这种方法的缺点如下：每次购货都要计算一次平均单位成本，工作量较大，不适合收发货比较频繁的企业使用。

4）个别计价法

个别计价法又称个别认定法、具体辨认法、分批实际法，是以每次（批）收入存货的实际成本作为发出该次（批）存货的成本的方法。采用这种方法要求企业在存货明细账上要按存货的品种和批次进行详细的记录，并在存货上附加标签或编号，以便正确辨认确定发出存货的个别实际成本。

【例4-9】以【例4-6】资料为例，6月10日发出材料400件，其中100件是月初结存材料，另外300件是6月5日购入的材料；6月27日发出材料800件，其中100件是月初结存材料，100件是6月5日购入的材料，其余均是6月15日购入的材料。采用个别计价法计算A材料的发出成本和结存成本，如表4-10所示。

表4-10 原材料明细账示例（四）

原材料明细账

材料名称：A材料 编号（略）

规格：（略） 计量单位：千克

2014年		凭证字号	摘要	收入			发出			结余		
月	日			数量	单价	金额	数量	单价	金额	数量	单价	金额
6	1	略	期初余额							300	40	12 000
	5		购入	500	42	21 000				300	40	33 000
										500	42	
	10		发出				400		16 600	200	40	16 400
										200	42	
	15		购入	600	45	27 000				200	40	43 400
										200	42	
										600	45	
	27		发出				800		35 200	100	40	8 200
										100	42	
	30		本月合计	1 100		48 000	1 200		51 800	100	40	8 200
										100	42	

6月10日发出材料成本=100×40+300×42=16 600（元）

6月27日发出材料成本=100×40+100×42+600×45=35 200（元）

月末结存材料成本=100×40+100×42=8 200（元）

采用个别计价法的优点：成本流转与实物流转完全一致，能够准确计算出发出和结存存货成本，而且可以随时结转成本。个别计价法的缺点如下：①这种方法的前提是需要对发出和结存存货的批次进行具体认定，以辨别其所属的收入批次，实务操作的工作量较大；②容易出现企业随意选用较高或较低价格的存货以调整当期利润的现象。所以只适宜单位成本较高、品种数量少易于辨认批次的贵重商品及一般不能互换使用的存货或为特定项目专门购入或制造并单独存放的存货。

（二）原材料按计划成本计价的核算

原材料按计划成本计价是指每种材料的日常收、发、结存都按预先确定的计划成本计价，其核算特点是从材料的收发凭证到明细分类账和总分类账全部按计划成本计价并进行核算，而原材料的实际成本与计划成本的差异，则通过材料成本差异核算。该方法有利于企业进行材料成本管理，加强成本控制。

1. 账户的设置

原材料按计划成本计价时，为了核算和监督材料的采购、收发，确定其采购成本，计算材料成本差异，在会计核算上，一般应设置"材料采购"、"原材料"和"材料成本差异"等科目对原材料进行日常收发的核算。

（1）"材料采购"账户，用来核算企业采用计划成本进行日常核算而购入材料的采购成本，属于资产类科目，借方登记采购物资的实际成本和结转实际成本小于计划成本的节约差异；贷方登记验收入库物资的计划成本和结转实际成本大于计划成本的超支差异，期末余额在借方，表示已付款或已开出并承兑商业汇票，但尚未到达或尚未验收入库的在途材料实际成本。该账户应按供应单位和物资类别或品种设置明细分类账，进行明细核算。

（2）"原材料"账户，用来核算企业库存原材料的计划成本，该账户属资产类科目，借方登记验收入库的原材料的计划成本，贷方登记发出原材料的计划成本，期末余额在借方，表示库存原材料的计划成本。该账户应按原材料类别设置二级账户进行二级核算，按照材料的品种、规格设置明细账进行明细分类核算。

（3）"材料成本差异"账户，用来核算企业采用计划成本进行日常核算各种材料实际成本与计划成本的差异，该账户属调整类科目，借方登记入库材料实际成本大于计划成本的超支差异和分配发出材料应负担的材料成本节约差异，贷方登记入库材料实际成本小于计划成本的节约差异和分配发出材料应负担的材料成本超支差异。期末如果是借方余额，表示库存材料的超支差异；如果是贷方余额，表示库存材料的节约差异。

发出材料应负担的成本差异应按月分摊，不得在季末或年末一次计算。发出材料应负担的成本差异，除委托外部加工发出材料可按期初成本差异率计算外，应使用当期的实际差异率；期初成本差异率与本期成本差异率相差不大的，也可按期初成本差异率计算。计算方法一经确定，不得随意变更。

2. 原材料入库的账务处理

【例 4-10】甲公司购进原材料一批，购买价款 30 000 元，增值税 5 100 元，货款已开出转账支票支付，材料已验收，计划成本 32 000 元。

采购材料时，根据增值税专用发票、支票存根编制的会计分录如下。

借：材料采购　　　　　　　　　　　　　　　　　　　　　　　30 000
　　应交税费——应交增值税（进项税额）　　　　　　　　　　　5 100

贷：银行存款   35 100

材料入库时，根据收料单编制的会计分录如下。

借：原材料   32 000

    贷：材料采购   30 000

    材料成本差异（节约差异）   2 000

3. 原材料发出的账务处理

为了简化核算工作，企业可在月末根据"领料单""限额领料单"等领料凭证和材料成本差异率，按照领用部门和用途对发出的材料进行归类汇总，编制"发料凭证汇总表"，据以进行发出材料的总分类核算。

首先根据发出材料的计划成本，按其用途分别计入有关成本费用账户，其次通过计算发出材料应负担的材料成本差异，将发出材料的计划成本调整为实际成本。所以，在发出原材料时，应确认当期材料成本差异率，其计算公式如下：

本月材料成本差异=（月初材料成本差异+本月入库材料成本差异）÷（月初材料计划成本+本月入库计划成本）

本月发出材料应负担的成本差异=本月发出材料计划成本×本月材料成本差异率

本月发出材料的实际成本=本月发出材料计划成本±本月发出材料应负担的成本差异

【例 4-11】甲公司根据"发料凭证汇总表"的记录，某月 L 材料的消耗（计划成本）如下：基本生产车间领用 2 000 000 元，辅助生产车间领用 600 000 元，车间管理部门领用 250 000 元，企业行政管理部门领用 50 000 元。

借：生产成本——基本生产成本   2 000 000

    ——辅助生产成本   600 000

    制造费用   250 000

    管理费用   50 000

    贷：原材料——L 材料   2 900 000

【例 4-12】接【例 4-11】，甲公司某月月初结存 L 材料的计划成本为 1 000 000 元，成本差异为超支差异 30 740 元；当月入库 L 材料的计划成本 3 200 000 元，成本差异为节约差异 200 000 元。则有

材料成本差异率=（30 740–200 000）÷（1 000 000+3 200 000）×100%=–4.03%

结转发出材料的成本差异时，编制如下会计分录。

借：材料成本差异——L 材料   116 870

    贷：生产成本——基本生产成本   80 600

    ——辅助生产成本   24 180

    制造费用   10 075

    管理费用   2 015

4. 原材料按计划成本计价收发明细分类核算

1）原材料明细分类核算

在按计划成本计价下，原材料明细分类核算与按实际成本计价的明细分类核算基本

相同。主要区别是在按计划成本计价下的材料明细分类账和材料二级分类账都是按计划成本登记的，而且材料明细分类账可以只设收入、发出数量栏，结存栏则要分设数量栏和金额栏，但金额栏不必逐笔计算登记，可以定期计算后登记。

2）材料采购明细分类核算

一般情况下，材料采购明细账可按物资类别的大类，如原材料、周转材料等设置，其格式如表 4-11 所示。

表 4-11 材料采购明细账示例

材料采购明细账

账户名称：原材料 单位：元

年		凭证号	摘要	借方			年		凭证号	摘要	贷方		
月	日			实际成本			月	日			计划成本	差异	合计
				买价	运杂费	合计							

材料采购明细账采用横线登记法进行登记，即同一批外购材料的付款和收料业务在同一行中登记，登记的依据是审核后的发票账单和收料单等有关凭证，月终，将已在借方栏和贷方栏登记的材料的成本差异结转到"材料成本差异"科目。对于只有借方金额而无贷方金额，即已付款（或已开出并承兑商业汇票）尚未验收入库的在途材料，应逐笔转入下月材料采购明细账内，以便材料验收入库时进行账务处理。

3）材料成本差异明细分类核算

材料成本差异明细账的设置口径与材料采购明细账的设置口径是一致的，一般也是按材料大类设置，如表 4-12 所示。

表 4-12 材料成本差异明细账示例

材料成本差异明细账

明细账户： 单位：元

年		凭证号	摘要	收入		发出		余额	
月	日			借方	贷方	借方	贷方	借方	贷方

材料成本差异明细账中本月收入和发出材料的计划成本，应分别根据收料凭证汇总表和发料凭证汇总表填列；本月收入和本月发出材料的成本差异，应分别根据有关转账凭证或收发料凭证汇总表填列。

在计算材料成本差异率时，本月收入材料的计划成本中，应剔除发票账单未到，款项未付，实际成本不能确定，但已验收入库的那部分材料的计划成本，因为其未产生成本差异。

原材料按计划成本计价的核算，能比较有效地避免按实际成本计价发出材料单价计算复杂的问题。但由于材料成本差异一般只能按材料大类计算，所以会影响材料成本计算的准确性。这种计价方法适用于材料收发业务频繁，且具备材料计划成本资料的大型企业。

第四节　任务四　存货的清查

一、任务导入

【例 4-13】甲公司在财产清查中盘盈 A 材料 1 000 千克，实际单位成本 60 元，经查属于材料收发计量方面的错误；盘亏 B 材料 5 千克，实际单位成本 200 元，经查属于定额内合理损耗（表 4-13 和表 4-14）。

表 4-13　盘存单示例

盘存单

财产类别：　　　　　盘点时间：2014 年 6 月 30 日　　　　　存放地点：　　　　编号：

序号	名称	规格	计量单位	盘点数量	单价	金额	备注
1	A 材料		千克	1 000	60.00	6 000.00	
2	B 材料		千克	5	200.00	1 000.00	

表 4-14　账存实存对比表示例

账存实存对比表

单位名称：　　　　　　　　　2014 年 6 月 30 日

序号	名称	规格	计量单位	单价	实存		账存		盘盈		盘亏	
					数量	金额	数量	金额	数量	金额	数量	金额
1	A 材料		千克	60.00	10 000	60 000	9 000	54 000	1 000	6 000		
2	B 材料		千克	200.00	100	20 000	95	19 000			5	1 000

二、任务分析

存货的清查主要完成以下任务。

（1）成立清查小组，应由会计、业务、仓库保管等有关业务部门人员组成，并由某个主管人员负责清查组织的各项工作。

（2）会计部门应在进行财产清查之前，为账实核对提供正确的账簿资料，并将有关账簿登记齐全，结出余额。

（3）财产物资保管和使用等业务部门为方便盘点核对，应登记好所经管的各种财产物资明细账，并结出余额。将所保管的各种财产物资整理好，贴上标签，标明品种、规格和结存数量。

（4）准备好各种工具和登记用的表册，如盘存单、账存实存对比表等。

三、知识准备与任务实施

存货清查是指通过对存货的实地盘点，确定存货的实有数量，并与账面结存数核对，从而确定存货实存数与账面结存数是否相符的一种专门方法。

（一）存货盘盈的账务处理

企业发生存货盘盈时，应按盘盈存货的重置成本价值记账。

（1）批准前的会计分录如下。

借：原材料　　　　　　　　　　　　　　　　　　　　　　　60 000

　　贷：待处理财产损溢——待处理流动资产损溢　　　　　　　　　　60 000

（2）批注后的会计分录如下。

借：待处理财产损溢——待处理流动资产损溢　　　　　　　　60 000

　　贷：管理费用　　　　　　　　　　　　　　　　　　　　　　60 000

（二）存货盘亏的账务处理

企业发生存货盘亏及损毁时，企业在报经批准前，应根据"账存实存对比表"所列的盘亏数，先结转到"待处理财产损溢"账户。

对购进的货物、在产品、产成品等发生非正常损失引起盘亏存货应负担的增值税，应一并转入"待处理财产损溢"账户。

根据亏损原因，分为以下情况进行账务处理。

（1）属于定额内合理损耗，经批准后计入管理费用。

（2）属于超定额短缺及存货毁损的，能确定过失人的应由过失人负债赔偿；属于保险责任范围的，应向保险公司索赔，计入其他应收款；扣除过失人或保险公司赔款和残料价值后，计入管理费用。

（3）属于非正常损失所造成的存货毁损，扣除保险公司赔款和残料价值后，计入营业外支出。

甲公司在财产清查中发现应作如下会计处理。

（1）批准前根据有关原始凭证，编制的会计分录如下。

借：待处理财产损溢——待处理流动资产损溢　　　　　　　　1 000

　　贷：原材料　　　　　　　　　　　　　　　　　　　　　　1 000

（2）批注后编制的会计分录如下。

借：管理费用 1 000
　　贷：待处理财产损溢——待处理流动资产损溢 1 000

【例 4-14】甲公司在财产清查中发现毁损 L 材料 300 千克，实际单位成本 100 元，经查属于材料保管员的过失造成的，按规定由其个人赔偿 20 000 元，残料已办理入库手续，价值 2 000 元。应作如下会计处理。

（1）批准前编制的会计分录如下。

借：待处理财产损溢——待处理流动资产损溢 30 000
　　贷：原材料 30 000

（2）批注后编制的会计分录如下。

第一，由过失人赔款部分的会计分录如下。

借：其他应收款 20 000
　　贷：待处理财产损溢——待处理流动资产损溢 20 000

第二，残料入库的会计分录如下。

借：原材料 2 000
　　贷：待处理财产损溢——待处理流动资产损溢 2 000

第三，材料毁损净损失的会计分录如下。

借：管理费用 8 000
　　贷：待处理财产损溢——待处理流动资产损溢 8 000

【例 4-15】甲公司因台风造成一批库存材料毁损，实际成本 10 000 元，根据保险责任范围及保险合同规定，应由保险公司赔偿 6 000 元。应作如下会计处理。

（1）批准前，编制的会计分录如下。

借：待处理财产损溢——待处理流动资产损溢 10 000
　　贷：原材料 10 000

（2）批准后，编制的会计分录如下。

借：其他应收款 6 000
　　营业外支出——非常损失 4 000
　　贷：待处理财产损溢——待处理流动资产损溢 10 000

第五节　任务五　存货的期末计价

一、任务导入

会计期末，为了客观、真实、准确地反映企业期末存货的实际价值，在编制资产负债表时，企业应当选择适当的方法对期末存货进行再计量。我国《企业会计准则》规定，资产负债表日，存货应当采用成本与可变现净值孰低法确定期末存货价值。

二、任务分析

企业存在下列情况之一时，表明存货发生减值，应当计提存货跌价准备。

（1）市价持续下跌，并且在可预见的未来无回升的希望。

（2）企业使用该项原材料生产的产品的成本大于产品的销售价格。

（3）企业因产品更新换代，原有库存材料已不适应新产品的需要，而该原材料的市场价格又低于其账面成本。

（4）企业所提供的商品或劳务过时或消费者偏好改变而使市场的需求发生变化，导致市场价格逐渐下跌。

（5）其他足以证明该项存货实质上已经发生减值的情形。

三、知识准备与任务实施

（一）成本与可变现净值孰低法的含义

成本与可变现净值孰低法是指对期末存货按照成本与可变现净值两者之中较低者进行计价的方法。也就是说，当成本低于可变现净值时，期末存货按成本计价；当可变现净值低于成本时，期末存货按可变现净值计价。

"成本"是指存货的历史成本，即按前面所介绍的以历史成本为基础的存货计价方法计算的期末存货价值。

"可变现净值"是指在日常活动中，存货的估计售价减去至完工时估计将要发生成本、估计的销售费用后的金额。具体应用时，按企业持有的存货目的不同，其可变现净值的确定方法也不同，具体有以下几种情况。

（1）可直接出售存货。可变现净值=估计市场价–销售费用–相关税费。

（2）需要加工生产后出售的存货。可变现净值=估计产品售价–加工成本–销售费用–相关税费。

（3）为执行合同而持有的存货。可变现净值=合同价–销售费用–相关税费。

为生产而持有的材料，用其生产的产成品的可变现净值高于成本的，该材料仍然应当按照成本计量；材料价格的下降表明产成品的可变现净值低于成本的，该材料应当按照可变现净值计量；为执行销售合同或者劳务合同而持有的存货，其可变现净值应当以合同价格为基础计算。企业持有存货的数量多于销售合同订购数量的，超出部分的存货的可变现净值应当以一般销售价格为基础计算。成本与可变现净值孰低法的理论依据主要是使存货符合资产的定义。

（二）成本与可变现净值比较的基本方法

采用成本与可变现净值孰低法计价时，通常有三种比较方法可供选择，即单项比较法、分类比较法和总额比较法。

（1）单项比较法，也称逐项比较法或个别比较法，是指对库存中每一种存货的成本与可变现净值逐项进行比较，每项存货都取较低数确定存货的期末价值。

（2）分类比较法，是指按存货类别比较其成本和可变现净值，每类存货取其较低数确定存货的期末价值。

（3）总额比较法，也称综合比较法，是指按全部存货的总成本与全部存货的可变现净值总额进行比较，以较低数作为期末全部存货的价值。

我国会计准则规定，一般情况下企业通常应按单个存货项目计量成本与可变现净值，应当按照单个存货项目计提存货跌价准备，即将每一存货项目的成本与可变现净值分别进行比较，按照每一存货项目可变现净值低于成本的差额作为计提该存货跌价准备。但在某些特殊情况下，也可以合并计提存货跌价准备。例如，与在同一地区生产和销售的产品系列相关，同时具有相同或类似最终用途或目的，且难以与其他项目分开来计量的存货，可以按照产品系列合并计提存货跌价准备。此外，对于数量繁多、单价较低的存货，可以按照存货类别计提存货跌价准备。

（三）存货跌价准备的核算

期末存货采用成本与可变现净值孰低法计价，如果成本低于可变现净值时，则不需作账务处理，资产负债表中的存货仍按期末账面价值列示；如果可变现净值低于成本时，则必须在当期确认存货跌价损失，计提存货跌价准备的账务处理，把资产负债表中的期末存货调整为按可变现净值反映。企业会计准则规定企业应采用备抵法进行账务处理。

设置"存货跌价准备"科目，用于核算企业提取的存货跌价准备，该科目属于资产类科目，贷方登记存货可变现净值低于成本的差额，借方登记已计提跌价准备的存货的价值以后又得以恢复的金额和其他原因冲减已计提跌价准备的金额，期末贷方余额反映企业已提取的存货跌价准备。

期末，企业应比较成本与可变现净值以计算出应计提的跌价准备，然后与"存货跌价准备"科目的余额进行比较。若应提数大于已提数，应予补提，借记"资产减值损失"，贷记"存货跌价准备"；反之，应予冲销，借记"存货跌价准备"，贷记"资产减值损失"。若已计提跌价准备的存货的价值以后又得以恢复时，应按恢复增加的数额，借记"存货跌价准备"，贷记"资产减值损失"；若本期存货的可变现净值高于成本，表明以前引起存货减值的影响因素已经完全消失，存货的价值全部得以恢复，企业应将存货的账面价值恢复至账面成本，但是其冲减的跌价准备金额，应在已计提的范围内转回。

当期发生全部存货转入损失情况时，借记"资产减值损失"；按已计提的存货跌价准备，借记"存货跌价准备"；按存货的账面余额，贷记"库存商品"等。

【例 4-16】甲公司采用成本与可变现净值孰低法进行期末存货的计量。假设企业在 2014 年年末开始计提存货跌价准备，有关 A 商品期末计量资料及相关的会计处理如下。

（1）2014 年 12 月 31 日，A 商品的账面成本为 200 000 元，可变现净值为 189 000 元。

可变现净值低于成本的差额=200 000–189 000=11 000（元）

2014 年年末，应计提的存货跌价准备编制的会计分录如下。

借：资产减值损失　　　　　　　　　　　　　　　　　　　11 000

　　贷：存货跌价准备　　　　　　　　　　　　　　　　　　　　　11 000

在 2014 年 12 月 31 日的资产负债表中，A 商品应按可变现净值 189 000 元列示。

（2）2015 年 12 月 31 日，A 商品的账面成本为 247 000 元，可变现净值为 235 000 元。

可变现净值低于成本的差额=247 000–235 000=12 000（元）

应补提的存货跌价准备为

12 000–11 000=1 000（元）

编制的会计分录如下。

借：资产减值损失 1 000

    贷：存货跌价准备 1 000

2015 年 12 月 31 日的资产负债表中，存货跌价准备余额为 12 000 元，A 商品应按可变现净值 235 000 元列示。

（3）2016 年，在转出 A 商品时相应转出存货跌价准备 3 000 元。2016 年 12 月 31 日，A 商品的账面成本为 203 000 元，可变现净值为 195 000 元。应计提的存货跌价准备如下：

203 000–195 000=8 000（元）

应冲销已计提的存货跌价准备如下：

12 000–3 000–8 000=1 000（元）

编制的会计分录如下。

借：存货跌价准备 1 000

    贷：资产减值损失 1 000

2016 年 12 月 31 日的资产负债表中，存货跌价准备余额为 8 000 元，A 商品应按可变现净值 195 000 元列示。

（4）2017 年 6 月 30 日，对 15 000 元已过期且无转让价值的商品做出处理。编制的会计分录如下。

借：资产减值损失 7 000

    存货跌价准备 8 000

    贷：库存商品 15 000

【知识拓展】

周转材料

周转材料主要包括企业能够多次使用，逐渐转移其价值但仍保持原有形态不确认为固定资产的包装物和低值易耗品等，以及建筑承包企业的钢模板、木模板、脚手架和其他周转使用的材料等。

一、低值易耗品

（一）概念

低值易耗品是指单位价值较低，使用年限较短，不能作为固定资产的各种用具、设备。例如，工具、管理用具、玻璃器皿，以及在经营过程中周转使用的包装容器等。

（二）种类

（1）一般工具，是指生产上通用的刀具、量具、夹具等生产工具和各种辅助工具。

（2）专用工具，是指专用于制造某一特定产品，或在某一特定工序上使用的工具，如专用模具等。

（3）替换设备，是指容易磨损或为制造不同产品需要替换使用的各种设备，如轧钢用的钢辊等。

（4）管理用具，是指在管理工作中使用的各种家具和办公用具，如桌椅、柜、计算器、订书机和文件筐等。

（5）劳动保护用品，是指为了安全生产而发给工人作为劳动保护用的工作服、工作鞋和各种防护用品等。

（6）其他，是指不属于上述各类的低值易耗品。

（三）账务处理

低值易耗品和其他材料一样，可以采用实际成本计价核算，也可以采用计划成本计价核算。

采用计划成本计价核算的企业，对低值易耗品实际成本与计划成本之间差异的形成及分摊，应设置"材料成本差异——低值易耗品"账户核算。

1. 低值易耗品收入的账务处理

低值易耗品收入，包括外购、自制、委托外单位加工完成并已验收入库的低值易耗品，其核算方法与原材料收入的核算基本相同。

2. 低值易耗品领用摊销的账务处理

1）一次摊销法

采用一次摊销法，企业领用低值易耗品时，按其用途将全部价值摊入"制造费用"、"管理费用"和"其他业务支出"等成本费用账户。

借：制造费用（管理费用、其他业务成本）

　　贷：周转材料——低值易耗品

报废时，将报废低值易耗品的残料价值作为当期低值易耗品摊销额的减少，冲减对应的成本费用账户。

借：原材料

　　贷：制造费用（管理费用、其他业务成本）

一次摊销法核算简便，但不利于实物管理，而且价值一次结转也影响费用成本的均衡性。所以，这种方法适用于单位价值较低或容易损耗，而且一次领用数量不多的管理用具、工卡量具和玻璃器皿等低值易耗品。

2）五五摊销法

五五摊销法是指在领用周转材料时先摊销价值的一半，在报废时再摊销其价值的另一半。领用时，将低值易耗品从"在库低值易耗品"账户转入"在用低值易耗品"账户，同时按领用低值易耗品成本的 50%作为摊销额记入有关成本费用账户。

【例 4-17】基本生产车间领用专用工具一批，计划成本 8 000 元；本月报废管理用具一批，计划成本 1 000 元，报废管理用具的残值 100 元，作为辅助材料已验收入库，本月材料成本差异率为 2%。

（1）根据领用凭证，编制如下会计分录。

借：周转材料——低值易耗品——在用低值易耗品   8 000
    贷：周转材料——低值易耗品——在库低值易耗品   8 000

同时，摊销低值易耗品成本 50%，编制如下会计分录。

借：制造费用   4 000
    贷：周转材料——低值易耗品——低值易耗品摊销   4 000

（2）报废管理用具，收回残料交库，编制如下会计分录。

借：制造费用   500
    贷：周转材料——低值易耗品——低值易耗品摊销   500

借：原材料——辅助材料   100
    贷：制造费用   100

借：周转材料——低值易耗品——低值易耗品摊销   1 000
    贷：周转材料——低值易耗品——在用低值易耗品   1 000

结转报废管理用具应负担的材料成本差异，编制的会计分录如下。

借：制造费用   20
    贷：材料成本差异——低值易耗品   20

二、包装物

（一）包装物的范围

包装物是指为了包装本企业的商品而储备的各种包装容器，如桶、箱、瓶、坛和袋等。企业的包装物种类繁多，按其使用上的具体用途可分为以下几方面。

（1）生产过程中用于包装产品作为产品组成部分的包装物。

（2）随同商品出售而不单独计价的包装物。

（3）随同商品出售而单独计价的包装物。

（4）出租或出借给购买单位使用的包装物。

需要注意的是，下列各项不属于包装物的核算范围。

（1）各种包装材料，如纸、绳、铁丝和铁皮等，应作为原材料核算。

（2）用于储存和保管商品、材料而不对外出售的包装物，应按价值大小和使用年限长短分别作为固定资产或低值易耗品核算。

（3）作为企业商品产品的自制包装物，应作为库存商品核算。

（二）包装物的账务处理

1. 包装物取得的账务处理

包装物实际成本的组成与原材料相同。为了核算各种包装物的收、发、结存情况，企业应设置"周转材料——包装物"科目。该账户属于资产类，借方登记购入、委托加工收回、自制完工入库的包装物的实际（或计划）成本；贷方登记发出包装物的实际（或计划）成本；余额在借方，表示月末库存包装物的实际（或计划）成本。该科目应按包装物的种类设置明细账进行明细核算。包装物数量不多的企业，可以不设置本科目，将包装物并入"原材料"科目内核算。

2. 包装物领用的账务处理

1）生产领用包装物

【例 4-18】甲公司对包装物采用计划成本核算，某月生产产品领用包装物的计划成本为 100 000 元，材料成本差异率为–3%。根据有关原始凭证，编制如下会计分录。

借：生产成本　　　　　　　　　　　　　　　　　　　　　　　　97 000

材料成本差异　　　　　　　　　　　　　　　　　　　　　　3 000

贷：周转材料——包装物　　　　　　　　　　　　　　　　　　100 000

2）随同商品出售不单独计价的包装物

随同商品出售而不单独计价的包装物，应计入销售费用。

【例 4-19】甲公司某月销售商品领用不单独计价包装物的计划成本为 50 000 元，材料成本差异率为–3%。根据有关原始凭证，编制如下会计分录。

借：销售费用　　　　　　　　　　　　　　　　　　　　　　　48 500

材料成本差异　　　　　　　　　　　　　　　　　　　　　　1 500

贷：周转材料——包装物　　　　　　　　　　　　　　　　　　50 000

3）随同商品出售且单独计价的包装物

一方面应反映其销售收入，计入其他业务收入；另一方面应反映其实际销售成本，计入其他业务成本。

【例 4-20】甲公司某月销售商品领用单独计价包装物的计划成本为 80 000 元，销售收入为 100 000 元，增值税额为 17 000 元，款项已存入银行。该包装物的材料成本差异率为 3%。

单独计价的包装物出售时，编制的会计分录如下。

借：银行存款　　　　　　　　　　　　　　　　　　　　　　　117 000

贷：其他业务收入　　　　　　　　　　　　　　　　　　　　　100 000

应交税费——应交增值税（销项税额）　　　　　　　　　　　17 000

所售单独计价的包装物结转成本时，编制的会计分录如下。

借：其他业务成本 【实际成本】　　　　　　　　　　　　　　　82 400

贷：周转材料——包装物 【计划成本】　　　　　　　　　　　　80 000

材料成本差异　　　　　　　　　　　　　　　　　　　　　　2 400

4）出租或出借包装物

出租的包装物，应按其实际成本计入成本，借记"其他业务成本"账户，按其计划成本，贷记"周转材料——包装物"账户。

【例 4-21】仓库发出新包装物一批，出租给购货单位，计划成本为 5 000 元，收到租金 585 元，存入银行。

发出包装物时，编制的会计分录如下。

借：其他业务成本　　　　　　　　　　　　　　　　　5 000
　　贷：周转材料——包装物　　　　　　　　　　　　　　　　5 000

收到租金时，编制的会计分录如下。

借：银行存款　　　　　　　　　　　　　　　　　　　585
　　贷：其他业务收入　　　　　　　　　　　　　　　　　　500
　　　　应交税费——应交增值税（销项税额）　　　　　　　　85

出借的包装物，应按其实际成本计入销售费用，借记"销售费用"账户，按其计划成本，贷记"周转材料——包装物"账户。

【例 4-22】出借新包装物一批，计划成本为 3 000 元，收到押金 1 000 元，存入银行。

借：销售费用　　　　　　　　　　　　　　　　　　3 000
　　贷：周转材料——包装物　　　　　　　　　　　　　　3 000
借：银行存款　　　　　　　　　　　　　　　　　　1 000
　　贷：其他应付款　　　　　　　　　　　　　　　　　1 000

3. 五五摊销法

五五摊销法是指在包装物领用时摊销其价值的一半，在报废时再摊销其价值的另一半并注销其总成本的一种摊销方法。

采用五五摊销法时，一般需要在"周转材料"一级科目下分别设置五个明细科目：①"周转材料——库存未用包装物"明细科目，核算库存未用包装物的成本；②"周转材料——库存已用包装物"明细科目，核算库存已用包装物的成本；③"周转材料——出租包装物"明细科目；④"周转材料——出借包装物"明细科目，核算已出库投入使用的包装物成本（未摊销的全部成本）；⑤"周转材料——包装物摊销"明细科目，核算在用包装物已摊销的成本。

领用时，应将领用包装物的全部成本由"库存未（已）用包装物"明细科目转入"出租（借）包装物"明细科目，借记"周转材料——出租（借）包装物"，贷记"周转材料——库存未（已）用包装物"；同时按成本的 50% 摊销，借记"其他业务成本"（出租包装物）、"销售费用"（出借包装物），贷记"周转材料——包装物摊销"。包装物收回入库时，则按包装物成本，借记"周转材料——库存已用包装物"，贷记"周转材料——出租（借）包装物"。

报废时，按报废包装物的全部成本再摊销 50%，借记"其他业务成本"（出租包装物）"销售费用"（出借包装物），贷记"周转材料——包装物摊销"；同时注销报废包装物成本及其已摊销价值，借记"周转材料——包装物摊销"，贷记"周转材料——

出租（借）包装物"（或"周转材料——库存已用包装物"）；采用计划成本计价时，还应结转报废包装物应分担的成本差异，借记"其他业务成本"（出租包装物）"销售费用"（出借包装物），贷记"材料成本差异"；报废时如有残值，应借记"原材料"等，贷记"其他业务成本"（出租包装物）"销售费用"（出借包装物）。

五五摊销方法由于账面上能反映在用包装物的成本，因此，有利于加强财物的保管。这种摊销方法主要适用于出租出借包装物频繁、数量多、价值较大的包装物。

【例 4-23】甲公司出租、出借包装物采用五五摊销法核算。出借全新的包装物木箱一批，计划成本为 8 000 元，出借包装物的期限均为 1 个月，出借包装物押金为 10 000 元，并已收存银行。1 个月后按期如数收回出借的包装物，押金已通过银行转账退回。编制的会计分录如下。

（1）将领用包装物由库存未用转入出借时编制的会计分录如下。

借：周转材料——出借包装物　　　　　　　　　　　　　　　　8 000
　　贷：周转材料——库存未用包装物　　　　　　　　　　　　　　　　8 000

（2）摊销包装物成本的 50%时编制的会计分录如下。

借：销售费用　　　　　　　　　　　　　　　　　　　　　　　4 000
　　贷：周转材料——包装物摊销　　　　　　　　　　　　　　　　　4 000

（3）收到押金时编制的会计分录如下。

借：银行存款　　　　　　　　　　　　　　　　　　　　　　10 000
　　贷：其他应付款——存入保证金　　　　　　　　　　　　　　　10 000

（4）退回押金时编制的会计分录如下。

借：其他应付款——存入保证金——某单位　　　　　　　　　　10 000
　　贷：银行存款　　　　　　　　　　　　　　　　　　　　　　　10 000

（5）将收回包装物由出借转入库存已用时编制的会计分录如下。

借：周转材料——库存已用包装物　　　　　　　　　　　　　　8 000
　　贷：周转材料——出借包装物　　　　　　　　　　　　　　　　　8 000

【例 4-24】企业上述包装物木箱不能继续使用，经有关部门批准报废，残料作价 60 元，本月包装物成本差异率为 1%。编制的会计分录如下。

（1）摊销包装物成本的另外 50%时编制的会计分录如下。

借：销售费用　　　　　　　　　　　　　　　　　　　　　　　4 000
　　贷：周转材料——包装物摊销　　　　　　　　　　　　　　　　　4 000

（2）注销报废包装物成本及其已摊销价值时编制的会计分录如下。

借：周转材料——包装物摊销　　　　　　　　　　　　　　　　8 000
　　贷：周转材料——库存已用包装物　　　　　　　　　　　　　　　8 000

（3）结转报废包装物应分担的成本差异时编制的会计分录如下。

借：销售费用　　　　　　　　　　　　　　　　　　　　　　　　80
　　贷：材料成本差异——包装物　　　　　　　　　　　　　　　　　　80

（4）残值估价入库时编制的会计分录如下。

借：原材料　　　　　　　　　　　　　　　　　　　　　　　　　60

　　　　　贷：销售费用　　　　　　　　　　　　　　　　　　　　60

三、委托加工物资

（一）委托加工物资概述

　　企业购入的材料绝大部分能够直接用于生产和经营，但由于受企业自身工艺设备条件的限制或出于降低成本等方面的考虑，有时需要将一些物资，如材料、半成品等发往外单位，委托外单位进行加工，制造成具有另一种性能和用途的物资，这种委托外单位加工的物资，就是委托加工物资。

　　企业发往受托加工单位的物资，与物资销售不同。企业发出委托外单位加工的物资，只是改变了物资的存放地点，其所有权仍属于委托企业，即属于企业存货的范畴。委托加工物资一般要经过物资发出—加工—完成—入库这一过程。加工完成收回的物资不仅实物形态、性能会发生变化，而且其价值也会相应增加。

　　委托加工物资以实际耗用的加工原材料或者半成品成本及加工费、运输费、装卸费和保险费等费用，以及按规定应计入成本的税金作为实际成本。企业进行委托加工物资的核算，就是要正确地反映和监督这些成本的发生，做好加工物资的发出、加工税费的发生，以及加工物资收回验收入库等核算工作，以保证加工物资的安全完整和成本计算的准确。

（二）委托加工物资的核算

　　为了核算企业委托外单位加工的各种物资的实际成本，应设置"委托加工物资"科目，该账户属资产类科目，借方登记发出物资的实际成本或计划成本和成本差异、加工费用、运杂费等，贷方登记加工完成入库物资的实际成本，期末借方余额反映企业委托外单位加工尚未完成物资的实际成本。本账户应按加工合同和受托加工单位，以及加工物资的品质等进行明细核算。其会计处理主要包括拨付加工物资、支付加工费用和税金、收回加工物资和剩余物资等处理过程。

　　1. 拨付委托加工物资

　　企业拨付物资时，应根据发出物资的实际成本借记"委托加工物资"，贷记"原材料"。如果采用计划成本核算，应按计划成本，借记"委托加工物资"，贷记"原材料"，同时结转材料成本差异，借记"委托加工物资"，借记或贷记"材料成本差异"。

　　2. 支付加工费、增值税和运杂费

　　企业支付加工费、增值税和往返运杂费时，应借记"委托加工物资""应交税费——应交增值税（进项税额）"，贷记"银行存款"等。

　　3. 缴纳的消费税

　　税法规定，需要缴纳消费税的委托加工应税消费品，于委托方提货时，由受托方代扣代缴税款。企业支付的这部分消费税有两种处理方法：①凡委托加工物资收回以后用于连续生产应税消费品的,所缴纳的税款按规定准予抵扣以后销售环节应缴纳的消费税,消费税不计入加工物资的实际成本,应借记"应交税金——应交消费税",贷记"银行存款"等;②凡委托加工物资收回以后,直接用于销售的,企业应将缴纳的消费税计入应税消费品的成本,借记"委托加工物资",贷记"银行存款"等。

4. 加工完成入库的物资

加工完成的物资和剩余材料物资收回入库时,按加工收回物资的实际成本和剩余材料物资的实际成本,借记"原材料""库存商品""周转材料"等,贷记"委托加工物资"。采用计划成本核算的企业,应借记"原材料"(计划成本)"材料成本差异"(超支额)等,贷记"委托加工物资"(实际成本)"材料成本差异"(节约额)。

【例 4-25】甲企业发出 A 材料一批,委托乙企业加工成 M 材料(属于应税消费品),A 材料的实际成本为 50 000 元,支付加工费 7 000 元(不含增值税),往返运杂费 1 500元,增值税税额 1 190 元,消费税额 6 500 元,款项已用银行存款支付。M 材料已加工完成并验收入库(以后用于继续生产应税消费品)。编制的会计分录如下。

(1)发出委托加工材料时编制的会计分录如下。

借:委托加工物资——乙企业 50 000
    贷:原材料——A 材料 50 000

(2)支付加工费、运杂费和税金时编制的会计分录如下。

借:委托加工物资——乙企业 8 500
    应交税费——应交增值税(进项税额) 1 190
          ——应交消费税 6 500
    贷:银行存款 16 190

(3)M 材料加工完成验收入库时编制的会计分录如下。

借:原材料——M 材料 58 500
    贷:委托加工物资——乙企业 58 500

【例 4-26】以【例 4-25】的资料为例,其他条件不变,假设 M 材料已加工完成并验收入库,甲企业直接对外销售。编制的会计分录如下。

(1)发出委托加工材料时编制的会计分录如下。

借:委托加工物资——乙企业 50 000
    贷:原材料——A 材料 50 000

(2)支付加工费、运杂费和税金时编制的会计分录如下。

借:委托加工物资——乙企业 15 000
    应交税费——应交增值税(进项税额) 1 190
    贷:银行存款 16 190

(3)M 材料加工完成并验收入库时编制的会计分录如下。

借:原材料——M 材料 65 000
    贷:委托加工物资——乙企业 65 000

本 章 小 结

存货是指企业在日常活动中持有的以备出售的产成品或商品，处在生产过程中的在产品，在生产过程或提供劳务过程中耗用的材料和物料等。存货的成本构成主要包括买价和采购费用。

存货岗位核算主要有实际成本法和计划成本法。

存货采用实际成本法核算，验收入库采用实际成本，发出存货可采用先进先出法、月末一次加权平均法、移动加权平均法和个别计价法计算实际成本，结存存货也表示存货的实际成本。

存货采用计划成本法核算，购进时通过"材料采购"账户核算实际成本，验收入库、发出及结存则采用计划成本，实际成本与计划成本的差异通过"材料成本差异"账户反映，并通过材料成本差异率分摊发出存货和结存存货的材料成本差异。

存货期末采用成本与市价孰低法计量，当成本低于市价时，意味着存货在减值应计提存货跌价准备；当市价回升时，在已计提的跌价准备范围内转回。

问 题 思 考

1. 存货的概念与特征是什么？
2. 存货的分类方式有哪几种？
3. 外购存货的成本构成如何？
4. 如何进行存货初始计量的核算？
5. 存货按实际成本计价如何进行核算？
6. 存货按计划成本计价如何进行核算？
7. 什么是成本与可变现净值孰低法？如何估计可变现净值？怎样进行会计处理？

项目四
学习指导

项目四
习题

项目四　《企业会计准则
第 1 号——存货》

第五章 项目五 长期资产岗位核算

【**知识目标**】通过学习了解长期资产岗位的核算任务，理解固定资产和无形资产的概念、内容及确认标准，掌握固定资产和无形资产的初始计量、后续计量、处置等相关的会计处理，掌握固定资产折旧的计提范围，以及在各种计提方法下的会计核算与无形资产摊销的会计核算方法。

【**能力目标**】能够准确熟练地判别、计量固定资产和无形资产；掌握不同来源固定资产和无形资产的账务处理，掌握不同方法下固定资产折旧额的计算及计提折旧与后续支出的账务处理技能，能够独立进行无形资产摊销的会计核算，熟练运用固定资产和无形资产减少及减值的账务处理技能。

【**关键词**】固定资产；无形资产；初始计量；后续支出；折旧方法；期末计量；摊销

第一节 任务一 长期资产核算工作任务

长期资产是企业拥有的变现周期在一年以上或者一个营业周期以上的资产。长期资产包括长期股权投资、固定资产、无形资产、递延资产和其他长期资产。长期资产岗位主要核算固定资产和无形资产业务。

长期资产价值高，在企业资产中占有很大比重，有关长期资产的业务不经常发生，长期资产会计核算工作作为会计工作的一个重要组成部分，有专门的操作技术和工作规则。长期资产核算岗位工作的任务如下。

（1）按照财务制度规定，正确划分固定资产、无形资产与其他资产的界限。结合企业固定资产的配置情况，会同有关职能部门，建立健全固定资产、在建工程、工程物资及无形资产的管理与核算办法；并依照企业经营管理的要求，会同有关部门制定固定资产、无形资产目录，分类方法，使用年限，加强固定资产和无形资产的管理，正确进行固定资产和无形资产核算。

（2）依照制度规定，设置固定资产登记簿，组织填补固定资产卡片，按固定资产类别、使用部门对每项固定资产进行明细核算，定期进行核对，做到账、卡、物相符，应为融资租入的固定资产单设明细科目核算；属于临时租入的固定资产专设备查簿，登记租入、使用和交还等情况；设置无形资产明细账。

（3）根据国家统一规定，按取得固定资产和无形资产的不同来源，正确计算和确定固定资产、无形资产的原始价值，及时计价入账；对已入账的固定资产和无形资产，除发生有明确规定的情况外，不得任意变动。

（4）会同有关职能部门完善固定资产、无形资产管理的基础工作，建立严格的固定资产、无形资产明细核算凭证传递手续，加强固定资产和无形资产增减的日常核算与监督。

（5）按国家的有关规定选择固定资产折旧方法，及时提取折旧；掌握固定资产折旧范围，做到不错、不漏，按照公司财务管理制度规定的折旧率，按月正确计算和提取固定资产折旧；按规定确定各种无形资产的摊销期，及时计提摊销；掌握无形资产摊销范围，做到不错、不漏，按月正确计算和提取无形资产摊销。

（6）负责对在建工程的预决算管理。对自营工程、在施工程要严格审查工程预算；施工中要正确处理试运转所发生的支出和收入；完工交付使用要按规定编制竣工决算，并参与办理竣工验收和交接手续；对出包工程，要参与审查工程承包合同，按规定审批预付工程款；完工交付使用时要认真审查工程决算，办理工程款清算。

（7）负责对自行研发无形资产的预决算管理。对自行研发无形资产要严格审查预算，研发过程中要依照制度规定合理区分研究阶段和开发阶段，正确核算资本化支出和费用化支出。

（8）对购置、调入、出售、封存、清理、报废的固定资产，要办理会计手续，进行明细核算，要按期编报固定资产增减变动情况的会计报表。

（9）会同有关部门定期组织固定资产清查盘点工作，汇总清查盘点结果，发现盘盈、盘亏和毁损等情况要查明原因，明确责任，及时妥善处理；按规定的报批程序，办理固定资产盘盈、盘亏的审批手续，经批准后办理转销的账务处理。

（10）参与无形资产的验收、检查、处置工作，对购置、调入、自行研发、转让、投资、报废的无形资产，审核无形资产的处置依据、处置方式和处置价格等，要办理会计手续，进行明细核算，要按期编报无形资产增减变动情况的会计报表。

（11）按规定计提固定资产和无形资产减值准备，完成与固定资产、无形资产管理与核算相关的其他工作。

第二节　任务二　固定资产取得的核算

一、任务导入

2014年1月5日，甲公司从洪顺贸易有限公司购入不需要安装的生产设备车床1台，价款300 000元，增值税专用发票上注明税款51 000元，款已汇出，设备已交付使用。2014年2月15日，甲公司购入一台需要安装的设备，取得增值税专用发票上注明价款80 000元，增值税13 600元，支付对方代垫的运输费及增值税3 330元并取得运输业增值税专用发票，款项以银行存款支付。安装时用现金支付安装费用1 200元；假定不考虑其他相关税费。2月25日，安装完毕，交付使用。

二、任务分析

固定资产的取得有多种方式，如购买、自行建造、投资者投入、非货币资产交换、债务重组、企业合并和融资性租赁等。其中购买和自行建造是企业固定资产的两个主要取得途径。

为了准确核算公司固定资产的取得，外购固定资产需要按照以下流程完成工作。

购进审核付款→督促报账→审核发票和固定资产验收单→查询已付款情况→编制凭证→传主管岗复核。

在管理和核算的工作中还要注意以下几点。

（1）款项付出应严格遵守中国人民银行发布的《支付结算办法》。

（2）根据合同及付款情况及时督促相关部门办理报账手续。

（3）购进固定资产后须凭发票、验收单办理固定资产调拨手续，具体为生产用固定资产由生产部门负责，非生产用固定资产由行政事务部门负责。

（4）固定资产入账时，记账凭证摘要栏须注明固定资产名称、型号及使用部门。

自行建造固定资产需要按照以下流程完成工作。

收到工程项目中购置单个设备或工程物资的全额发票→编制记账凭证→传主管岗复核。

审核工程合同、进度款收据或发票等→审核"付款审批单"审批手续是否完备→登记资金计划→出纳岗付款→签收出纳岗传来的"付款审批单"及银行付款凭证等→编制记账凭证→传主管岗复核。

转入固定资产完工工程的各项支出→组织完工工程审计→编制工程明细表→分摊待摊基建费用支出→向相关部门提供竣工决算表→审查固定资产调拨单→编制记账凭证→传主管岗复核。

三、知识储备与任务实施

（一）固定资产的概念及特征

《企业会计准则第 4 号——固定资产》对固定资产给出了明确定义，"固定资产，是指同时具有下列特征的有形资产：（一）为生产商品、提供劳务、出租或经营管理而持有的；（二）使用寿命超过一个会计年度"。由于市场经济复杂，企业千差万别，我国企业会计准则与国际会计准则都没有对固定资产的价值做出明确的界定，只是提供了上述确认基础。固定资产的主要特征有以下三个方面。

（1）固定资产是有形资产。固定资产有一个看得见、摸得着的实体存在，这也是与无形资产的主要区别。

（2）可供长期使用。固定资产属于长期耐用资产，使用寿命超过一个会计年度，而实物形态不会因为使用发生变化或显著损耗。

（3）不以投资和销售为目的。企业取得各种固定资产的目的主要是企业自身生产经营使用，作为生产过程中的劳动手段而取得；用于企业行政管理，从而提高企业的管理水平，不是为了投资和销售而取得。

固定资产在符合定义的前提下，还要同时满足以下两个条件才能予以确认：①与该固定资产有关的经济利益很可能流入企业；②该固定资产的成本能够可靠计量。

（二）固定资产的分类

企业中的固定资产种类繁多、用途各异，为了加强固定资产的科学管理和正确核算，可按照不同分类标准对固定资产进行分类，一般常用的分配方法有以下几种。

1. 按固定资产的经济用途分类

按固定资产的经济用途分类，可分为生产经营用固定资产和非生产经营用固定资产。

（1）生产经营用固定资产，是指直接服务于企业生产、经营过程的各种固定资产，如生产经营用的房屋建筑物、机器、设备、器具和工具等。

（2）非生产经营用固定资产，是指不直接服务于生产、经营过程的各种固定资产，如职工宿舍、食堂、浴室、理发室等使用的房屋设备和其他固定资产等。

2. 按固定资产的使用情况分类

按固定资产使用情况分类，可分为使用中固定资产、未使用固定资产和不需用固定资产。

（1）使用中固定资产，是指正在使用中的经营性和非经营性固定资产。由于季节性经营或大修理等原因暂时停止使用的固定资产仍属于企业使用中的固定资产，企业出租（指经营性租赁）给其他单位使用的固定资产和内部替换使用的固定资产也属于使用中的固定资产。

（2）未使用固定资产，是指已完工或已购建的尚未交付使用的新增固定资产，以及因进行改建、扩建等原因暂停使用的固定资产。例如，企业购建的尚待安装的固定资产，经营任务变更停止使用的固定资产，主要的备用设备，等等。

（3）不需用固定资产，是指企业多余或不适用，需要调配处理的各种固定资产。

3. 按固定资产的所有权分类

按固定资产的所有权分类，可分为自有固定资产和租入固定资产。

（1）自有固定资产，是指企业拥有所有权的可供企业自由支配使用的固定资产。

（2）租入固定资产，是指企业采用租赁方式从其他单位租入的固定资产。

企业对租入固定资产依照租赁合同拥有使用权，同时负有支付租金的义务，但其固定资产的所有权属于出租单位，租入固定资产可分为经营租入固定资产和融资租入固定资产两类。

4. 按固定资产的经济用途和使用情况综合分类

采用这一分类方法，可把企业的固定资产分为七大类。

（1）生产经营用固定资产。

（2）非生产经营用固定资产。

（3）出租固定资产，是指在经营性租赁方式下出租给外单位使用的固定资产。

（4）不需用固定资产。

（5）未使用固定资产。

（6）土地，是指过去已经估价单独入账的土地。因征地而支付的补偿费，应计入与土地有关的房屋、建筑物的价值内，不单独作为土地价值入账，企业取得的土地使用权不能作为固定资产管理。

（7）融资租入固定资产，是指企业以融资性租赁方式租入的固定资产，在租赁期内，应视为自有固定资产进行管理。

（三）固定资产的计量

固定资产计量包括固定资产的初始计量、后续计量和期末计量。

1. 固定资产的计价基础

固定资产的计价是指以货币为计量单位计算固定资产的价值，是固定资产核算的重要内容，固定资产的计价方法有原始价值、重置完全价值和净值。

1）原始价值

原始价值亦称历史成本、原始购置成本或原值，是指企业购置某项固定资产达到预定可使用状态前所发生的一切合理的、必要的支出。这些支出既有直接发生的支出（如固定资产的购买价款、相关税费、运杂费、包装费和安装成本等），也有间接发生的支出（如应分摊的借款利息、外币借款折合差额及应分摊的其他间接费用等）。

原始价值也是确定计提折旧的依据。其主要优点是具有客观性和可验证性，因而它是固定资产基本计价标准。采用原始价值计价也有明显的局限性，当经济环境和物价水平发生变化时原始价值不能反映固定资产的现时价值，以此为依据编制的会计报表的真实性和相关性会受到影响。

2）重置完全价值

重置完全价值是指在现时的生产技术和市场条件下，重新购置同样的固定资产所需支付的全部代价。重置完全价值虽然能反映固定资产的现时价值，但由于价值的经常变化性，只能将其作为固定资产的一个辅助计价标准来使用。例如，盘盈固定资产应以重置完全价值作为计价标准，对固定资产进行计价。

3）净值

固定资产净值亦称折余价值，是指固定资产原始价值减去已提折旧后的净额，它可以反映企业实际占用固定资产的价值和固定资产的新旧程度，这种计价方法主要用于计算盘盈、盘亏、毁损固定资产的盈余或损失。

2. 固定资产的初始计量

因固定资产的来源不同，确定原始价值的方法也不一样。

（1）购入的固定资产：购入全新的固定资产以实际支付的价款，以及为使该资产能达到预期工作状态所支付的各项费用作为原值，一般包括买价、进口关税、运输费、场地整理费、装卸费、安装费、专业人员服务费和相关税费等。

（2）自行建造完成的固定资产，按建造该项资产达到预定可使用状态前所发生的全部支出入账。

（3）其他单位投入的固定资产，应按评估确认的固定资产原值记账。

（4）融资租入的固定资产，按租赁合同确定的设备价款、发生的运费、途中保险费和安装调试费等支出记账。

（5）在原有固定资产的基础上进行改建、扩建的按原固定资产的价值，加上新增支出，减去因改、扩建过程中发生的变价收入记账。

（6）接受捐赠的固定资产，按照同类资产的市场价格或者有关凭据确定其原值。接受捐赠的费用应计入固定资产原值。

（7）盘盈的固定资产，按重置完全成本作为原价。

（8）用借款购建的借款费用在资产交付使用前，计入所购建固定资产成本。

（9）已投入使用但未办理移交手续的固定资产，可先按估计的价值记账，待确定实际价值后进行调整。

（10）除下列情况，不得任意变动其原始价值：根据国家规定对固定资产价值重新估价；增加补充设备或改良装置；将固定资产的一部分拆除；根据实际价值调整原来的暂估价值；发现原记固定资产价值有误。

3. 固定资产的后续计量

经过初始计量的固定资产，在以后期间的使用过程中由于受自然力的作用及使用，其价值会发生变化。固定资产的后续计量是指固定资产在其后期使用过程中价值的变化金额，以及变化后的价值的确定。固定资产后续计量主要包括固定资产折旧和后续支出的计量。

4. 固定资产期末计量

固定资产期末计量是指在资产负债表日，企业应对固定资产进行减值测试。如果固定资产预计可收回金额低于其账面价值，说明该固定资产发生了减值，按照《企业会计准则第 8 号——资产减值》的规定，企业应采用备抵法提取固定资产减值准备。

（四）取得固定资产核算的账户设置

为进行固定资产取得业务的核算，企业一般都设置"固定资产"、"工程物资"和"在建工程"等账户。

1. "固定资产"账户

"固定资产"账户属于资产类，核算企业所有固定资产的原始价值，包括反映固定资产的增减变动和结存情况。借方登记增加固定资产的原始价值；贷方登记减少固定资产的原始价值；期末余额在借方，反映企业现有固定资产的原始价值。"固定资产"可按项目进行明细分类核算。

2. "工程物资"账户

"工程物资"账户属于资产类,核算企业为基建工程、更改工程、大修理工程准备的各种物资的实际成本,包括为工程准备的材料,尚未交付安装的需要安装设备的实际成本,以及预付大型设备款和基本建设期间根据项目概算购入为生产准备的工具及器具等的实际成本。借方登记购入工程物资的实际成本;贷方登记工程领用、工程完工后剩余结转存货等原因减少的工程物资的实际成本;期末余额在借方,反映企业库存工程物资的实际成本。

3. "在建工程"账户

"在建工程"账户属于资产类,核算企业进行基建工程、安装工程、技术改造工程、大修理工程等发生的实际支出,包括需要安装设备的价款。借方登记企业各项在建工程的实际支出;贷方登记工程完工交付使用而结转的实际工程成本;期末余额在借方,反映企业各项尚未完工工程的实际成本。

(五)外购固定资产的核算

1. 购入不需要安装的固定资产

购入不需要安装的固定资产,是指企业购入的固定资产不需要安装就可以直接交付使用。购入的固定资产按实际支付的全部价款加上进口关税和其他税费、包装费、运杂费等支出,借记"固定资产",按可抵扣的增值税进项税额借记"应交税费——应交增值税(进项税额)",按全部价款和税款贷记"银行存款"等。

【例 5-1】任务导入中第一笔经济业务的原始凭证如表 5-1~表 5-3 所示。

表 5-1　中国××银行信汇凭证(回单)示例

中国××银行信汇凭证(回单)

委托日期　2014 年 1 月 5 日

汇款人	全称	甲公司	收款人	全称	洪顺贸易有限公司									
	账号	×××		账号	×××									
	汇出地点			汇入地点										
汇出行名称		××银行××支行	汇入行名称		××银行××支行									
金额	人民币:叁拾伍万壹千元整 (大写)				千	百	十	万	千	百	十	元	角	分
					￥	3	5	1	0	0	0	0	0	0
			支付密码											
	汇出行签章		附加信息及用途:购买车床											
			复核　念青　　记账　张军											

表 5-2　固定资产验收单示例（一）

固定资产验收单

2014 年 1 月 5 日　　　　　　　　　　　　　　　　　NO：086

固定资产名称		型号	计量单位	数量	供货单位		
车床		Y-A6	台	1	洪顺贸易有限公司		
总价	设备费	安装费	运杂费	包装费	其他	合计	预计年限	净残值率
	300 000					300 000	10	4%
验收意见	合格		验收人签章	刘大为	保管使用人签章		李明

表 5-3　增值税专用发票示例（一）

增值税专用发票

校验码：2760960304783982478　　　开票日期：2014 年 1 月 5 日　　　No048210037

购货单位	名称：甲公司				密码区	$2*@*&*>%47769$>0@%&2%&$96&9%42@6&&2<&<7540@%95#>#029*$>#$0@%*$6#&#628*%4*#$<#@9*			第二联 发票联 购货方记账凭证
	纳税人识别号：×××								
	地址、电话：								
	开户行及账号：×××								
货物或应税劳务名称	规格型号	单位	数量	单价	金额	税率/%	税额		
车床	Y-A6	台	1	300 000	300 000	17%	51 000.00		
合计					300 000.00		51 000.00		
价税合计（大写）	人民币叁拾伍万壹仟元整				¥ 351 000.00				
销货单位	名称：洪顺汽车贸易有限公司				备注				
	纳税人识别号：×××								
	地址、电话：								
	开户行及账号：×××								

收款人：肖晖　　　　　复核：王洁　　　　　开票人：李红　　　　　销货单位：（章）

有关的账务处理如下。

借：固定资产　　　　　　　　　　　　　　　　　　　　　　　　　　　　300 000
　　应交税费——应交增值税（进项税额）　　　　　　　　　　　　　　　 51 000
　　贷：银行存款　　　　　　　　　　　　　　　　　　　　　　　　　　 351 000

企业如果一揽子买进若干项可独立使用的固定资产，支付的全部价款应按合理的分配标准在各项固定资产之间进行分配。

【例 5-2】甲企业购买某工厂的材料、设备和厂房，共计支付现金 45 600 元。经评估，上述三项资产的公允价值分别为 10 000 元、25 000 元和 13 000 元。假设设备和厂房不需要安装和改建、扩建，可以直接投入使用。

支付成本的分配比例如下：

45 600÷（10 000+25 000+13 000）= 0.95

各项资产的购买成本如下：

材料的购买成本=10 000×0.95=9 500（元）

设备的购买成本=25 000×0.95=23 750（元）

厂房的购买成本=13 000×0.95=12 350（元）

```
借：原材料                                          9 500
    固定资产——设备                               23 750
          ——厂房                                 12 350
  贷：银行存款                                                45 600
```

2. 购入需要安装的固定资产

购入需要安装的固定资产，是指购入的固定资产需要经过安装以后才能交付使用。企业购入固定资产时，按实际支付的价款（包括买价、不可抵扣的税金、包装费和运输费等），借记"在建工程"，按可抵扣的增值税进项税额借记"应交税费——应交增值税（进项税额）"，贷记"银行存款"等；发生的安装费用，借记"在建工程"，贷记"银行存款""原材料" 等；安装完成交付验收使用时，按其实际成本结转固定资产成本，借记"固定资产"，贷记"在建工程"。

【例 5-3】任务导入中第二笔经济业务的相关原始凭证如表 5-4～表 5-8 所示。

表 5-4　中国××银行转账支票存根示例（一）

中国××银行转账支票存根

支票号码　ⅩⅡ11494775

科目 _____

对方科目 _____

出票日期 2014 年 2 月 15 日

收款人：西北公司
金额：￥96 930.00
用途：购买设备及运费

单位主管 张玉　会计 李成

表 5-5　增值税专用发票示例（二）

增值税专用发票

校验码：2760960303453982478　　　开票日期：2014 年 2 月 15 日　　　No048210037

购货单位	名称：甲公司					密码区	$2*@*&*>%47769$>0@%&2%&$96&9%42@6&&2<&<7540@%95#>#029*$>#$0@%*$6#&#628*%4*#$<#@9*		第二联 发票联 购货方记账凭证
	纳税人识别号：×××								
	地址、电话：								
	开户行及账号：×××								
货物或应税劳务名称	规格型号	单位	数量	单价	金额	税率/%	税额		
锅炉	YCT160-4A-2	台	1	80 000	80 000.00	17%	13 600.00		
合计					80 000.00		13 600.00		
价税合计（大写）	人民币玖万叁仟陆佰元整　　　￥：93 600.00								
销货单位	名称：西北公司					备注			
	纳税人识别号：×××								
	地址、电话：								
	开户行及账号：×××								

收款人：陈诚　　　　　　复核：王丽　　　　　　开票人：李明庆　　　　　　销货单位：（章）

表 5-6　货物运输业增值税专用发票示例

全国统一发票监制章

货物运输业增值税专用发票

国家税务总局监制

No.0368

校验码：　（略）　　　　　　开票日期：2014 年 2 月 15 日

承运人及纳税人识别号	×××	密码区	（略）	记账联
实际受票方及纳税人识别号	×××			
收货人及纳税人识别号	×××	发货人及纳税人识别号	×××	购货方记账
起运地、经由、到达地		西北公司——甲公司		
项目及金额		运输货物信息	锅炉 YCT160-4A-2	
合计金额	3 000.00	税率	11%	税额	330.00	
价税合计（大写）	人民币叁仟叁佰叁拾元整		（小写）￥3 330.00	
车种车号		车船吨位		备注	
主管税务机关及代码	×××			

收款人　胡晓明　　　　复核　张琳　　　　开票人　周强　　　　承运人（章）

表 5-7　××市服务行业发票示例（一）

××市服务行业发票

客户名称：甲公司　　　　　　2014 年 2 月 20 日　　　　　　No.0013816

服务项目	规格	计量单位	数量	单价	金额								备注
					拾	万	千	百	拾	元	角	分	
安装费							1	2	0	0	0	0	
合计金额（大写）		人民币壹仟贰佰元整	现金收讫		￥		1	2	0	0	0	0	
			开户银行		工行								
开票单位		东海友联安装公司	账　号		16030058363802312								

收款人：李小平　　　　　　　　　　　　　　　　　　　制票人：王方

表 5-8　固定资产验收单示例（二）

固定资产验收单

2014 年 2 月 25 日　　　　　　NO：086

固定资产名称		型号	计量单位		数量		供货单位		
锅炉		YCT160-4A-2	台		1		西北公司		
总价	设备费	安装费	运杂费	包装费	其他		合计	预计年限	净残值率
	83 000	1 200					84 200	10	4%
验收意见	合格	验收人签章		刘大为		保管使用人签章		李明	

根据以上原始凭证编制的会计分录如下。

借：在建工程　　　　　　　　　　　　　　　　　　　　　83 000

　　应交税费——应交增值税（进项税额）　　　　　　　　13 930

　　　贷：银行存款　　　　　　　　　　　　　　　　　　　　　96 930

借：在建工程	1 200
贷：库存现金	1 200
借：固定资产	84 200
贷：在建工程	84 200

（六）自行建造的固定资产的核算

企业自行建造的固定资产，可以有自营建造和出包建造两种方式，应当分别使用不同的建造方式进行账务处理。

1. 自营方式建造固定资产

企业采用自营方式进行的固定资产建造工程，应在"在建工程"账户下按不同的工程项目设置明细账户。企业购入为工程准备的物资等，按购入物资的实际成本，借记"工程物资"账户，贷记"银行存款"等。企业自营工程领用的工程物资等，按领用物资的实际成本，借记"在建工程——××工程"，贷记"工程物资"等。自营工程发生的其他费用（如支付职工工资等），按实际发生额，借记"在建工程——××工程"，贷记"银行存款'等；自营工程完工并交付使用时，按实际发生的全部支出，借记"固定资产"，贷记"在建工程——××工程"。

【例 5-4】甲公司自建厂房一幢，购入为工程准备的各种物资 500 000 元，支付的增值税 85 000 元，全部用于工程建设。领用本企业生产的水泥一批，实际成本 80 000 元，税务部门确定的计税价格为 100 000 元，增值税率 17%；应支付工程人员工资 100 000 元；支付其他费用 30 000 元。工程完工并达到预定可使用状态。有关的账务处理如下。

（1）购入工程物资时，编制如下会计分录。

| 借：工程物资 | 585 000 |
| 　　贷：银行存款 | 585 000 |

（2）工程领用工程物资时，编制如下会计分录。

| 借：在建工程——厂房 | 585 000 |
| 　　贷：工程物资 | 585 000 |

（3）工程领用本企业产品（视同销售）时，编制如下会计分录。

借：在建工程——厂房	97 000
贷：库存商品	80 000
应交税费——应交增值税（销项税额）	17 000

（4）计算工程人员工资时，编制如下会计分录。

| 借：在建工程——厂房 | 100 000 |
| 　　贷：应付职工薪酬 | 100 000 |

（5）支付其他费用时，编制如下会计分录。

| 借：在建工程——厂房 | 30 000 |
| 　　贷：银行存款 | 30 000 |

（6）工程完工验收，结转工程成本时，编制如下会计分录。

借：固定资产——厂房　　　　　　　　　　　　　　　　　　812 000
　　贷：在建工程——厂房　　　　　　　　　　　　　　　　　　812 000

2. 出包方式建造固定资产

企业采用出包方式进行的自制、自建固定资产工程，其工程的具体支出在承包单位核算。在这种方式下，"在建工程"账户实际成为企业与承包单位的结算账户，企业将与承包单位结算的工程价款作为工程成本，通过"在建工程"账户核算。企业在按规定预付承包单位工程价款时，借记"在建工程——××工程"，贷记"银行存款"等账户；工程完工收到承包单位账单，补付或补记工程价款时，借记"在建工程——××工程"账户，贷记"银行存款"等；工程完工并交付使用时，按实际发生的全部支出，借记"固定资产"，贷记"在建工程——××工程"。

【例 5-5】甲公司以出包方式建造一座仓库，用银行存款支付工程款 150 000 元；出包工程应负担长期借款利息 20 000 元；工程完工，用银行存款补付工程款 300 000 元；固定资产交付使用，结转固定资产价值 470 000 元。有关账务处理如下。

（1）预付工程款时，编制如下会计分录。

借：在建工程——仓库　　　　　　　　　　　　　　　　　150 000
　　贷：银行存款　　　　　　　　　　　　　　　　　　　　　150 000

（2）计算出包工程应负担长期借款利息，编制如下会计分录。

借：在建工程　　　　　　　　　　　　　　　　　　　　　　20 000
　　贷：长期借款　　　　　　　　　　　　　　　　　　　　　　20 000

（3）补付工程价款时，编制如下会计分录。

借：在建工程——仓库　　　　　　　　　　　　　　　　　300 000
　　贷：银行存款　　　　　　　　　　　　　　　　　　　　　300 000

（4）工程竣工，结转成本时，编制如下会计分录。

借：固定资产——仓库　　　　　　　　　　　　　　　　　470 000
　　贷：在建工程——仓库　　　　　　　　　　　　　　　　　470 000

（七）投资转入固定资产的核算

投资者投入固定资产的成本，应当按照投资合同或协议约定的价值确定，但合同或协议约定价值不公允的除外。

企业接受其他单位投资转入的机器设备等固定资产，一方面反映本企业固定资产的增加，另一方面要反映投资人投资额的增加。股东投入的固定资产，按投资合同或协议约定的价值，借记"固定资产"账户，按投资者在被投资单位应享有的份额贷记"实收资本"或"股本"等账户；按投资各方约定的价值与确认为实收资本或股本的差额，贷记"资本公积——资本溢价（股本溢价）"科目；按应支付的相关税费，借记"应交税费"等科目。

【例 5-6】甲公司系股份有限公司，其注册资本为 1 000 000 元。2014 年 6 月 15 日，甲公司接受乙公司以一台新设备进行的投资。双方经协商确认的价值为 400 000 元，占甲公司注册资本的 30%，已取得乙公司开出的增值税专用发票，增值税税额为 68 000 元。

甲公司应编制如下会计分录。

借：固定资产　　　　　　　　　　　　　　　　　　　　　　　　　400 000

　　应交税费——应交增值税（进项税额）　　　　　　　　　　　　　68 000

　　贷：股本　　　　　　　　　　　　　　　　　　　　　　　　　　300 000

　　　　资本公积——股本溢价　　　　　　　　　　　　　　　　　　168 000

（八）租入固定资产的核算

租赁是出租人在承租人给予一定报酬的条件下，授予承租人在约定的期限内占有和使用租赁资产权利的一种经济行为。在经营者不想取得固定资产的所有权而只重视使用权或者没有足够的资金取得固定资产所有权的情况下，采用租赁方式换得固定资产的使用是更加适合的经营行为。按照租赁资产上的风险和报酬是否从出租人转移给承租人，可以将租赁分为经营性租赁和融资性租赁两大类。

1. 经营性租赁

经营性租赁，是企业为满足生产经营中临时需要而以租赁的方式取得固定资产使用权的一种租赁方式。经营性租赁只为取得固定资产的使用权，如为临时性需要租入施工机械，为吊装设备而租入起重机械等。经营性租赁具有以下特点。

（1）固定资产的租赁期较短，长则几个月，短则几天甚至几个小时。

（2）租赁的固定资产在租赁期间由出租人负责维修、保养、保险、纳税及提取折旧，承租人必须保证租入固定资产的安全完整，并不得任意对租入固定资产进行改造。持有固定资产的一切风险实际上由出租人承担。

（3）租赁费用相对较低，一般仅包括租赁期间的折旧费、利息及手续费等。

（4）承租人可根据实际需要，在租赁期满时将租入固定资产退还出租人或继续租用，也可以在租赁期满前中途解约。

企业采用经营性租赁方式租入的固定资产，由于没有所有权，所以不能作为固定资产的增加记入正式会计账簿，但为了便于对实物的管理，应在备查簿中进行登记；发生的租赁费用，应根据租入固定资产的用途，分别计入制造费用、管理费用、销售费用、在建工程等。经出租人同意，对租入的固定资产进行改良所发生的支出，应作为长期待摊费用并分期摊销。

【例 5-7】某股份有限公司行政管理部门因管理需要而临时租入一台办公设备，租赁合同规定，租赁期 1 个月，租金 3 800 元，租赁开始时一次付清。租赁期满，及时归还设备。

（1）租入时，将所租办公设备在备查登记簿中登记。

（2）支付租金 3 800 元，编制如下会计分录。

借：管理费用　　　　　　　　　　　　　　　　　　　　　　　　　3 800

　　贷：银行存款　　　　　　　　　　　　　　　　　　　　　　　　3 800

（3）租赁期满归还办公设备时，将其在备查账簿中注销。

2. 融资性租赁

融资性租赁，是指实质上转移了与资产所有权有关的全部风险和报酬的租赁。其所有权最终可能转移，也可能不转移。融资性租赁是为了满足企业生产经营的长期需要而租入资产的一种方式，既可以满足企业生产经营对资产的需要，又解决了购买固定资产所面临的资金短缺的问题，以融物的形式达到融资的目的。

企业的资产租赁符合下列一项或数项标准的，应当认定为融资性租赁。

（1）在租赁期届满时，租赁资产的所有权转移给承租人。

（2）承租人有购买租赁资产的选择权，所订立的购买价款预计将远低于行使选择权时租赁资产的公允价值，因而在租赁开始日就可以合理确定承租人将会行使这种选择权。

（3）即使资产的所有权不转让，租赁期占租赁资产使用寿命的大部分，这里的"大部分"掌握在租赁期占租赁开始日租赁资产使用寿命的 75%（含 75%）以上。

（4）承租人在租赁开始日的最低租赁付款额现值，几乎相当于租赁开始日租赁资产公允价值；出租人在租赁开始日的最低租赁收款额现值，几乎相当于租赁开始日租赁资产公允价值。这里的"几乎相当于"掌握在 90%（含 90%）以上。

（5）租赁资产性质特殊，如果不作较大改造，只有承租人才能使用。

承租人有权选择续租该资产，并且在租赁开始日就可以合理确定承租人将会行使这种选择权，不论是否再支付租金，续租期也包括在租赁期之内。

在租赁期开始日（租赁期开始日，是指承租人有权行使其使用租赁资产权力的开始日），承租人应当将租赁开始日租赁资产公允价值与最低租赁付款额现值两者中较低者作为租入资产的入账价值，将最低租赁付款额作为长期应付款的入账价值，其差额作为未确认融资费用。承租人在租赁谈判和签订租赁合同过程中发生的，可归属于租赁项目的手续费、律师费、差旅费、印花税等初始直接费用，应当计入租入资产价值。

（1）最低租赁付款额，是指在租赁期内，承租企业应支付或可能被要求支付的各种款项（不包括或有租金和履约成本），加上由承租企业或与其有关的第三方担保的资产余值。这里"最低"的含义是指出租人在租赁开始日对承租人的最小债权。在租赁开始日，它是能够被承租人确定的。

（2）或有租金，是指金额不固定、以时间长短以外的其他因素（如销售百分比、使用量和物价指数等）为依据计算的租金。它的发生与否有赖于未来事项的发生与否予以证实。因此，我国会计准则规定或有租金不包括在最低租赁付款额之内，而在其实际发生时计入当期的费用。

（3）履约成本，是指在租赁期内为租赁资产支付的各种使用成本，如技术咨询和服务费、人员培训费、维修费和保险费等。这些费用一般而言都是由承租人支付的。

（4）资产余值，是指租赁开始日估计的租赁期届满时租赁资产的公允价值。

如果承租企业有购买租赁资产的选择权，所订立的购价预计将远低于行使选择权时租赁资产的公允价值，因而在租赁开始日就可以合理确定承租企业将会行使这种选择权，此时购买价格应包括在最低租赁付款额内。

承租企业在计算最低租赁付款额的现值时，需要考虑折现率的问题。我国企业会计准则对折现率的使用有明确的规定：①如果知悉出租人的租赁内含利率，应以出租人的租赁内含利率作为折现率；②如果无法知悉出租人的租赁内含利率，应以租赁合同规定的利率作为折现率；③如果二者均无法知悉，应以同期银行贷款利率作为折现率。这样做的理由如下：出租人的内含利率比其他的利率更具有客观性，而且出租人一般都会披露这样的利率。如果任由承租人选择折现率的话，可能会产生由于承租人选择一个较小的折现率，而使最低租赁付款额的现值远低于固定资产原账面价值的情况。其结果是企业可能将融资性租赁作为经营租赁来核算，进而粉饰企业的财务状况。

固定资产的入账价值与最低租赁付款额之间的差额，作为未确认融资费用入账，在租赁期内采用实际利率法分期摊销，计入各期财务费用。在实际利率法下，各年应分摊的未确认融资费用按照各年未偿还租赁负债额的现值乘以实际利率进行计算。

企业会计准则规定，融资租入的固定资产，在租赁期内应作为企业自有固定资产进行管理与核算。应当采用与自有固定资产一致的折旧政策计提租赁资产折旧。能够合理确定租赁期届满时取得租赁资产所有权的，应当在租赁资产使用寿命内计提折旧。无法合理确定租赁期届满时能够取得租赁资产所有权的，应当在租赁期与租赁资产使用寿命两者中较短的期间内计提折旧。

【例 5-8】2010 年 12 月 27 日甲企业与光华实业股份有限公司签订一份租赁合同，租入一台公允价值为 1 100 000 元的设备，该设备于 2011 年 1 月 1 日运达甲企业。租赁双方签订的租赁合同主要条款如下。

（1）租赁期：4 年。

（2）租赁费总额：1 200 000 元。

（3）支付方式：每年年末等额支付，每年支付 300 000 元。

（4）租赁届满，固定资产所有权无偿转给承租人。

（5）租赁合同利率：6%。

（6）该设备为全新的，预计使用年限为 5 年。

有关会计处理如下。

（1）判断租赁类型。

【例 5-8】中租赁期 4 年占租赁资产尚可使用年限 5 年的 80%（大于 75%），满足融资性租赁的第 3 条标准；最低租赁付款额的现值为 1 039 530 元，大于租赁资产公允价值的 90%，即 990 000（1 100 000 × 90%）元，满足融资性租赁的第 4 条标准，因此将该租赁认定为融资性租赁。

（2）确定租赁资产的入账价值。

甲企业不知道出租人的租赁内含利率，因此选择合同利率 6% 作为最低租赁付款额的折现率。查年金现值系数表可知，4 期、6% 的年金现值系数为 3.465 1。

由于最低租赁付款额的现值 = 300 000 × 3.465 1 = 1 039 530（元），小于租赁资产的公允价值 1 100 000 元，故租赁资产的入账价值为 1 039 530 元。

（3）计算未确认融资费用。

未确认融资费用 = 最低租赁付款额 − 最低租赁付款额现值 = 1 200 000 − 1 039 530 = 160 470（元）

有关账务处理如下。

第一，租入固定资产时编制的会计分录如下。

借：固定资产——融资租入固定资产 1 039 530

未确认融资费用 160 470

贷：长期应付款——应付融资性租赁款 1 200 000

第二，每年年末支付租赁费时编制的会计分录如下。

借：长期应付款——应付融资性租赁款 300 000

贷：银行存款 300 000

第三，未确认融资费用的摊销。

由于租赁资产的入账价值为其最低租赁付款额的现值，所以该折现利率就是其融资费用的分摊率，即 6%。甲企业采用实际利率法分摊未确认融资费用，则每年的摊销额如表 5-9 所示。

表 5-9 未确认融资费用分摊表（实际利率法）

日期	租金	确认的融资费用	应付本金减少额	应付本金余额
2011 年 1 月 1 日				1 039 530.00
2011 年 12 月 31 日	300 000	62 371.80	237 628.20	801 901.80
2012 年 12 月 31 日	300 000	48 114.11	251 885.89	550 015.91
2013 年 12 月 31 日	300 000	33 000.95	266 999.05	283 016.85
2014 年 12 月 31 日	300 000	16 983.14[1]	283 016.86	0.00
合计	1 200 000	160 470.00	1 039 530.00	

1）16 983.14 包含计算误差

第一年年末编制的会计分录如下。

借：长期应付款——应付融资性租赁款 300 000

贷：银行存款 300 000

借：财务费用 62 371.80

贷：未确认融资费用 62 371.80

第二年年末编制的会计分录如下。

借：长期应付款——应付融资性租赁款 300 000

贷：银行存款 300 000

借：财务费用 48 114.11

贷：未确认融资费用 48 114.11

第三年年末编制的会计分录如下。

借：长期应付款——应付融资性租赁款 300 000

贷：银行存款 300 000

借：财务费用 33 000.95

贷：未确认融资费用 33 000.95

第四年年末编制的会计分录如下。

借：长期应付款——应付融资性租赁款	300 000	
贷：银行存款		300 000
借：财务费用	16 983.14	
贷：未确认融资费用		16 983.14

（4）计提租赁资产折旧的会计处理。

简化计提假设按全年计提折旧（采用年限平均法）。

| 借：制造费用 | 259 882.50 | |
| 贷：累计折旧 | | 259 882.50 |

年折旧额=1 039 530÷4=259 882.50

（九）接受捐赠的固定资产的核算

接受捐赠的固定资产，按以下规定确定其入账价值。

（1）捐赠方提供了有关凭据的，按凭据上标明的金额加上应当支付的相关税费，作为入账价值。

（2）捐赠方没有提供有关凭据的，按以下顺序确定其入账价值：①同类或类似固定资产存在活跃市场的，按同类或类似固定资产的市场价格估计的金额，加上应当支付的相关税费，作为入账价值。②同类或类似固定资产不存在活跃市场的，按接受捐赠的固定资产的预计未来现金流量现值，作为入账价值。

如接受捐赠的是旧的固定资产，依据上述方法确定的新固定资产价值，减去按该项资产的新旧程度估计的价值损耗后的余额，作为入账价值。

【例 5-9】甲公司接受捐赠的设备一台，根据有关单据确定其价值为 48 000 元，增值税为 8 160 元，发生的运杂费、包装费等共计 2 000 元用银行存款支付。企业收到捐赠的设备时，编制如下会计分录。

借：固定资产	50 000	
应交税费——应交增值税（进项税额）	8 160	
贷：营业外收入——捐赠利得		56 160
银行存款		2 000

（十）盘盈的固定资产的核算

盘盈的固定资产，按以下规定确定其入账价值。

（1）同类或类似固定资产存在活跃市场的，按同类或类似固定资产的市场价格，减去按该项资产的新旧程度估计的价值损耗后的余额，作为入账价值。

（2）同类或类似固定资产不存在活跃市场的，按该项固定资产的预计未来现金流量现值，作为入账价值。

企业在财产清查中盘盈的固定资产，应先通过"以前年度损益调整"账户核算，借记"固定资产"，贷记"以前年度损益调整"账户，期末将"以前年度损益调整"账户的余额转入"利润分配——未分配利润"账户。

【例 5-10】甲公司在固定资产清查过程中，发现未入账设备一台，其重置完全价值为 18 000 元，估计折旧额为 8 000 元。经批准，该盘盈固定资产作为前期差错处理。其相关原始凭证如表 5-10 所示。

表 5-10　固定资产盘盈盘亏报单示例

固定资产盘盈盘亏报单

类别：　　　　　　　　　　　　　　2014 年 12 月 10 日

名称	规格	单位	单价	账面数		清点数		盘盈		盘亏		备注
				数量	金额	数量	金额	数量	金额	数量	金额	
直流电机	Z2	台	18 000	2		3		1	10 000			六成新
合计			18 000					1	10 000			

原因分析：　　　　　　　　　　　　　　　　审批意见：

李　成　　　　　　　　王力江

单位（盖章）　　　　　　财务负责人：　　　　　　制表：

有关账务处理如下。

（1）盘盈固定资产时，编制如下会计分录。

借：固定资产　　　　　　　　　　　　　　　　　　　　　　　10 000

　　贷：以前年度损益调整　　　　　　　　　　　　　　　　　　　　10 000

（2）盘盈的固定资产经批准转销时，编制如下会计分录。

借：以前年度损益调整　　　　　　　　　　　　　　　　　　　10 000

　　贷：利润分配——未分配利润　　　　　　　　　　　　　　　　　10 000

第三节　任务三　固定资产折旧的核算

一、任务导入

甲公司的生产设备原价为 120 万元，预计使用寿命为 5 年，预计残值收入 50 000 元，预计清理费用 2 000 元，预计净残值率为 4%；假设甲公司没有对该机器设备计提减值准备。该生产设备如何计算折旧。

二、任务分析

为了准确核算固定资产的折旧，需要按照以下流程完成工作。

根据固定资产明细账查询上月新增或减少固定资产→对应固定资产原值及公司使用的折旧政策计算增减变动的累计折旧→编制折旧计算表→编制记账凭证→传主管岗

复核。

在固定资产折旧管理和核算的工作中还要注意以下几点。

（1）年初根据固定资产明细表计算各部门、各类资产每月应提折旧金额，每月根据固定资产增减变动情况及时调整，编制折旧计算表。

（2）固定资产折旧采取按个别资产进行计算，分部门、分类别汇总提取。

（3）月度提取累计折旧金额发生变动时应将提取折旧的依据传递一份给各车间核算员，由车间核算员对应固定资产清单核实固定资产的存在及折旧提取的准确性。

（4）年末根据固定资产明细表计算全年折旧，冲回由于净值低于全年应提折旧的个别资产多提折旧，并确定下一年度提取折旧的基数。

三、知识准备与任务实施

固定资产折旧是指固定资产在使用寿命内，按照确定的方法对应计折旧额进行的系统分摊。固定资产折旧也就是固定资产使用过程中逐渐损耗而消失的那部分价值。固定资产损耗的这部分价值，应当在固定资产的有效使用期内分摊计入各期成本费用，并随着产品的销售在销售收入中得到补偿。由此可见，正确地计算和计提折旧，不仅是正确计算产品成本的一个前提条件，也是保证固定资产再生产正常进行的重要措施。

（一）影响固定资产折旧的主要因素

影响固定资产折旧计算的因素主要有三个，即原始价值、预计净残值和预计使用年限。

1. 原始价值

原始价值是指固定资产的实际取得成本，是计算固定资产折旧的基数。以取得固定资产的原始成本作为折旧基数，可以使折旧的计算建立在客观基础上。

2. 预计净残值

预计净残值是指假设固定资产达到预计使用寿命时，从该项固定资产处置中获得的扣除处置费用后的净额。固定资产净残值是企业在固定资产使用期满后对固定资产原始投资的回收，一般是根据固定资产报废清理时预计残值收入扣除预计清理费用后的净额加以确定。其中，预计残值收入是固定资产报废清理时预计可收回的残料价值收入；预计清理费用是指固定资产清理报废时预计发生的拆卸、整理、搬运等清理费用。

3. 预计使用年限

预计使用年限是指企业使用固定资产的预计期间。在确定固定资产的使用年限时，不仅要考虑固定资产的有形损耗，还要考虑固定资产的无形损耗。企业应根据国家的有关规定，结合本企业的具体情况，合理地确定固定资产的折旧年限。对于固定资产预计使用年限的确定，需要考虑以下因素。

（1）该项资产预计生产能力或实物产量。

（2）该项资产预计有形损耗，是指固定资产由于使用和自然力的影响而引起的使用价值和价值的损失，如设备使用中发生的磨损、房屋建筑物受到自然侵蚀等。

（3）该项资产预计无形损耗，是指由于科学技术进步和劳动生产率提高而带来的固定资产价值上的损失，如因新技术出现而使现有的资产技术水平相对陈旧、市场需求变化使其所生产的产品过时等。

（4）法律或者类似规定对资产使用的限制。例如，融资租入的固定资产，根据《企业会计准则第 21 号——租赁》规定，能够合理确定租赁期届满时将会取得租赁资产所有权的，应当在租赁资产使用寿命期内计提折旧；如果无法合理确定租赁期届满时取得租赁资产所有权的，应当在租赁期与租赁资产使用寿命两者较短的期间内计提折旧。

（二）计提固定资产折旧的范围

《企业会计准则第 4 号——固定资产》中规定，企业应当对所有的固定资产计提折旧，但是已提足折旧仍继续使用的固定资产和单独计价入账的土地除外。在确定计提固定资产折旧时应考虑以下问题。

（1）固定资产应当按月计提折旧，并根据用途计入相关资产的成本或者当期损益。固定资产自达到预定使用状态时开始计提折旧，终止确认时或划分为持有待售非流动资产时停止计提折旧。为了简化核算，当月增加固定资产当月不提折旧，从下月起计提折旧；当月减少停用固定资产当月仍提折旧，从下月起不提折旧。

（2）已足额提取折旧的固定资产，不论是否继续使用，均不再计提折旧，提前报废的固定资产也不再计提折旧。

（3）已达到预定使用状态但尚未办理竣工决算的固定资产，应当按照估计价值确定其成本，并计提折旧；待办理竣工决算后再按实际成本冲正原来的估计价值，但不需要调整原已计提的折旧额。

（三）固定资产折旧的方法

折旧方法的选用不仅直接影响到企业的成本、费用，而且也会影响国家的税收。因此，企业应当根据与固定资产有关的经济利益的预期实现方式，合理选择固定资产折旧方法。可选用的折旧方法包括年限平均法、工作量法、双倍余额递减法和年数总和法等。固定资产的折旧方法一经确定，不得随意变更。

企业至少应当于每年年度终了，对固定资产的使用寿命、预计净残值和折旧方法进行复核。使用寿命预计数与原先估计数有差异的，应当调整固定资产折旧年限。预计净残值预计数与原先估计数有差异的，应当调整预计净残值。与固定资产有关的经济利益预期实现方式有重大改变的，应当改变固定资产折旧方法。固定资产使用寿命、预计净残值和折旧方法的改变应当作为会计估计变更。

1. 年限平均法

年限平均法又称直线法，是指将固定资产的应计折旧额均衡地分摊到固定资产预计使用年限平均计算折旧的一种方法。按照这种方法计算提取的折旧额，在各个使用年份或月份都是相等的。计算公式如下：

固定资产年折旧额=［固定资产原值-（预计残值收入-预计清理费用）］÷预计使用年限

固定资产月折旧额=固定资产年折旧额÷12

【例5-11】根据任务导入中给出的业务，按照以上方法计算的折旧如下：

固定资产年折旧额=［1 200 000-（50 000-2 000）］÷5=230 400（元）

固定资产月折旧额=230 400÷12=19 200（元）

在实际工作中，为了反映固定资产在一定时间内的损耗程度和便于计算折旧，企业每月应计提的折旧额一般是根据固定资产的原价乘以月折旧率计算确定的。固定资产折旧率是指一定时期内固定资产折旧额与固定资产原价之比；预计净残值率是预计净残值与固定资产原价之比。其计算公式表述如下：

固定资产年折旧率=年折旧额÷固定资产原价

或=（1-预计净残值率）÷预计使用年限×100%

固定资产月折旧率=固定资产年折旧率÷12

固定资产月折旧额=固定资产原价×固定资产月折旧率

根据任务导入给出的业务，按照以上方法计算的折旧如下：

年折旧额=1 200 000×（1-4%）÷5=230 400（元）

月折旧额=1 200 000×（1-4%）÷60=19 200（元）

固定资产折旧率可分为个别折旧率、固定资产分类折旧率和综合折旧率。

（1）上述计算的折旧率是按个别固定资产单独计算的，称为个别折旧率，即某项固定资产在一定期间的折旧额与该项固定资产原价的比率。

（2）分类折旧率是指固定资产分类折旧额与该类固定资产原价的比率。采用这种方法，应先把性质、结构和使用年限接近的固定资产归纳为一类，再按类别计算平均折旧率。固定资产分类折旧率的计算公式如下：

某类固定资产年分类折旧率=$\sum$该固定资产折旧额÷$\sum$该类固定资产原价×100%

（3）综合折旧率是指某一期间企业全部固定资产折旧额与全部固定资产原价的比率。固定资产综合折旧率的计算公式如下：

固定资产年综合折旧率=$\sum$各项固定资产年折旧额÷$\sum$各项固定资产原价×100%

2．工作量法

工作量法是根据实际工作量计算每期计提折旧额的一种方法。基本计算公式如下：

单位工作量折旧额=［固定资产原价×（1-净残值率）］÷预计总工作量

某项固定资产月折旧额=该项固定资产当月的工作量×单位工作量折旧额

【例5-12】 某企业的一台机器设备原价为800 000元，预计生产产品产量为4 000 000个，预计净残值率为5%，本月生产产品40 000个。则该台机器设备的本月折旧额计算如下：

单个产品折旧额=800 000×（1-5%）/4 000 000=0.19（元/个）

本月折旧额=40 000×0.19=7 600（元）

3. 双倍余额递减法

双倍余额递减法是指在不考虑固定资产净残值的情况下，按双倍直线折旧率来计算固定资产折旧的方法，即根据每期期初固定资产账面净值和双倍的直线法折旧率计算固定资产折旧的一种方法。计算公式如下：

年折旧率=（1÷预计使用年限）×2×100%

年折旧额=固定资产账面净值×年折旧率

月折旧额=年折旧额/12

由于双倍余额递减法不考虑固定资产的残值收入，所以在使用这种方法时，必须注意：不能使固定资产的账面折余价值降低到它的预计残值收入以下。按照现行制度的规定，实行双倍余额递减法计提折旧的固定资产，应当在其固定资产折旧年限到期以前两年内，将固定资产净值扣除预计净残值后的余额平均摊销。

【例 5-13】根据任务导入给出的业务，按照双倍余额递减法计算折旧如下：

双倍年折旧率=（1÷5）×2×100%=40%

第一年应提的折旧额=120×40%=48（万元）

第二年应提的折旧额=（120–48）×40%=28.8（万元）

第三年应提的折旧额=（120–48–28.8）×40%=17.28（万元）

从第四年起改按年限平均法（直线法）计提折旧，第四、五年应提的折旧额=（120–48–28.8–17.28–120×4%）÷2=10.56（万元）。

该生产设备按双倍余额递减法计算的各年折旧额如表 5-11 所示。

表 5-11　双倍余额递减法各年折旧额计算表　　　　单位：元

年份	折旧率/%	年折旧额	累计折旧额	账面净值
购入时				1 200 000
第 1 年	40	480 000	480 000	720 000
第 2 年	40	288 000	768 000	432 000
第 3 年	40	172 800	940 800	259 200
第 4 年	—	105 600	1 046 400	153 600
第 5 年	—	105 600	1 152 000	48 000
合计		1 152 000		

4. 年数总和法

年数总和法又称合计年限法，是将固定资产的原价减去净残值后的净额乘以一个逐年递减的分数来计算每年的折旧额。这个分数的分子代表固定资产尚可使用的年数，分母代表使用年数的逐年数字总和。计算公式为

年折旧率=尚可使用年数÷预计使用年限的年数总和×100%

或：年折旧率=（预计使用年限–已使用年限）÷〔预计使用年限×（预计使用年限+1）÷2〕×100%

年折旧额=（固定资产原价–预计净残值）×年折旧率

月折旧额=年折旧额÷12

【例 5-14】根据任务导入给出的业务,用年数总和法计算每年应计提折旧额(表 5-12)。
年数总和=1+2+3+4+5=15

表 5-12　年数总和法各年折旧额计算表　　　　　　　　单位: 元

年份	尚可使用寿命	应计折旧总额	年折旧率	年折旧额	累计折旧额
第 1 年	5	1 152 000	5/15	384 000	384 000
第 2 年	4	1 152 000	4/15	307 200	691 200
第 3 年	3	1 152 000	3/15	230 400	921 600
第 4 年	2	1 152 000	2/15	153 600	1 075 200
第 5 年	1	1 152 000	1/15	76 800	1 152 000

以上四种折旧方法中,年限平均法比较简单,但它存在以下方面的局限性。首先,固定资产在不同使用年限提供的经济效益是不同的。固定资产在其使用前期工作效率相对较高,带来的经济效益也就较多;而使用后期,工作效率一般呈下降趋势,所带来的经济效益逐年减少。年限平均法未考虑这一特点,是不合理的。其次,固定资产在不同的使用年限发生的维修费用也不相同,它将随着使用时间的延长而不断增加。

工作量法考虑了固定资产实际损耗和其提供的服务之间的关系,完成的工作量越多,磨损程度越大,折旧额越高。

双倍余额递减法和年数总和法都属于加速折旧法,其特点是在固定资产使用的早期多提折旧,后期少提折旧,以使固定资产的大部分成本在使用早期尽快得到补偿,从而相对加快折旧速度的一种计算折旧的方法,符合收入和费用配比原则及谨慎性原则的要求。不论采用加速折旧法还是采用直线法,在整个固定资产预计使用年限内计提的折旧总额都是相等的。

（四）固定资产折旧的账务处理

固定资产计提折旧时,应以月初可提取折旧的固定资产账面原值为依据。企业各月计算提取折旧时,可以在上月提取折旧的基础上,对上月固定资产的增减情况进行调整后计算当月应计提的折旧额。

当月固定资产应计提的折旧额=上月固定资产计提的折旧额+上月增加固定资产应计提的折旧额-上月减少固定资产应计提的折旧额

在我国会计实务中,各月固定资产折旧的计提工作一般是通过按月编制"固定资产折旧计算表"进行的。计算出的折旧额应根据使用地点和用途不同,记入相应的账户。生产部门正常使用和车间管理部门正常使用固定资产的折旧,应借记"制造费用";行政管理部门正常使用固定资产的折旧,应借记"管理费用";销售部门正常使用固定资产的折旧,应借记"销售费用";工程正常使用固定资产的折旧,应借记"在建工程";未使用不需用固定资产的折旧,应借记"管理费用";修理、季节性停用固定资产的折旧记入原成本费用账户;经营租赁租出固定资产计提的折旧,应借记"其他业务成本"。

为了核算固定资产的折旧还应该设置"累计折旧"账户。"累计折旧"账户属于资产类,是"固定资产" 的备抵账户,用来核算企业所提取的固定资产的累计折旧数额。

贷方登记企业按月计提的折旧数；借方登记因固定资产减少而转销的折旧数，期末余额在贷方，反映现有固定资产的累计折旧额。"固定资产"账户余额减去"累计折旧"账户余额就是固定资产净值。

【例 5-15】根据以下资料计算固定资产折旧并填表。

资料：甲公司 11 月固定资产变动情况如下。

（1）基本生产车间报废机器一台，原值 50 000 元。

（2）厂部购入小汽车一辆，价值为 60 000 元。

（3）新建一座基本生产车间并交付使用，价值 500 000 元。

（4）基本生产车间购入不需要安装的设备一套，价值 100 000 元。

（5）厂部拆除旧办公楼一幢，原值 200 000 元。

（6）将原基本生产使用的仓库空置不再使用，原值 200 000 元。

（7）将基本生产车间的一台设备转为不需用，原值 100 000 元。

根据表 5-13 所示的固定资产计算表，折旧费用分配的会计处理如下。

借：制造费用——基本生产车间　　　　　　　　　　　　　　177 000

　　管理费用　　　　　　　　　　　　　　　　　　　　　　 44 000

　　贷：累计折旧　　　　　　　　　　　　　　　　　　　　　　221 000

表 5-13　固定资产折旧计算表示例
固定资产折旧计算表
2014 年 12 月 31 日

固定资产使用部门	固定资产名称	上月计提折旧额	上月增加固定资产		上月减少固定资产		本月折旧额	费用分配
			原值	月折旧额	原值	月折旧额		
基本生产车间	厂房	80 000	500 000	1 500			81 500	制造费用
	设备	95 000	100 000	1 000	50 000	500	95 500	
	小计	175 000	600 000	2 500	50 000	500	177 000	
厂部	办公楼	32 000			200 000	600	31 400	管理费用
	设备	12 000	60 000	600			12 600	
	小计	44 000	60 000	600	200 000	600	44 000	
合计			219 000	660 000	3 100	250 000	1 100	221 000	

（五）固定资产使用寿命、预计净残值和折旧方法的复核

在固定资产使用过程中，其所处的经济环境、技术环境及其他环境有可能对固定资产使用寿命和预计净残值产生较大影响。例如，固定资产使用强度比正常情况大大加强，致使固定资产使用寿命大大缩短；替代该项固定资产的新产品的出现致使其实际使用寿命缩短，预计净残值减少；等等。为真实反映固定资产为企业提供经济利益的期间及每期实际的资产消耗，企业至少应当于每年年度终了，对固定资产使用寿命和预计净残值进行复核。如有确凿证据表明固定资产使用寿命预计数与原先估计数有差异，应当调整固定资产使用寿命；固定资产预计净残值预计数与原先估计数有差异，应当调整预计净残值。

固定资产使用过程中所处经济环境、技术环境及其他环境的变化也可能致使与固定资产有关的经济利益的预期实现方式发生重大改变，企业也应相应改变固定资产折旧方法。例如，某采掘企业各期产量相对稳定，原来采用年限平均法计提固定资产折旧。年度复核中发现，由于该企业使用了先进技术，产量大幅增加，可采储量逐年减少，该项固定资产给企业带来经济利益的预期实现方式已发生重大改变，需要将年限平均法改为产量法。

固定资产使用寿命、预计净残值和折旧方法的改变应作为会计估计变更，按照《企业会计准则第 28 号——会计政策、会计估计变更和差错更正》处理。

第四节　任务四　固定资产后续支出核算

一、任务导入

甲公司将生产车间进行改扩建，改扩建车间原值为 70 000 元，已提取折旧 26 880 元。按合同规定向改良工程承包公司预付工程款 50 000 元的 50%，剩余工程款在改扩建完成后支付。改扩建完成后该车间预计可使用年限为 5 年，净残值率为 4%，采用年限平均法计提折旧。2014 年 10 月 20 日，甲公司对现有的一台生产用机器设备进行日常维护，维护过程中领用本企业原材料一批，价值为 6 000 元，应支付维护人员的工资为 3 000 元。

二、任务分析

为了准确核算公司固定资产的后续支出，会计人员需要完成以下工作。

正确划分固定资产的资本化支出和费用化支出→合理取得相关原始凭证→编制记账凭证→传主管岗复核。

三、知识储备与任务实施

固定资产取得后，在其使用过程中通常会发生一些后续支出，如固定资产使用过程中发生的更新改造支出、修理费用等。这些支出有的是正常的维护及修理活动所造成的，有的则可能是因固定资产的增加或改良而造成的。企业固定资产支出，应根据《企业会计准则第 4 号——固定资产》判断固定资产取得后所发生的后续支出应当资本化，还是费用化。后续支出的处理原则如下：符合固定资产确认条件的，应当计入固定资产成本，同时将被替换部分的账面价值扣除；不符合固定资产确认条件的，应当计入当期损益。在具体实务中，对于固定资产发生的各项后续支出，通常的处理方法如下。

（1）固定资产修理费用，应当直接计入当期费用。

（2）固定资产改良支出，应计入固定资产账面价值。固定资产改良，是指在固定资产在原有基础上进行改建、扩建，使其质量和功能得以改进。固定资产改良使固定资产的性能标准有所提高，企业未来经济利益增加，所以改良支出应当予以资本化，增加固定资产原价。符合下列条件之一应确认为固定资产改良支出：①固定资产的使用年限延长；②固定资产的生产能力提高；③使产品质量提高；④使生产成本降低；⑤使产品品种、性能、规格等发生良好的变化；⑥企业经营管理环境或条件改善。

（3）固定资产装修费用，符合上述原则可予资本化，应当在"固定资产"账户下单设"固定资产装修"明细账户核算，并在两次装修期间与固定资产尚可使用年限两者中较短的期间内，采用合理的方法单独计提折旧。如果在下次装修时，该项固定资产相关的"固定资产装修"明细账户仍有余额，应将该余额一次全部计入当期损益。

（4）对于融资性租赁方式租入的固定资产产生的固定资产后续支出，参照上述原则处理。发生的固定资产装修费用，符合上述原则可予资本化，应在两次装修期间、剩余租赁期间与固定资产尚可使用年限三者中较短的期间内，采用合理的方法单独计提折旧。

（一）资本化的后续支出

固定资产发生可资本化的后续支出时，企业一般应将该固定资产的原价、已计提的累计折旧和减值准备转销，将固定资产的账面价值转入在建工程，并停止计提折旧。发生的后续支出，通过"在建工程"账户核算。在固定资产发生的后续支出完工并达到预定可使用状态时，再从在建工程转为固定资产，并按重新确定的使用寿命、预计净残值和折旧方法计提折旧。我国会计实务中，对企业改良后的固定资产成本，应按原有固定资产原价，减去改良过程中发生的变价收入，加上改良过程中的支出来确定。

【例5-16】根据任务导入给出的第一笔经济业务，甲公司将生产车间进行改扩建，使其功能得以改进，属于资本化的后续支出。应编制如下会计分录。

（1）转入改良工程。

借：在建工程　　　　　　　　　　　　　　　　　　43 120
　　累计折旧　　　　　　　　　　　　　　　　　　26 880
　　　贷：固定资产　　　　　　　　　　　　　　　　　　70 000

（2）预付工程款。

借：在建工程　　　　　　　　　　　　　　　　　　25 000
　　　贷：银行存款　　　　　　　　　　　　　　　　　　25 000

（3）工程完工后交付使用，付清工程款项。

借：在建工程　　　　　　　　　　　　　　　　　　25 000
　　　贷：银行存款　　　　　　　　　　　　　　　　　　25 000
借：固定资产　　　　　　　　　　　　　　　　　　93 120
　　　贷：在建工程　　　　　　　　　　　　　　　　　　93 120

生产车间改建后，固定资产的价值变为93 120元，应根据固定资产价值、净残值、预计使用年限的变化提取折旧。

（二）费用化的后续支出

与固定资产有关的修理费用等后续支出，不符合固定资产确认条件的，应当根据不同情况分别在发生时计入当期管理费用或销售费用。

一般情况下，固定资产投入使用后，由于固定资产磨损，各组成部分耐用程度不同，可能引起固定资产的局部损坏，为了维护固定资产的正常运转和使用，充分发挥其使用效能，企业将对固定资产进行必要的维护。固定资产的日常修理费用等支出只能确保固定资产的正常工作状况，一般不产生未来的经济利益。因此，通常不符合固定资产确认的条件，在日常修理费用发生时直接计入当期损益。企业生产车间（部门）和行政管理部门等发生的固定资产修理费用等后续支出计入"管理费用"；企业专设销售机构的，其发生的与专设销售机构相关的固定资产修理费用等后续支出，计入"销售费用"。对于处于修理、更新改造过程而停止使用的固定资产，如果其修理、更新改造支出不满足固定资产确认条件，在发生时也直接计入当期损益。

【例5-17】根据任务导入给出的第二笔经济业务，对机器设备的维护，仅仅是为了维护固定资产的正常使用而发生的，不产生未来的经济利益，因此应在其发生时确认为费用。甲公司应编制如下会计分录。

借：管理费用　　　　　　　　　　　　　　　　　　　　9 000
　　贷：原材料　　　　　　　　　　　　　　　　　　　　　6 000
　　　　应付职工薪酬　　　　　　　　　　　　　　　　　　3 000

第五节　任务五　固定资产处置的核算

一、任务导入

甲公司某项固定资产出售，原值为 50 000 元，累计折旧为 25 000 元，已计提减值准备 5 000 元，清理过程中用现金支付清理费用 150 元，取得出售收入 25 740 元（含增值税 3 740 元）存入银行。甲公司一台设备已达到使用年限，经批准报废清理。该设备原值 45 000 元，已提折旧 42 000 元。清理过程中发生清理费用 450 元，残值价值 1 200 元，入库作为材料使用。

二、任务分析

定期组织行政事务部门及生产部门对固定资产进行核查→督促处置已报废及长期闲置的固定资产→核实报废或长期闲置的固定资产原值、已使用年限及折旧提取情况→审核固定资产清理转出报告→编制记账凭证→传主管岗复核。

三、知识储备与任务实施

（一）固定资产终止确认的条件

固定资产准则规定，固定资产满足下列条件之一的，应当予以终止确认。

（1）该固定资产处于处置状态。固定资产处置包括固定资产的出售、转让、报废或毁损、对外投资、非货币性资产交换、债务重组等。处于处置状态的固定资产不再用于生产商品、提供劳务、出租或经营管理，因此不再符合固定资产的定义，应予终止确认。

（2）该固定资产预期通过使用或处置不能产生经济利益。固定资产的确认条件之一是"与该固定资产有关的经济利益很可能流入企业"，如果一项固定资产预期通过使用或处置不能产生经济利益，就不再符合固定资产的定义和确认条件，应予终止确认。

（二）固定资产处置的账务处理

企业出售、转让、报废固定资产或发生固定资产毁损，应当将处置收入扣除账面价值和相关税费后的金额计入当期损益。固定资产处置一般通过"固定资产清理"账户进行核算。

"固定资产清理"账户是计价对比账户，核算企业因出售、报废和毁损等原因转入清理的固定资产净值，以及在清理过程中所发生的清理费用和清理收入。其借方反映转入清理的固定资产的净值、发生的清理费用、出售固定资产应缴纳的营业税，贷方反映清理固定资产的变价收入和应由保险公司或过失人承担的损失等；期末余额反映企业尚未清理完毕的固定资产的净值及清理收入。清理完毕后，企业应将清理净损益结转至营业外收支账户，结转后该账户无余额。

企业因出售、报废或毁损、对外投资、非货币性资产交换、债务重组等处置固定资产，其会计处理一般经过以下几个步骤。

第一，固定资产转入清理。固定资产转入清理时，按固定资产账面价值，借记"固定资产清理"账户，按已计提的累计折旧，借记"累计折旧"账户，按已计提的减值准备，借记"固定资产减值准备"账户，按固定资产账面余额，贷记"固定资产"账户。

第二，发生的清理费用。固定资产清理过程中发生的有关费用及应支付的相关税费，借记"固定资产清理"账户，贷记"银行存款""应交税费"等账户。

第三，出售收入和残料等的处理。企业收回出售固定资产的价款、残料价值和变价收入等，应冲减清理支出。按实际收到的出售价款及残料变价收入等，借记"银行存款""原材料"等账户，贷记"固定资产清理"账户。

第四，保险赔偿的处理。企业计算或收到的应由保险公司或过失人赔偿的损失，应冲减清理支出，借记"其他应收款""银行存款"等账户，贷记"固定资产清理"账户。

第五，清理净损益的处理。固定资产清理完成后的净损失，属于生产经营期间正常的处理损失，借记"营业外支出——处置非流动资产损失"账户，贷记"固定资产清理"

账户；属于生产经营期间由于自然灾害等非正常原因造成的，借记"营业外支出——非常损失"账户，贷记"固定资产清理"账户。固定资产清理完成后的净收益，借记"固定资产清理"账户，贷记"营业外收入"账户。

1. 固定资产出售

企业对多余闲置或不再需要使用的固定资产，出售给其他需要该项固定资产的企业，以收回资金，避免资源的浪费。

【例 5-18】任务导入中第一笔经济业务的会计分录如下。

（1）将出售的固定资产转入清理时编制的会计分录如下。

借：固定资产清理	20 000
累计折旧	25 000
固定资产减值准备	5 000
贷：固定资产	50 000

（2）支付清理费用编制的会计分录如下。

借：固定资产清理	150
贷：现金	150

（3）收回出售固定资产价款时编制的会计分录如下。

借：银行存款	25 740
贷：固定资产清理	22 000
应交税费——应交增值税（销项税额）	3 740

（4）结转净损益编制的会计分录如下。

借：固定资产清理	1 850
贷：营业外收入	1 850

2. 固定资产报废

固定资产报废有的属于正常报废，有的属于非正常报废。正常报废包括使用磨损报废和由于技术进步而发生的提前报废；非正常报废主要是指自然灾害和责任事故所致的报废。固定资产正常报废与非正常报废的会计处理基本相同。

【例 5-19】任务导入中第二笔经济业务的相关原始凭证如表 5-14~表 5-17 所示。

表 5-14　固定资产报废申请表示例
固定资产报废申请表

填报单位：生产车间　　　　　　　　　　　　　2014年12月22日

公司清查领导小组	季峰		财务处	杨建国	计划处	金金	单位负责人	张玉	制表	李红
报废或盘亏原因	机器陈旧，精度差，修理费用大。								配套情况	
审批意见	同意报废									
编号	名称	规格型号	单位	数量	原值	折旧		净值	残值	净损失
CA-1	设备		台	1	45 000	42 000		3 000		

表 5-15 ××市服务行业发票示例（二）

××市服务行业发票

客户名称：甲公司 　　　　2014 年 12 月 23 日 　　　　No.0013816

服务项目	规格	计量单位	数量	单价	金额								备注
					十	万	千	百	十	元	角	分	
清理费								4	5	0	0	0	
合计金额（大写）	人民币肆佰伍拾元整	现金收讫			￥		4	5	0	0	0		
开票单位	东海江河服务公司	开户银行	中国工商银行										
		账号	16030058363906789										

收款人：王曼路 　　　　　　　　　　　　　　　　　　　　　制票人：李小芙

第二联 发票联

表 5-16 收料单示例

收料单

供货单位：

发票号码： 　　　　2014 年 12 月 25 日 　　　　单位：元

材料编号	材料名称及规格	计量单位	数量		价格	
			应收	实收	单价	金额
	铁	千克		100	12	1 200
备注：固定资产报废残料					合计	1 200

仓库负责人：孙长发 　　记账：唐堂 　　仓库保管：陈艳玲 　　收料：张军

第二联 记账联

表 5-17 固定资产清理损益计算表示例

固定资产清理损益计算表

2014 年 12 月 25 日

清理项目		清理原因	报废
固定资产清理借方发生额		固定资产清理贷方发生额	
清理支出内容	金额	清理收入内容	金额
固定资产净值	3 000	残值收入（备注：固定资产报废残料）	1 200
清理费用	450		
合计	2 250		

第二联 记账联

仓库负责人：孙长发 　　记账：唐堂 　　仓库保管：陈艳玲 　　收料：张军

（1）将报废的固定资产转入清理时编制的会计分录如下。

借：固定资产清理 　　　　　　　　　　　　　　　　　　　　　　　3 000

　　累计折旧 　　　　　　　　　　　　　　　　　　　　　　　　42 000

　　贷：固定资产 　　　　　　　　　　　　　　　　　　　　　　　　　45 000

（2）支付清理费用时编制的会计分录如下。

借：固定资产清理 　　　　　　　　　　　　　　　　　　　　　　　　450

　　贷：银行存款 　　　　　　　　　　　　　　　　　　　　　　　　　450

（3）残料入库编制的会计分录如下。

借：原材料 1 200
  贷：固定资产清理 1 200

（4）结转报废固定资产发生净损失时编制的会计分录如下。

借：营业外支出——处置固定资产损失 2 250
  贷：固定资产清理 2 250

【例5-20】甲公司因自然灾害损毁厂房一栋，原值180 000元，已提折旧85 000元；清理过程中发生清理费用4 600元；残值价值收入3 200元存入银行；经保险公司核定应赔偿损失为60 000元。要求编制会计分录。

（1）将报废的厂房转入清理时编制的会计分录如下。

借：固定资产清理 95 000
  累计折旧 85 000
  贷：固定资产 180 000

（2）支付清理费用编制的会计分录如下。

借：固定资产清理 4 600
  贷：银行存款 4 600

（3）收到残值收入时编制的会计分录如下。

借：银行存款 3 200
  贷：固定资产清理 3 200

（4）应收保险公司赔偿编制的会计分录如下。

借：其他应收款——保险公司 60 000
  贷：固定资产清理 60 000

（5）结转报废固定资产发生净损失时编制的会计分录如下。

借：营业外支出——非常损失 36 400
  贷：固定资产清理 36 400

3. 捐赠转出的固定资产

捐赠转出的固定资产，应按固定资产净值，借记"固定资产清理"账户，按该项固定资产已提的折旧，借记"累计折旧"，按已计提的减值准备，借记"固定资产减值准备"账户，按固定资产账面余额，贷记"固定资产"账户；发生相关税费时，按捐赠转出的固定资产应支付的相关税费，借记"固定资产清理"，贷记"银行存款"等；按"固定资产清理"账户的余额，借记"营业外支出——捐赠支出"，贷记"固定资产清理"。

【例5-21】甲公司向B企业捐赠一台机器设备，该机器设备账面原价为550 000元，已提折旧200 000元，未提取固定资产减值准备，捐赠时发生清理费用3 500元。编制会计分录如下。

（1）注销固定资产原价及累计折旧编制的会计分录如下。

借：固定资产清理 350 000

累计折旧   200 000

  贷：固定资产   550 000

（2）支付清理费用时编制的会计分录如下。

借：固定资产清理   3 500

  贷：银行存款   3 500

（3）结转净损失编制的会计分录如下。

借：营业外支出——捐赠支出   353 500

  贷：固定资产清理   353 500

第六节 任务六 固定资产的清查和期末计价

一、任务导入

甲公司的一项生产用固定资产原价为 850 000 元，预计使用 10 年，预计净残值率为 4%，采用年限平均法提取折旧，已计提折旧 3 年，累计折旧为 244 800 元。如果第四年估计可收回金额为 450 000 元，预计尚可使用年限为 5 年，净残值率为 0，做出相关的会计处理。甲公司年末对固定资产进行清查时，发现丢失一台冷冻设备。该设备原价 52 000 元，已计提折旧 20 000 元，并已计提减值准备 12 000 元。经查，冷冻设备丢失的原因在于保管员看守不当。经批准，由保管员赔偿 5 000 元。

二、任务分析

年中、年末组织行政事务、生产相关人员进行固定资产盘点→整理固定资产明细表→出具盘点报告→编制记账凭证→传主管岗复核。

在固定资产清查和期末计价核算的工作中还要注意以下几点。

（1）针对盘点过程中出现的固定资产盘盈盘亏情况应及时上报，督促相关部门进行处置。

（2）可靠估计固定资产的公允价值或预计未来现金流量的现值，按规定计提固定资产减值准备。

三、知识储备与任务实施

（一）固定资产减值

1. 固定资产减值的确认

固定资产减值是指固定资产的预计可收回金额低于其账面价值。固定资产存在减值迹象的，应当估计其可收回金额。可收回金额应当根据资产的公允价值减去处置费用后的净额与该资产预计未来现金流量的现值两者之间较高者确定。处置费用包括与资产处置有关的法律费用、相关税费、搬运费，以及为使资产达到可销售状态所发生的直接费用等。

固定资产的公允价值减去处置费用后的净额，应当根据公平交易中销售协议价格减去可直接归属于该资产处置费用的金额确定。不存在销售协议但存在资产活跃市场的，应当按照该资产的市场价格减去处置费用后的金额确定。资产的市场价格通常应当根据资产的买方出价确定。在不存在销售协议和资产活跃市场的情况下，应当以可获取的最佳信息为基础，估计资产的公允价值减去处置费用后的净额，该净额可以参考同行业类似资产的最近交易价格或者结果进行估计。企业按照上述规定仍然无法可靠估计资产的公允价值减去处置费用后的净额的，应当以该资产预计未来现金流量的现值作为其可收回金额。

资产的公允价值减去处置费用后的净额与资产预计未来现金流量的现值，只要有一项超过资产的账面价值，就表明资产没有发生减值，不需要再估计另一项金额。

存在下列迹象的，表明资产可能发生了减值。

（1）资产的市价当期大幅度下跌，其跌幅明显高于因时间的推移或者正常使用而预计的下跌。

（2）企业经营所处的经济、技术或者法律等环境，以及资产所处的市场在当期或者将在近期发生重大变化，从而对企业产生不利影响。

（3）市场利率或者其他市场投资报酬率在当期已经提高，从而影响企业计算资产预计未来现金流量现值的折现率，导致资产可收回金额大幅度降低。

（4）有证据表明资产已经陈旧过时或者其实体已经损坏。

（5）资产已经或者将被闲置、终止使用或者计划提前处置。

（6）企业内部报告的证据表明资产的经济绩效已经低于或者将低于预期，如资产所创造的净现金流量或者实现的营业利润（或者亏损）远远低于（或者高于）预计金额等。

（7）其他表明资产可能已经发生减值的迹象。

2. 固定资产减值的处理原则

固定资产减值的处理应遵循下列原则。

（1）固定资产发生减值应计提固定资产减值准备。期末应按单个固定资产项目逐一进行检查。如果一项固定资产的可收回金额低于其账面价值，应当按照该项固定资产可收回金额与其账面价值的差额计提固定资产减值准备。

（2）固定资产减值损失确认后，发生减值的固定资产在计提折旧时，应按该资产当前的账面价值重新计算折旧额。

（3）固定资产减值损失一经确认不得转回。

3. 折旧与减值准备的区别

固定资产折旧与减值是固定资产核算的重要组成部分，从资产负债表内容上看，"累计折旧"与"固定资产减值准备"都是"固定资产"的备抵项目，两者都反映了固定资产账面价值的减少。无论是计提减值准备，还是提取折旧，都不同程度地体现了正确计算损益、减少风险损失、合理确定成本补偿的谨慎性原则。但折旧与减值准备两者之间有本质的区别。

（1）折旧是企业对由于有形损耗和无形损耗给固定资产带来的耗费所作的合理估计，它反映的是固定资产已消耗掉的部分，是一种成本分摊方法；而减值准备是某一时点由于公允价值的变动而需要调整固定资产账面价值的部分，它反映的是固定资产当前价值，是一种资产的评价方法。尽管折旧在客观上起到了避免因一些固定资产有形和无形损耗等原因而导致的固定资产贬值的作用，但并不能因此而取代固定资产减值准备的会计处理。

（2）折旧的提取在各年间具有系统性，而减值准备的数额则需要根据实际情况，按一定方法计算得出，各年的减值准备并不存在必然的系统联系。这两种提取方法不相同，不能相互替代。当某个会计期末，在同时提取固定资产折旧和减值准备时，计提折旧在先，计提减值准备在后，顺序不能颠倒，每年计提折旧的基数，一般为上一年年末的可收回金额，因为此基数已充分考虑了折旧和减值准备数额，在此基础上再用固定资产计提折旧的方法确定折旧率和折旧额。

4. 固定资产减值的账务处理

固定资产减值业务应通过"固定资产减值准备"账户进行核算。企业发生固定资产减值时，借记"资产减值损失"账户，贷记"固定资产减值准备"账户，资产减值损失一经确认，在以后会计期间不得转回。

【例5-22】甲公司的一台机器设备账面原值为 65 000 元，已提折旧 30 000 元，技术更新和新设备的出现，使该机器设备的市场价值大幅度下降，在年末该机器设备的市场价格为 25 000 元。

分析：技术更新和新设备的出现，使该机器设备的市场价值大幅度下降，该设备存在减值迹象。假设以该机器设备的市场价格作为可收回金额，则该企业年末对该机器设备计提固定资产减值准备应编制如下会计分录。

借：资产减值损失　　　　　　　　　　　　　　　　　　　10 000
　　贷：固定资产减值准备　　　　　　　　　　　　　　　　　10 000

【例5-23】任务导入中第一笔经济业务应编制如下会计分录。

（1）第四年计提折旧时：

第四年应提取折旧额=（8 500 000–8 500 000×4%）÷10=816 000（元）

借：制造费用　　　　　　　　　　　　　　　　　　　　816 000
　　贷：累计折旧　　　　　　　　　　　　　　　　　　　　816 000

（2）第四年计提固定资产减值准备时：

计提固定资产减值准备=固定资产账面价值–可收回金额=8 500 000–2 448 000–816 000–4 500 000=736 000（元）

借：资产减值损失　　　　　　　　　　　　　　　　　　　736 000

　　　　贷：固定资产减值准备　　　　　　　　　　　　　　　　　　　　736 000

（3）第五年计提折旧时：

应计提折旧额=固定资产账面价值÷预计尚可使用年限 =（8 500 000–816 000×4–736 000）÷5=900 000（元）

　　　　借：制造费用　　　　　　　　　　　　　　　　　　　　　　　　900 000

　　　　　　贷：累计折旧　　　　　　　　　　　　　　　　　　　　　　　900 000

（二）固定资产清查

　　为了确保固定资产的安全与完整，做到账实相符，企业应对固定资产进行定期和不定期的清查，确定企业各项固定资产的实际数量和状况，并与账面记录核对，查明固定资产账实是否一致。在固定资产清查过程中，如果发现有盘盈、盘亏的固定资产，应查明原因，填制固定资产盘盈、盘亏报告表并写出书面报告，报经企业上级主管部门批准后才能进行账务处理。固定资产是一种单位价值较高、使用期限较长的有形资产，因此，对于管理规范的企业而言，盘盈、盘亏的固定资产较为少见。企业应当健全制度，加强管理，定期或者至少于每年年末对固定资产进行清查盘点，以保证固定资产核算的真实性和完整性。如果清查中发现固定资产的损溢应及时查明原因，在期末结账前处理完毕。

　　固定资产清查的核算应根据固定资产盘盈和盘亏分别进行。

　　1. 盘亏固定资产的核算

　　为了反映固定资产清查的结果及其处理情况，企业应设置"待处理财产损溢——待处理固定资产损溢"账户进行核算，该账户借方登记盘亏、毁损固定资产的净值，贷方登记报经批准后盘亏、毁损的处理金额，该账户期末余额若在借方，表示尚未处理的固定资产盘亏、毁损金额。

　　对于盘亏的固定资产，企业应及时办理固定资产注销手续。在按规定程序批准之前，应将固定资产卡片从原来的归类中抽出，单独保管，并且要按盘亏固定资产的净值，借记"待处理财产损溢——待处理固定资产损溢"，按已计提的折旧，借记"累计折旧"，按该项固定资产已计提的减值准备，借记"固定资产减值准备"；按固定资产原价，贷记"固定资产"。

　　按照规定程序，经上级主管部门批准后，应按盘亏固定资产的原价扣除累计折旧和过失人及保险公司赔款后的差额，借记"营业外支出"，按过失人及保险公司应赔偿额，借记"其他应收款"；按盘亏固定资产的净值，贷记"待处理财产损溢"。

　　【例5-24】任务导入中第二笔经济业务有关账务处理如下。

　　（1）发现冷冻设备丢失时编制的会计分录如下。

　　　　借：待处理财产损溢——待处理固定资产损溢——冷冻设备　　　20 000

　　　　　　累计折旧　　　　　　　　　　　　　　　　　　　　　　　20 000

　　　　　　固定资产减值准备——冷冻设备　　　　　　　　　　　　　12 000

　　　　　　贷：固定资产——冷冻设备　　　　　　　　　　　　　　　　52 000

（2）报经批准后编制的会计分录如下。

借：其他应收款——××保管员   5 000
    营业外支出——盘亏损失   15 000
    贷：待处理财产损溢——待处理固定资产损溢——冷冻设备   20 000

2. 盘盈固定资产

盘盈固定资产的处理按本章第二节中已介绍程序进行处理，在此不再赘述。

第七节　任务七　无形资产取得的核算

一、任务导入

因甲公司某项生产活动需要乙公司已获得的专利技术，如果使用了该项专利技术，甲公司预计其生产能力比原先提高 20%，销售利润率增长 15%。为此，甲公司从乙公司购入一项专利权，按照协议约定以银行存款转账支付，实际支付的价款为 300 万元，并支付相关税费 5 万元和有关专业服务费用 1 万元，款项已通过银行转账支付。2014 年 1 月 1 日，甲公司经董事会批准研发某项新产品专利技术，该公司董事会认为，研发该项目具有可靠的技术和财务等资源的支持，并且一旦研发成功将降低该公司生产产品的生产成本。该公司在研究开发过程中发生材料费 500 万元、人工工资 100 万元，以及其他费用 400 万元，总计 1 000 万元，其中，符合资本化条件的支出为 600 万元。2014 年 12 月 31 日，该专利技术已经达到预定用途。

二、任务分析

为了准确核算公司无形资产，外购无形资产核算需要完成以下工作。

购进审核无形资产转让合同并付款→督促报账→审核发票和无形资产转让合同→查询已付款情况→编制凭证→传主管岗复核。

在管理和核算的工作中还要注意以下几点。

（1）款项付出应严格遵守中国人民银行发布的《支付结算办法》。

（2）根据合同及付款情况及时督促相关部门办理报账手续。

（3）负责登记归口管理的无形资产明细账。

（4）购进无形资产后须凭发票、无形资产转让合同办理无形资产调拨手续。

自行研发无形资产需要按照以下流程完成工作。

收到无形资产研发中购置单个设备或原材料的全额发票→编制记账凭证→传主管岗复核。

审核进度款收据或发票等→审核"付款审批单"审批手续是否完备→出纳岗付款→签收出纳岗传来的"付款审批单"及银行付款凭证等→编制记账凭证→传主管岗复核。

三、知识储备

（一）无形资产的概念与特征

无形资产是指企业拥有或者控制的没有实物形态的可辨认非货币性资产，主要包括专利权、非专利技术、商标权、著作权、土地使用权和特许权等。无形资产具有如下基本特征。

1. 无形资产不具有实物形态

无形资产常常表现为某种权利、某项技术或某种获取超额利润的综合能力，它们不具有实物形态，看不见，摸不着，但具有价值，能够为企业带来预期的经济利益，提高企业经济效益。没有实物形态是无形资产区别于其他资产的重要特征，但并不是无形资产的独有特征，还有许多资产不具有实物形态，如应收账款、对外投资等。而某些无形资产的存在有赖于实物载体。例如，计算机软件需要存储在介质中，但这并不改变无形资产本身不具有实物形态的特性。在确定一项包含无形和有形要素的资产是属于固定资产，还是属于无形资产时，需要通过判断来加以确定，通常以哪个要素更重要作为判断的依据。例如，计算机控制的机械工具没有特定计算机软件就不能运行时，则说明该软件是构成相关硬件不可缺少的组成部分，该软件应作为固定资产处理；如果计算机软件不是相关硬件不可缺少的组成部分，则该软件应作为无形资产核算。无论是否存在实物载体，只要将一项资产归类为无形资产，则不具有实物形态仍然是无形资产的特征之一。

2. 无形资产具有可辨认性

资产满足下列条件之一的，则认为其具有可辨认性。

（1）能够从企业中分离或者划分出来，并能单独或者与相关合同、资产或负债一起，用于出售、转移、授予许可、租赁或者交换。

（2）源自合同性权利或其他法定权利，无论这些权利是否可以从企业或其他权利和义务中转移或者分离。

如果企业有权获得一项无形资产产生的未来经济利益，并能约束其他方获取这些利益，则表明企业控制了该项无形资产。例如，对于会产生经济利益的技术知识，若其受到版权、贸易协议约束（如果允许）等法定权利或雇员保密法定职责的保护，那么说明该企业控制了相关利益。

客户关系、人力资源等，由于企业无法控制其带来的未来经济利益，不符合无形资产的定义，不应将其确认为无形资产。

内部产生的品牌、报刊名、刊头、客户名单和实质上类似的项目支出，由于不能与整个业务开发成本区分开来，因此这类项目不应确认为无形资产；企业通过与另一方签订特许权合同而获得的特许使用权，以及通过法律程序申请获得的商标权、专利权等符合上述条件，因此属于无形资产。

3. 无形资产属于非货币性长期资产

无形资产由于没有发达的交易市场，一般不容易转化为现金，在持有过程中为企业带来预期经济利益的情况不确定，不属于以固定或可确定的金额收取的资产，属于非货币性资产。另外无形资产能在较长时间内供企业使用，为企业创造经济利益的时间超过1年或1年以上的一个营业周期。

4. 无形资产给企业带来的收益具有较大不确定性

资产的本质特征是预期会给企业带来经济利益。但无形资产自身的特点决定了其为企业带来的经济利益具有较大的不确定性，比较容易受到企业内外部因素的影响，如科学技术的迅猛发展使许多无形资产的经济寿命难以准确预计，因而某项无形资产预计会给企业带来多少经济利益就难以准确预计，具有较大的不确定性。

（二）无形资产的分类

无形资产按照不同的标准可以分为不同的类别。

1. 按经济内容分类

无形资产按其所反映的经济内容不同，分为专利权、非专利技术、商标权、著作权、土地使用权和特许权等。

1）专利权

专利权是指国家专利主管机关依法授予发明创造专利申请人对其发明创造在法定期限内所享有的专有权利，包括发明专利权、实用新型专利权和外观设计专利权。专利权是允许其持有者独家使用或控制的特权，但它并不能保证一定能给持有者带来经济利益，如有的专利可能会被更有经济及价值的专利所淘汰等。一般而言，只有从外单位购入的专利或者自行开发并按照法律程序申请取得的专利，才能作为无形资产管理和核算。

2）非专利技术

非专利技术又称专有技术，是指未经公开也未申请专利，但在生产经营活动中已采用了的、不享有法律保护的，但为发明人所垄断，具有实用价值的各种技术和经验。例如，设计图纸、资料、数据、技术规范、工艺流程、材料配方、管理制度和方法等。非专利技术不需要到有关管理机关注册登记，只靠少数技术持有者采用保密方式维持其独占性。只要非专利技术不泄露，就可以由其持有者长期持有，没有固定的有效期。

3）商标权

商标是用来辨认特定的商品或劳务的标记。商标权是指专门在某类指定的商品或产品上使用特定的名称或图案的权利。商标经过注册登记，就获得了法律意义上的保护。

4）著作权

著作权又称版权，是指作者对其创作的文学、科学和艺术作品依法享有的某种特殊权利。著作权包括下列人身权和财产权，即发表权、署名权、修改权、保护作品完整权、复制权、发行权、出租权、展览权、表演权、放映权、广播权、信息网络传播权、设置权、改编权、汇编权，以及由著作权人享有的其他权利。

5）土地使用权

土地使用权是指国家准许某一企业在一定期间内对国有土地享有开发、利用、经营的权利。《中华人民共和国土地管理法》规定，我国土地实行公有制，任何单位和个人不得侵占、买卖或者以其他形式非法转让。企业取得土地使用权的方式大致有以下几种，即行政划拨取得、外购取得和投资者投资取得。通常情况下，作为投资性房地产或作为固定资产核算的土地，按投资性房地产或固定资产核算；已缴纳土地出让金方式取得的土地使用权，以投资者投资方式取得的土地使用权，作为无形资产核算。

6）特许权

特许权又称经营特许权、专营权，是指企业在某一特定地区经营或销售某种特定商品的权利，或是一家企业接受另一家企业使用其商标、商号、技术秘密等的权利。特许权通常有两种形式，一种是由政府授权，准许企业使用或在一定地区享有经营某种业务的权利，如烟草专卖权，水、电、邮电通信等专营权；另一种是企业间依照签订的合同，有限期或无限期使用另一家企业的某些权利，如连锁店分店使用总店的名称等。

2. 按取得方式分类

无形资产按取得方式分类，分为外部取得无形资产和内部自创无形资产。

1）外部取得无形资产

外部取得无形资产是指企业通过从国内外科研单位或其他企业购进、接受无形资产投资等方式取得的无形资产。

2）内部自创无形资产

内部自创无形资产是指企业自行开发、研制的无形资产。

3. 按经济寿命期限分类

无形资产按经济寿命期限分类，可以分为期限确定的无形资产和期限不确定的无形资产。

1）期限确定的无形资产

期限确定的无形资产是指在有关法律中规定有最长有效期限的无形资产，如专利权、商标权、著作权、土地使用权和特许权等。

2）期限不确定的无形资产

期限不确定的无形资产是指没有相应法律规定其有效期限，其经济寿命难以预先准确估计的无形资产，如非专利技术。这些无形资产的经济寿命取决于技术进步的快慢，以及技术保密工作的好坏，当新的可替代技术成果出现时，旧的非专利技术就会贬值；当技术不再是秘密时，也就无价值可言了。

（三）无形资产的确认条件

无形资产在符合定义的前提下，必须同时满足以下条件才能予以确认。

1. 与该无形资产有关的经济利益很可能流入企业

无形资产作为资产的重要组成部分，其确认条件与资产的确认条件一致。对于无形资产而言，如果某一项无形资产产生的经济利益预期不能流入企业，就不能确认为企业的无形资产。如果某一项无形资产产生的经济利益很可能流入企业，并同时满足无形资产确认的其他条件，则企业应将其确认为无形资产。例如，某企业外购一项专利权，从而拥有法定所有权，使企业的相关权利受到法律保护，企业从而能够控制该项无形资产所产生的经济利益，保证了与该无形资产有关的经济利益很可能流入企业。

企业在判断无形资产产生的经济利益是否很可能流入时，应当对无形资产在预计使用寿命内可能存在的各种经济因素做出合理估计，并且应当有明确证据支持。

2. 该无形资产的成本能够可靠计量

取得无形资产的成本能够可靠计量是无形资产确认的另一个重要条件。企业不论采用何种方式取得无形资产，必须能够准确地计量其成本，否则便不能将其确认为企业的无形资产。例如，一些高科技领域的高科技人才，假定其与企业签订了服务合同，且合同规定这些高科技人才在一定期限内不能为其他企业服务。在这种情况下，虽然这些高科技人才的知识在规定的期限内能够为企业创造经济利益，但由于这些高科技人才的知识难以准确或合理辨认，加之为形成这些知识所发生的成本难以计量，从而不能作为企业的无形资产加以确认。

（四）无形资产的账户设置

企业取得的无形资产应当按实际成本计量，即以取得无形资产并使之达到预定用途而发生的全部支出作为无形资产的成本。对于不同来源取得的无形资产，其成本构成不尽相同。企业应当设置"无形资产""研发支出"等科目进行无形资产的核算。

"无形资产"科目核算企业持有的无形资产成本，借方登记取得的无形资产成本，贷方登记出售无形资产时转出的无形资产账面余额，期末余额在借方，反映企业无形资产的成本。本科目按无形资产项目进行明细核算。

"研发支出"科目核算企业研究与开发无形资产过程中发生的各项支出，本科目按研究开发项目，分别设置"费用化支出""资本化支出"进行明细核算。企业自行开发无形资产发生的研发支出，不满足资本化条件的部分，借记"研发支出——费用化支出"，满足资本化条件的部分，借记"研发支出——资本化支出"。研究开发项目达到预定用途形成无形资产的，应将"研发支出——资本化支出"科目的借方余额转入"无形资产"科目，借记"无形资产"，贷记"研发支出——资本化支出"；期末应将"研发支出——费用化支出"科目借方归集的费用化支出转出"管理费用"科目，"研发支出——费用化支出"科目月末没有余额。"研发支出"科目的期末余额在借方，表示企业正在进行无形资产研究开发项目满足资本化条件的支出。

（五）取得无形资产的核算

1. 外购无形资产

外购无形资产的成本包括买价、相关税费以及直接归属于使该项资产达到预定用途所发生的其他支出。其中，直接归属于使该项资产达到预定用途所发生的其他支出，是指使无形资产达到预定用途所发生的专业服务费用、测试无形资产能否正常发挥作用的费用等，如公证费、鉴定费和注册登记费等。

以下费用不计入无形资产的初始成本中。

（1）为引入新产品进行宣传发生的广告费、管理费用及其他间接费用。

（2）无形资产已经达到预定用途以后发生的费用。例如，在形成预定经济规模之前发生的初始运作损失，以及在无形资产达到预定用途之前发生的其他经营活动的支出，如果该经营活动并非是无形资产达到预定用途必不可少的，则有关经营活动的损益应于发生时计入当期损益，而不构成无形资产的成本。

【例 5-25】任务导入中第一笔经济业务的原始凭证如表 5-18 和表 5-19 所示。

表 5-18　中国××银行转账支票存根示例（二）

中国××银行转账支票存根

Ⅸ　Ⅱ456123112

```
科目：_____
对方科目：_____
签发日期：2014 年 12 月 14 日
收款人：乙公司
金额：_____￥3 060 000.00
用途：__购买专利权___
备注：_____
```

单位主管　　　　会计

表 5-19　无形资产拨入单示例

无形资产拨入单

购入单位：甲公司　　　　　　　　　　　　2014 年 12 月 14 日

名称	单位	数量	单价	金额	备注
专利权	项	1	3 060 000	3 060 000	取得专利权 20 年
合计				3 060 000	

转出单位主管：程真　　　　　　　　转出单位：乙公司　　　　　　　　制单：王莉

分析以上经济业务可以发现：①甲公司购入的专利权符合无形资产的定义，即甲公司能够拥有或者控制该项专利技术，符合可辨认的条件，同时是不具有实物形态的非货币性资产。②甲公司购入的专利权符合无形资产的确认条件。首先，甲公司的某项生产活动需要乙公司已获得的专利技术，甲公司使用了该项专利技术，预计甲公司的生产能力比原先提高 20%，销售利润率增长 15%，即经济利益很可能流入；其次，甲公司购买该项专利权的成本为 3 000 000 元，另外支付相关税费和有关专业服务费用 6 万元，即成本能够可靠计量。由此，符合无形资产的确认条件。

无形资产初始计量的成本=3 000 000+10 000+50 000=3 060 000（元）

甲公司的账务处理如下。

借：无形资产——专利权　　　　　　　　　　　　　　　　　　　　3 060 000

　　贷：银行存款　　　　　　　　　　　　　　　　　　　　　　　　3 060 000

购买无形资产的价款如果超过正常信用条件延期支付，实质上具有了融资的性质，无形资产的成本以购买价款的现值为基础确定。实际支付的价款与购买价款的现值之间的差额，除按照《企业会计准则第 17 号——借款费用》应予资本化的以外，还应当在信用期间内计入当期损益。

2. 自行开发无形资产

要正确核算企业自行开发的无形资产的成本，必须将企业无形资产的研究开发过程进一步划分为研究阶段和开发阶段。

研究是指为获取并理解新的科学或技术知识而进行的独创性的有计划调查，如材料、设备、工艺等替代品的研究。研究阶段具有探索性，是为进一步开发活动所做的资料、技术等准备工作，已进行的研究活动将来能否转入开发，开发后是否会形成无形资产均具有很大程度的不确定性。因此，企业会计准则规定，企业内部研究开发项目研究阶段的支出，应当于发生时计入当期损益。此阶段费用发生时，借记"研发支出——费用化支出"，贷记"原材料""应付职工薪酬""银行存款"等科目。期末将"研发支出——费用化支出"科目借方归集的金额转入"管理费用"科目，借记"管理费用"，贷记"研发支出——费用化支出"。

开发是指在进行商业性生产或使用前，将研究成果或其他知识应用于某项计划或设计，以生产出新的或具有实质性改进的材料、装置、产品等，如新材料、新设备、新工艺等替代品的设计、建造和测试等。开发阶段相对于研究阶段更进一步，很大程度上已经具备形成一项新产品、新技术的基本条件，此时如果企业能够证明满足无形资产的定义及相关确认条件，则发生的开发支出可以资本化，确认为企业的无形资产成本。发生资本化支出时，借记"研发支出——资本化支出"，贷记"原材料""应付职工薪酬""银行存款"等科目，研究开发项目达到预定用途形成无形资产时，借记"无形资产"，贷记"研发支出——资本化支出"。

需要重点提示的是，并不是开发阶段的支出都应计入资本化支出。只有满足无形资产的定义及相关确认条件的开发支出才可以确认为资本化支出，确认条件如下。

（1）完成该无形资产以使其能够使用或出售在技术上具有可行性。

（2）具有完成该无形资产并使用或出售的意图。

（3）无形资产产生经济利益的方式，包括能够证明运用该无形资产生产的产品存在市场或无形资产自身存在市场，无形资产将在内部使用的，应当证明其有用性。

（4）有足够的技术、财务资源和其他资源支持，以完成该无形资产的开发，并有能力使用或出售该无形资产。

（5）归属于该无形资产开发阶段的支出能够可靠计量。

【例 5-26】 分析任务导入中第二笔经济业务。

首先，甲公司经董事会批准研发某项新产品专利技术，并认为完成该项新型技术无论从技术上，还是财务等方面能够得到可靠的资源支持，并且一旦研发成功将降低公司的生产成本，因此，符合条件的开发费用可以资本化。其次，甲公司在开发该项新型技术时，累计发生 1 000 万元的研究与开发支出，其中符合资本化条件的开发支出为 600 万元，其符合"归属于该无形资产开发阶段的支出能够可靠计量"的条件。

假定不考虑相关税费，该公司账务处理如下。

（1）相关费用发生时编制的会计分录如下。

借：研发支出——费用化支出   4 000 000

     研发支出——资本化支出   6 000 000

       贷：原材料   5 000 000

           应付职工薪酬   1 000 000

           银行存款   4 000 000

（2）期末结转费用化支出编制的会计分录如下。

借：管理费用   4 000 000

       贷：研发支出——费用化支出   4 000 000

（3）期末将已达使用状态的专利技术资本化支出转入无形资产编制的会计分录如下。

借：无形资产——专利权   6 000 000

       贷：研发支出——资本化支出   6 000 000

3. 投资者投入无形资产

投资者投入无形资产的成本，应当按照投资合同或协议约定的价值确定，但合同或协议约定价值不公允的除外。接受投资时，借记"无形资产"，贷记"实收资本"。如果无形资产的价值大于投资方在企业注册资本中占有的份额，其差额应该贷记"资本公积"。

【例 5-27】甲公司接受 A 公司以其所拥有的商标权作为出资，双方协议约定的价值为 900 000 元，按照市场情况估计其公允价值为 1 200 000 元，已办妥相关手续。该公司的账务处理如下。

借：无形资产——商标权   1 200 000

       贷：实收资本   900 000

           资本公积   300 000

4. 企业通过政府补助方式取得无形资产

政府补助是指企业从政府无偿取得货币性资产或非货币性资产，但不包括政府作为企业所有者投入的资本。政府补助通常具有一定的条件，主要包括政策条件和使用条件。政府向企业提供的补助具有无偿性特点。

政府补助分为与资产相关的政府补助和与收益相关的政府补助。与资产相关的政府补助，是指企业取得的，以及用于构建或以其他方式形成长期资产的政府补助。与收益相关的政府补助，是指除与资产相关的政府补助之外的政府补助。这里重点介绍与资产相关的政府补助的计量与核算。

企业取得的各种政府补助为货币性资产的，如通过银行转账等方式拨付的企业购买无形资产的财政拨款补助，通常按照实际收到的金额计量；企业取得的政府补助为非货币性资产的，应当按照公允价值计量，如果公允价值不能可靠的取得，则按照名义金额计量，名义金额为 1 元。

企业取得与资产相关的政府补助，不能直接确认为当期损益，应当确认为递延收益，自相关资产达到预定可使用状态时起，在该资产使用寿命期内平均分配，分次计入以后各期的损益（营业外收入）。相关资产在使用寿命结束前被出售、转让、报废或发生毁损的，应将尚未分配的递延收益余额一次性转入资产处置当期的损益（营业外收入）。

5. 通过非货币性资产交换取得无形资产

非货币性资产交换是指交易双方通过存货、固定资产、无形资产和长期股权投资等非货币性资产进行的交换，有时也涉及少量货币资产（即补价）。认定涉及少量货币性资产的交换为非货币性资产交换，通常以补价占整个资产交换金额的比例低于 25%作为参考。

企业通过非货币性资产交换取得无形资产时，是以换出的非货币性资产的公允价值和应支付的相关税费作为换入无形资产的成本；发生补价时，支付补价方应当以换出非货币性资产的公允价值加上支付的补价（即换入无形资产的公允价值）和相关税费作为无形资产的成本；收到补价方，应当以换出资产的公允价值减去补价（即换入无形资产的公允价值）和应支付的相关税费作为无形资产的成本。

6. 通过债务重组方式取得无形资产

通过债务重组方式取得无形资产，是指企业作为债权人取得的债务人用于偿还债务的非货币性的，且债权人将其作为无形资产管理的资产。通过债务重组方式取得的无形资产成本，应当以其公允价值计量。

第八节　任务八　无形资产的后续计量

一、任务导入

2012 年 1 月 1 日，甲公司从外单位购得一项非专利技术，支付价款 6 000 万元，款项已支付，估计该项非专利技术的使用寿命为 10 年，该项非专利技术用于产品生产；同时，购入一项商标权，支付价款 9 000 万元，款项已支付，估计该商标权的使用寿命为 15 年。假定这两项无形资产的净残值均为零，并按直线法摊销。2014 年 12 月 31 日，某公司对其拥有的一项无形资产进行减值测试，该无形资产的可收回金额为 35 000 元。该无形资产账面价值为 50 000 元，剩余摊销年限为 5 年。

二、任务分析

无形资产的后续计量，包括无形资产价值的摊销和无形资产减值准备的计提。
为了准确核算公司无形资产的摊销，需要按照以下流程完成工作。
根据无形资产明细账查询无形资产→对应无形资产原值及公司使用的摊销政策计算

各项无形资产的累计摊销→编制无形资产摊销计算表→编制记账凭证→传主管岗复核。

三、知识储备与任务实施

（一）无形资产后续计量的原则

企业取得无形资产后，在其使用该项无形资产期间内应以成本减去累计摊销额和累计减值损失的余额计量其账面价值。要计算无形资产在使用过程中的累计摊销额，必须确定无形资产的使用寿命。无形资产按使用寿命不同划分为使用寿命有限的无形资产和使用寿命不确定的无形资产。为企业带来经济利益的期限可预见的无形资产是使用寿命有限的无形资产；为企业带来未来经济利益的期限无法预见的无形资产是使用寿命不确定的无形资产。只有使用寿命有限的无形资产才需要在估计的寿命期内采用合理的方法进行摊销，使用寿命不确定的无形资产不需要摊销。

1. 估计无形资产的使用寿命

企业应当在取得无形资产之时分析判断其使用寿命。估计无形资产的使用寿命应主要考虑以下因素。

（1）该资产通常的寿命周期，以及可获得的类似资产使用寿命的信息。

（2）技术、工艺等方面的现实情况，以及对未来发展的估计。

（3）运用该资产生产的产品或服务的市场需求情况。

（4）现在或潜在的竞争者预期采取的行动。

（5）为维护该资产产生未来经济利益的能力、预期的维护支出，以及企业预计支付有关支出的能力。

（6）与该资产控制期限相关的法律规定或类似限制，如特许使用期、租赁期等。

（7）与企业持有的其他资产使用寿命的关联性等。

例如，企业以支付土地出让金方式取得一块土地使用权，使用期限为 50 年。如果企业准备持续持有，在 50 年内没有计划出售，则该土地使用权预期为企业带来经济利益的期间为 50 年。

2. 无形资产使用寿命的确定

某些无形资产的取得源自合同性权利或其他法定权利，其使用寿命不得超过合同性权利或其他法定权利规定的期限。如果企业使用该无形资产的预期期限短于合同性权利或其他法定权利规定的期限，则应当按照企业预期使用的期限确定其使用寿命。例如，企业取得一项新专利权，法律规定的保护期限为 15 年，企业预计使用该专利权生产的产品在未来 10 年会给企业带来经济利益，则该专利权的预计使用寿命为 10 年。

如果合同性权利或其他法定权利能够在到期时因续约等延续，当有证据表明企业续约不需要付出重大成本时，续约期才能够包括在使用寿命的估计中。下列情况下，一般说明企业无须付出重大成本即可获得合同延续权利或其他法定权利：①有证据表明合同性权利或法定权利将被重新延续，如果在延续之前需要第三方同意，则还需有第三方同意的证据；②有证据表明为获得重新延续所必需的所有条件将被满足，以及企业为延续持有的无形资产付出的成本相对于预期从重新延续中流入企业的未来经济利益相比不具有重要性。如果企业在延续无形资产持有期间时付出的成本与预期流入企业的未来经济利益相比具有重要性，则从本质上来看是企业获得了一项新的无形资产。

没有明确的合同或法律规定的无形资产，企业应当综合各方面的情况，如聘请相关专家进行论证或与同行业的情况进行比较，以及企业的历史经验等，确定无形资产为企业带来经济利益的期限。如果企业经过多种努力仍无法合理确定该无形资产为企业带来经济利益的期限，则可以将其确定为使用寿命不确定的无形资产。

3. 无形资产使用寿命的复核

企业至少应当于每年年度终了，对使用寿命有限的无形资产的使用寿命及摊销方法进行复核。无形资产的使用寿命及摊销方法与以前估计不同的，应当改变摊销期限和摊销方法。例如，某企业使用的某项专利权，预计使用寿命为 10 年，使用了 5 年后，预计再使用两年后就不再使用。则在第 5 年年末，企业应当变更该专利权的使用寿命，改变其摊销期限。

企业应当在每个会计期间对使用寿命不确定的无形资产的使用寿命进行复核。如果有证据表明无形资产的使用寿命是有限的，则应视为会计估计变更，应当估计其使用寿命，并按照使用寿命有限的无形资产处理原则与方法进行处理。

（二）使用寿命有限的无形资产的摊销

使用寿命有限的无形资产，应在其预计的使用寿命期限内采用系统合理的方法对应摊销金额进行摊销。应摊销金额，是指无形资产的成本扣除预计残值后的金额。已计提减值准备的无形资产，还应扣除已计提的无形资产减值准备累计金额。使用寿命有限的无形资产，其残值应当视为零，但下列情况除外：①有第三方承诺在无形资产使用寿命结束时购买该无形资产；②可以根据活跃市场得到预计残值信息，并且该市场在无形资产使用寿命结束时很可能存在。

无形资产的摊销期自其可使用时（即其达到预定用途）起至终止确认时止，即无形资产摊销的起始和停止日期如下：当月增加的无形资产，当月开始摊销；当月减少的无形资产，当月不再摊销。

无形资产摊销有多种方法，包括直线法、生产总量法等。企业选择的无形资产摊销方法，应当反映与该项无形资产有关的经济利益的预期实现方式。例如，受技术陈旧因素影响较大的专利权和专有技术等无形资产，可采用类似固定资产加速折旧的方法进行摊销；有特定产量限制的特许经营权或专利权，应采用产量法进行摊销。无法可靠确定预期实现方式的，应当采用直线法摊销。

无形资产的摊销金额一般应计入当期损益，但如果某项无形资产是专门用于生产某种产品的，其所包含的经济利益是通过转入所生产的产品中体现的，则无形资产的摊销金额应当作为所生产的产品的组成部分。例如，某项专门用于产品生产过程的无形资产，其摊销金额应当计入该产品的制造费用，作为该产品成本的组成部分。

企业应当设置"累计摊销"科目核算使用寿命有限的无形资产计提的摊销额。该科目属于"无形资产"的调整科目，贷方登记企业计提的无形资产摊销额，借方登记处置无形资产时转出的累计摊销额，期末贷方余额反映企业无形资产的累计摊销额。该科目按无形资产项目进行明细核算。

（三）使用寿命不确定的无形资产

企业若确实无法合理估计某项无形资产的使用寿命，则应将其作为使用寿命不确定的无形资产进行核算。对于使用寿命不确定的无形资产，在持有期间不需要摊销，但应在每个会计期间进行减值测试。其减值测试方法按照资产减值确认的原则进行，需要计提减值准备的，进行相应减值准备的计提处理。

（四）无形资产的减值

企业应当在资产负债表日判断无形资产是否存在可能减值的迹象。有确凿证据表明无形资产存在减值迹象时，应进行减值测试，估计其可收回金额。无形资产的可收回金额应当根据资产的公允价值减去处置费用后的净额与资产预计未来现金流量的现值两者之间高者确定。当计算出的可收回金额低于账面价值时，应当将该无形资产的账面价值减至可收回金额，减记的金额确认为资产减值损失计入当期损益，同时计提相应减值准备，借记"资产减值损失"，贷记"无形资产减值准备"。无形资产减值损失一经确认，在以后会计期间不得转回。

（五）无形资产的会计处理

【例5-28】任务导入的第一笔经济业务中，甲公司外购的非专利技术的估计使用寿命为10年，表明该项无形资产是使用寿命有限的无形资产，且该项无形资产用于产品生产，因此，应当将其摊销金额计入相关产品的制造成本。甲公司外购的商标权的估计使用寿命为15年，表明该项无形资产同样也是使用寿命有限的无形资产，而商标权的摊销金额通常直接计入当期管理费用。

甲公司的账务处理如下。

（1）取得无形资产时编制的会计分录如下。

借：无形资产——非专利技术　　　　　　　　　　　　　　　60 000 000
　　　　　　——商标权　　　　　　　　　　　　　　　　90 000 000
　　贷：银行存款　　　　　　　　　　　　　　　　　　　150 000 000

（2）按月摊销时编制的会计分录如下。

非专利技术每月摊销额=60 000 000÷10÷12=500 000（元）

商标权每月摊销额=90 000 000÷15÷12=500 000（元）

借：制造费用——非专利技术　　　　　　　　　　　　　　500 000
　　管理费用——商标权　　　　　　　　　　　　　　　　500 000
　　贷：累计摊销　　　　　　　　　　　　　　　　　　1 000 000

如果甲公司 2013 年 12 月 31 日根据科学技术发展的趋势判断，2012 年购入的该项非专利技术在 4 年后将被淘汰，不能再为企业带来经济利益，决定对其再使用 4 年后不再使用。为此，甲公司应当在 2013 年 12 月 31 日据此变更该项非专利技术的估计使用寿命，并按会计估计变更进行处理。

2013 年 12 月 31 日该项无形资产累计摊销金额为 12 000 000（500 000×12×2）元，2014 年该项无形资产的月摊销金额为 1 000 000 [（60 000 000–12 000 000）÷4÷12] 元。

甲公司 2014 年对该项非专利技术按年摊销的账务处理如下。

借：制造费用——非专利技术　　　　　　　　　　　　　　　　1 000 000
　　贷：累计摊销　　　　　　　　　　　　　　　　　　　　　　　1 000 000

【例 5-29】甲公司 2014 年 12 月 31 日的无形资产计算表如表 5-20 所示。

表 5-20　无形资产摊销计算表示例

无形资产摊销计算表

2014 年 12 月 31 日

项目	原值	用途	摊销年限	已摊销额	本月摊销额
专利权 A	3 060 000	产品生产	20 年	0	12 750
专利权 B	60 000 000	产品生产	20 年	0	250 000
商标权 A	1 200 000		10 年	0	10 000
商标权 B	90 000 000		15 年	17 500 000	500 000
非专利技术	60 000 000	产品生产	10 年	17 500 000	500 000
合计	214 260			35 000 000	1 272 750

根据表 5-20 的无形资产摊销计算表，摊销费用分配的会计处理如下。

借：制造费用　　　　　　　　　　　　　　　　　　　　　　762 750
　　管理费用　　　　　　　　　　　　　　　　　　　　　　510 000
　　贷：累计折旧　　　　　　　　　　　　　　　　　　　　　1 272 750

【例 5-30】任务导入的第二笔经济业务会计处理如下。

借：资产减值损失——计提的无形资产减值准备　　　　　　　15 000
　　贷：无形资产减值准备　　　　　　　　　　　　　　　　　　15 000

第九节　任务九　无形资产的处置

一、任务导入

2014 年 12 月 1 日，甲公司将其拥有的一项专利权出租给甲企业使用，该专利权的的账面余额为 960 000 元，摊销期限为 10 年。出租合同规定，甲企业每月支付 50 000 元的专利权使用费。该公司派出技术服务人员发生服务费 3 000 元，以银行存款支付。假定不考虑其他相关税费。甲公司将一项专利权出售，取得收入 90 000 元，应交营业税 4 500 元。该专利权的账面余额为 70 000 元，累计摊销额为 8 000 元，未计提减值准备。

二、任务分析

无形资产的处置，主要是指无形资产出售、对外出租、对外捐赠，或者是无法为企业带来未来经济利益时，应予转销并终止确认。

三、知识储备与任务实施

（一）无形资产的出租

无形资产的出租是指企业将所拥有的无形资产的使用权让渡给他人，并收取租金的行为。企业出租无形资产应确认相关的收入及成本。

出租无形资产取得的租金收入，借记"银行存款"等科目，贷记"其他业务收入"等科目；摊销出租无形资产的成本并发生与转让有关的各种费用支出时，借记"其他业务成本"，贷记"累计摊销"等科目。

【例 5-31】任务导入中第一笔业务甲公司账务处理如下。

（1）取得专利权使用费时编制的会计分录如下。

借：银行存款 　　　　　　　　　　　　　　　　　　　　　　50 000

　　贷：其他业务收入 　　　　　　　　　　　　　　　　　　　　50 000

（2）发生服务费时编制的会计分录如下。

借：其他业务成本 　　　　　　　　　　　　　　　　　　　　　3 000

　　贷：银行存款 　　　　　　　　　　　　　　　　　　　　　　3 000

（3）按月对该项专利权进行摊销时编制的会计分录如下。

借：其他业务成本 　　　　　　　　　　　　　　　　　　　　　8 000

　　贷：累计摊销 　　　　　　　　　　　　　　　　　　　　　　8 000

（二）无形资产的出售

企业出售无形资产，意味着企业放弃了该无形资产的所有权，企业应当将无形资产的账面余额全部转出，并将所取得的价款与该无形资产账面价值的差额计入当期损益。

出售无形资产时，应按实际收到的金额，借记"银行存款"等科目，按已计提的累计摊销额，借记"累计摊销"，按已计提的无形资产减值准备，借记"无形资产减值准备"；按照无形资产的账面价值，贷记"无形资产"，按应支付的相关税费，贷记"应交税费——应交营业税"，按其差额，贷记"营业外收入——非流动资产处置利得"，或借记"营业外支出——非流动资产处置损失"。

【例 5-32】任务导入中第二笔业务原始凭证如表 5-21~表 5-23 所示。

表 5-21 无形资产转让拨出单示例

无形资产转让拨出单

受让单位：东方有限责任公司

转让单位：甲公司 2014 年 12 月 6 日

名称	单位	数量	已摊销额	已提减值准备	账面余额	评估确认价值	备注
专利权	项	1	8 000		70 000	90 000	
合计					70 000	90 000	

转出单位主管： 制单：

表 5-22 应交营业税计算表示例

应交营业税计算表

2014 年 12 月 6 日

项目	转让收入	税率	应纳税额
转让无形资产	90 000	5%	4 500
合计	90 000		4 500

表 5-23 中国××银行进账单（收账通知）示例

中国××银行进账单（收账通知）

2014 年 12 月 6 日

出票人	全称	东方有限责任公司	收款人	全称	甲公司										此联收款人开户银行交给收款人的收账通知
	账号	16030058565702698		账号	×××										
	开户银行	××行		开户银行	××行	千	百	十	万	千	百	十	元	角	分
人民币 （大写） 玖万元整								￥	9	0	0	0	0	0	0
票据种类		支票													
票据张数															
单位主管张玉 会计 李成 复核孙阳 记账王会						收款人开户行盖章									

甲公司出售专利权的账务处理如下。

借：银行存款   90 000

  累计摊销   8 000

  贷：无形资产   70 000

    应交税费——应交营业税   4 500

    营业外收入   23 500

（三）无形资产的报废

如果无形资产预期不能为企业带来经济利益，不再符合无形资产的定义，企业就应将该项无形资产报废并转销其价值。例如，无形资产被其他新技术所替代，不能为企业带来经济利益。

　　无形资产报废时，应按其累计摊销额，借记"累计摊销"，按已计提的减值准备，借记"无形资产减值准备"；按其账面余额，贷记"无形资产"；按其差额，借记"营业外支出——非流动资产处置损失"。

　　【例 5-33】甲公司一项专利技术已被其他新技术替代，该项专利技术不能再为企业带来经济利益，应予以注销。该专利技术账面余额为 2 000 000 元，摊销期限为 10 年，采用直线法进行摊销，已摊销 7 年。该项专利技术的残值为零，计提的减值准备金额为 100 000 元。假定不考虑其他相关因素，则该公司的账务处理如下。

　　借：累计摊销　　　　　　　　　　　　　　　　　　　　　1 400 000
　　　　无形资产减值准备　　　　　　　　　　　　　　　　　　100 000
　　　　营业外支出——非流动资产处置损失　　　　　　　　　　500 000
　　　　贷：无形资产　　　　　　　　　　　　　　　　　　　　　2 000 000

本 章 小 结

　　长期资产是企业拥有的变现周期在一年以上或者一个营业周期以上的资产。本章主要核算固定资产和无形资产业务。

　　固定资产是企业重要的劳动资料，固定资产的多少反映一个企业的投资规模。《企业会计准则第 4 号——固定资产》指出"固定资产，是指同时具有下列特征的有形资产：（一）为生产商品、提供劳务、出租或经营管理而持有的；（二）使用寿命超过一个会计年度"。固定资产核算内容包括固定资产概述、固定资产取得、固定资产折旧、固定资产后续支出、固定资产处置、期末计价及固定资产清查。

　　本章介绍了无形资产的概念与确认条件，重点讲解了无形资产的初始计量与后续计量，以及无形资产的处置。无形资产的取得方式有外部购入、自行开发和投资者投入等多种方式。无形资产的取得方式不同，其成本构成及会计核算方式也不相同。要正确核算企业自行开发的无形资产的成本，必须将企业无形资产的研究开发过程划分为研究阶段和开发阶段。

　　本章重点是固定资产判断条件、固定资产取得的会计处理、固定资产折旧的方法和会计处理、固定资产的处置，以及固定资产的期末计价、无形资产的自行研发。

　　本章的难点是固定资产的折旧方法、固定资产减值的意义、确认减值的标准，以及固定资产减值的会计处理，无形资产研发中资本化和费用化支出的划分。

问 题 思 考

　　1. 固定资产的概念与特征是什么？
　　2. 确认固定资产有哪些条件？
　　3. 固定资产如何分类？
　　4. 如何进行固定资产初始计量的核算？

5. 固定资产折旧计算方法有几种？如何进行计算？各种方法的特点如何？

6. 固定资产后续支出的会计核算的原则是什么？

7. 固定资产处置包括哪些？如何进行会计核算？

8. 如何进行固定资产期末计量的核算？

9. 固定资产折旧与固定资产减值准备有何区别？

10. 什么是无形资产？无形资产有哪些特征？

11. 无形资产包括哪些内容？

12. 不同取得方式下无形资产的核算有何不同？

13. 如何确定自行开发的无形资产的成本？

14. 估计无形资产的使用寿命应主要考虑哪些因素？

15. 如何进行无形资产的减值测试？

项目五　　　　　　　　　项目五　　　　　　　项目五　企业内部控制
学习指导　　　　　　　　习题　　　　　　　　　──无形资产（实例）

项目五　《企业会计准则　　项目五　《企业会计准则
第 4 号──固定资产》　　　第 6 号──无形资产》

第六章 项目六 职工薪酬岗位

【知识目标】通过学习了解职工薪酬岗位的核算任务，熟悉职工薪酬的内容、计算及发放，掌握职工薪酬岗位的业务核算流程，掌握职工薪酬的核算方法。

【能力目标】能够判断职工薪酬的构成内容；能够进行职工薪酬的账务处理；掌握货币及非货币性职工薪酬账务处理方法。

【关键词】应付职工薪酬；工资；福利费；非货币性福利

一、任务导入

某公司发生下列应付职工薪酬业务。

（1）发放上月工资 350 000 元。

（2）将自产产品作为福利发放给职工，成本 80 000 元，市价 100 000 元。

（3）支付职工食堂补贴 20 000 元。

（4）根据"工资结算汇总表"结算本月应付职工薪酬，其中生产工人工资 80 000 元，车间管理人员工资 20 000 元，公司管理人员工资 120 000 元，专设销售机构人员工资 60 000 元，在建工程人员工资 70 000 元。

二、任务分析

职工薪酬岗位是重要的会计岗位之一。为了做好职工薪酬的核算工作，企业单位的会计机构可以按照岗位责任制的要求设置职工薪酬会计岗位，主要工作如下。

（1）严格按照本单位工资、奖金核算办法支付工资和各种奖金，定期组织工资发放。

（2）每月根据考勤表或计件工资统计表→依据出勤天数、岗位标准、各种补贴和奖金分配方案等有关内容→正确编制工资结算表、办理代扣各种款项→进行账务处理。

（3）依据国家规定→提取职工福利费、职工教育经费、工会经费等有关费用→进行账务处理。

（4）按照工资支付对象和成本核算的要求→编制工资费用分配表→向有关部门提供工资分配的明细资料→进行工资分配账务处理。

三、知识储备与任务实施

（一）职工薪酬的含义和内容

职工薪酬是指企业为获得职工提供的服务而给予各种形式的报酬及其他相关支出，包括职工在职期间和离职后提供给职工的全部货币性薪酬和非货币性薪酬，既包括提供给职工本人的薪酬，也包括提供给职工配偶、子女等的福利。

职工薪酬的主要内容包括以下几点。

（1）职工工资、奖金、津贴和补贴，是指构成工资总额的计时工资、计件工资、支付给职工的超额劳动报酬和增收节支的劳动报酬，为了补偿职工特殊或额外的劳动消耗和因其他特殊原因支付给职工的津贴，以及为了保证职工工资水平不受物价影响支付给职工的物价补贴等。

（2）职工福利费，主要是尚未实行医疗统筹企业职工的医疗费用、职工因公负伤赴外地就医路费、职工生活困难补助，以及按照国家规定开支的其他职工福利支出。

（3）医疗保险费、养老保险费、失业保险费、工伤保险费和生育保险费等社会保险费，是指企业按照国务院、各地方政府规定的基准和比例计算，向社会保险经办机构缴纳的医疗保险费、养老保险费、失业保险费、工伤保险费和生育保险费。企业按照年金计划规定的基准和比例计算，向企业年金管理人缴纳的补充养老保险，以及企业以购买商业保险形式提供给职工的各种保险待遇属于企业提供的职工薪酬，应当按照职工薪酬的原则进行确认、计量和披露。

（4）住房公积金，是指企业按照国家规定的基准和比例计算，向住房公积金管理机构缴存的住房公积金。

（5）工会经费和职工教育经费，是指企业为了改善职工文化生活，为职工学习先进技术和提高文化水平和业务素质，用于开展工会活动和职工教育及职业技能培训等相关支出。

（6）非货币性福利，是指企业以自己的产品或外购商品发放给职工作为福利，企业提供给职工无偿使用自己拥有的资产或租赁资产供职工无偿使用等。

（7）辞退福利，是指在职工劳动合同尚未到期之前解除与职工的劳动关系，或者为鼓励职工自愿接受裁减而提出补偿建议的计划中给予职工的经济补偿。例如，企业因实施重组、改组计划，职工不能胜任等原因导致企业解除与职工的劳动关系而给予职工的补偿。

（8）其他与获得职工提供的服务相关的支出，是指除上述七种薪酬以外的其他为获得职工提供的服务而给予的薪酬，如企业提供给职工以权益形式结算的认股权，以现金形式结算但以权益工具公允价值为基础确定的现金股票增值权等。

总之，从薪酬的涵盖时间和支付形式来看，职工薪酬包括企业在职工在职期间和离职后给予的所有货币性薪酬和非货币性福利；从薪酬的支付对象来看，职工薪酬包括提供给职工本人及其配偶、子女或其他被赡养人的福利，如支付给因公伤亡职工的配偶、子女或其他被赡养人的抚恤金。

（二）应付职工薪酬的会计核算

企业应当在职工服务期间，根据受益对象，将应付的职工薪酬确认为一项负债，同时根据职工提供服务的受益对象，将其计入相关资产成本或当期损益，具体分为以下几种情况。

（1）对于为企业生产产品或提供劳务服务的职工发生的应付职工薪酬，应当计入产品成本或劳务成本。

（2）对于为企业日常行政管理、财务管理、人员管理等提供服务的职工发生的应付职工薪酬，应当计入当期管理费用。

（3）对于为企业销售商品提供服务的职工发生的应付职工薪酬，应当计入当期销售费用。

（4）对于为企业在建工程项目提供服务的职工发生的应付职工薪酬，应当计入固定资产的初始成本。

（5）对于为企业无形资产开发提供服务的职工发生的应付职工薪酬，符合资本化条件的，应当计入无形资产的初始成本。

企业应当设置"应付职工薪酬"核算根据有关规定应付给职工的各种薪酬，并按照"工资"、"职工福利"、"社会保险费"、"住房公积金"、"工会经费"、"职工教育经费"、"非货币性福利"、"辞退福利"和"股份支付"等进行明细核算。

1. 应付工资

工资总额是指企业在一定时期应该支付给职工的劳动报酬总数。企业的工资总额一般由计时工资、计件工资、奖金、津贴和补贴、加班加点工资及特殊情况下支付的工资六个部分组成。

（1）计时工资。计时工资是按照职工的计时工资标准和工作时间支付给职工的劳动报酬。

（2）计件工资。计件工资是按照计件工资标准和职工完成工作的数量支付给职工的劳动报酬。计件工资分为个人计件工资和集体计件工资。

（3）奖金。奖金是按照职工的超额劳动工作量和增收节支业绩支付给职工的劳动报酬，如综合奖、节约奖等。

（4）津贴和补贴。津贴是为了补偿职工特殊或额外的劳动消耗和其他特殊原因支付给职工的劳动报酬，如保健津贴等；补贴是为了保证职工的工资水平不受物价变动的影响支付给职工的劳动报酬，如物价补贴等。

（5）加班加点工资。加班加点工资是按照规定的标准和职工加班加点的时间支付给职工的劳动报酬，如节日加班工资等。

（6）特殊情况下支付的工资。特殊情况下支付的工资是按照国家法律、法规和政策规定支付给职工的非工作时间的劳动报酬，如病假、产假、探亲假工资等。

1）工资的核算

工资的核算分为工资结算的核算和工资分配的核算。工资结算包括工资的计算和工资的发放。一般来说，企业发放工资的时间在月度的上、中旬，无法统计职工当月的出勤时间或产量，往往按照上月的出勤和产量记录发放当月的工资。

企业有时还为某些部门代扣一些款项，如代扣社会保险费、住房公积金，应付职工的工资总额减去代扣款，即为实际应该发给职工的现金。为了反映企业工资总额的构成，便于进行工资结算的核算，企业应编制工资结算汇总表。工资结算汇总表一般应按照职工类别和工资总额构成项目分别反映。为了反映企业工资的结算和分配，应在"应付职工薪酬"下设置"工资"明细科目。

企业在发放工资时，应按照实发工资数额，借记"应付职工薪酬——工资"，贷记"银行存款""库存现金"等；结转代扣款时，借记"应付职工薪酬——工资"，贷记"其他应付款"等；结转代扣个人所得税时，借记"应付职工薪酬——工资"，贷记"应交税费"。

【例 6-1】甲公司 2014 年 7 月工资结算汇总表如表 6-1 所示。

表 6-1　2014 年 7 月工资结算汇总表　　　　单位：元

项目	应付工资					代扣款	代扣个人所得税	实发工资
	计时工资	计件工资	奖金	津贴和补贴	合计			
生产工人	58 000	10 000	8 000	4 000	80 000	1 000	300	78 700
车间管理人员	3 000		1 000	500	4 500	200		4 300
行政管理人员	31 000		8 700	5 600	45 300	3 200	125	41 975
销售人员	8 000		12 000	8 200	28 200	1 500	65	26 635
在建工程人员	5 400		2 300	6 000	13 700	800	90	12 810
合计	105 400	10 000	32 000	24 300	171 700	6 700	580	164 420

通过银行转账方式，实际发放工资 164 420 元。

借：应付职工薪酬——工资　　　　　　　　　　　　　164 420
　　贷：银行存款　　　　　　　　　　　　　　　　　　164 420

结转代扣款 6 700 元。

借：应付职工薪酬——工资　　　　　　　　　　　　　　6 700
　　贷：其他应付款　　　　　　　　　　　　　　　　　　6 700

结转代扣个人所得税 580 元。

借：应付职工薪酬——工资　　　　　　　　　　　　　　　580
　　贷：应交税费——应交个人所得税　　　　　　　　　　　580

2）工资分配

工资分配是指将企业应付的工资，于月末按照用途分配计入相关的成本费用。一般来说，生产车间职工工资计入产品成本，其中生产工人的工资借记"生产成本"，车间管理人员的工资借记"制造费用"；销售人员的工资借记"销售费用"；在建工程人员工资借记"在建工程"；自行开发无形资产人员工资借记"研发支出"；其他人员的工资借记"管理费用"；应支付职工工资总额贷记"应付职工薪酬——工资"。为了便于进行工资分配的核算，企业一般会编制工资分配汇总表。

【例 6-2】甲公司 10 月的工资分配汇总表如表 6-2 所示，根据工资分配汇总表，编制的会计分录如下。

借：生产成本　　　　　　　　　　　　　　　　　　　　　　　　　80 000
　　制造费用　　　　　　　　　　　　　　　　　　　　　　　　　　4 500
　　管理费用　　　　　　　　　　　　　　　　　　　　　　　　　 45 300
　　销售费用　　　　　　　　　　　　　　　　　　　　　　　　　 28 200
　　在建工程　　　　　　　　　　　　　　　　　　　　　　　　　 13 700
　　贷：应付职工薪酬——工资　　　　　　　　　　　　　　　　　171 700

表 6-2　　2014 年 10 月工资分配汇总表　　　　　　　　　　　单位：元

应借科目	生产工人	车间管理人员	企业管理人员	销售人员	在建工程人员	合计
生产成本	80 000					80 000
制造费用		4 500				4 500
管理费用			45 300			45 300
销售费用				28 200		28 200
在建工程					13 700	13 700

2. 应付福利费

在我国，企业职工从事生产经营活动除了领取劳动报酬以外，还享受一定的福利补助，如医疗费、独生子女保健费、困难补助等。为了反映职工福利的支付与分配情况，应在"应付职工薪酬"下设置"职工福利"明细科目。

1）应付福利费的支出

企业发生福利费支出时，应借记"应付职工薪酬——职工福利"，贷记有关科目。

【例 6-3】甲公司 11 月用现金支付职工生活困难补助 800 元，编制会计分录如下。

借：应付职工薪酬——职工福利　　　　　　　　　　　　　　　　　 800
　　贷：库存现金　　　　　　　　　　　　　　　　　　　　　　　　 800

2）应付福利费的分配

月末，企业应按照用途对发生的职工福利费进行分配。在各月实际发生的职工福利费相差不多的情况下，可以根据实际发生的金额进行分配；如果各月发生的职工福利费相差较大，则应根据估计的金额进行分配。

企业分配职工福利费时，应借记"生产成本"、"制造费用"、"管理费用"、"销售费用"、"在建工程"和"研发支出"等，贷记"应付职工薪酬——职工福利"。

3. 应付社会保险费和住房公积金

社会保险费是按国家规定由企业和职工共同负担的费用，包括医疗保险费、养老保险费、失业保险费、工伤保险费和生育保险费等。住房公积金是按照国家规定由企业和职工共同负担用于解决职工住房问题的资金。为了反映社会保险费和住房公积金的提取与缴纳情况，应在"应付职工薪酬"下设置"社会保险费"和"住房公积金"明细科目。

1）社会保险费和住房公积金的计提

应由职工个人负担的社会保险费和住房公积金，属于职工工资的组成部分，应根据职工工资的一定比例计算，并在职工工资中扣除。借记"应付职工薪酬——工资"，贷记

"其他应付款"。

应由企业负担的社会保险费和住房公积金，应在职工为其提供服务的会计期间，根据职工工资的一定比例计算，并按照规定的用途进行分配。借记"生产成本"、"制造费用"、"管理费用"、"销售费用"、"在建工程"和"研发支出"等，贷记"应付职工薪酬——社会保险费（或住房公积金）"。

2）社会保险费和住房公积金的缴纳

企业缴纳社会保险费和住房公积金时，应按职工负担部分，借记"其他应付款"，按企业负担部分，借记"应付职工薪酬——社会保险费"和"应付职工薪酬——住房公积金"；按缴纳的全部社会保险费和住房公积金，贷记"银行存款"。

4. 应付工会经费和职工教育经费

1）工会经费和职工教育经费的计提

工会经费是按照国家规定由企业负担的用于工会活动方面的经费。职工教育经费是按国家规定由企业负担的用于职工教育培训方面的经费。为了反映工会经费和职工教育经费的提取及使用情况，应在"应付职工薪酬"下设置"工会经费"和"职工教育经费"明细科目。

企业计提工会经费和职工教育经费时，应根据职工工资的一定比例计算，并按职工工资的用途进行分配，借记"生产成本"、"制造费用"、"管理费用"、"销售费用"、"在建工程"和"研发支出"等，贷记"应付职工薪酬——工会经费（或职工教育经费）"。

2）工会经费和职工教育经费的使用

企业的工会作为独立法人，一般可以在银行独立开户，实行独立核算。企业划拨工会经费时，应借记"应付职工薪酬——工会经费"，贷记"银行存款"。如果企业的工会经费由企业代管，则在发生工会经费支出时，借记"应付职工薪酬——工会经费"，贷记有关科目。

企业计提的职工教育经费，一般由企业代管，发生各项支出时，借记"应付职工薪酬——职工教育经费"，贷记有关科目。

【例6-4】甲公司2014年10月职工薪酬明细表如表6-3所示。

表6-3　2014年10月职工薪酬明细表　　　　　　　　单位：元

项目 / 薪酬	计提基数	医疗保险（10%）	基本养老保险（20%）	住房公积金（10%）	工会经费（2%）	职工教育经费（1.5%）	提取合计
生产成本	80 000	8 000	16 000	8 000	1 600	1 200.00	34 800.00
制造费用	4 500	450	900	450	90	67.50	1 957.50
管理费用	45 300	4 530	9 060	4 530	906	679.50	19 705.50
销售费用	28 200	2 820	5 640	2 820	564	423.00	12 267.00
在建工程	13 700	1 370	2 740	1 370	274	205.50	5 959.50
合计	171 700	17 170	34 340	17 170	3 434	2 575.50	74 689.50

公司在分配工资、职工福利费、各种社会保险费、住房公积金、工会经费和职工教

育经费等职工薪酬时，应作如下账务处理。

借：生产成本	34 800
制造费用	1 957.50
管理费用	19 705.50
销售费用	12 267
在建工程	5 959.50
贷：应付职工薪酬——社会保险费	51 510
——住房公积金	17 170
——工会经费	3 434
——职工教育经费	2 575.5

5. 应付非货币性福利

1）非货币性福利的支付

非货币性福利是指企业以非货币性资产支付给职工的薪酬，主要包括企业以自己的产品或其他有形资产发放给职工作为福利，向职工无偿提供自己拥有的资产供其使用，以及为职工无偿提供类似医疗保健服务等。为了反映非货币性福利的支付与分配情况，应在"应付职工薪酬"下设置"非货币性福利"明细科目。

企业以其生产的产品或外购商品作为非货币性福利提供给职工的，应当作为正常产品（商品）销售处理，按照该产品（商品）的公允价值确定非货币性福利金额，借记"应付职工薪酬——非货币性福利"，贷记"主营业务收入""应交税费——应交增值税（销项税额）"。

企业无偿向职工提供住房等资产使用的，应当根据该住房每期应计提的折旧确定非货币性福利金额，借记"应付职工薪酬——非货币性福利"，贷记"累计折旧"等。租赁住房等资产供职工无偿使用的，应当根据每期应付的租金确定非货币性福利金额，借记"应付职工薪酬——非货币性福利"，贷记"银行存款"等科目。

2）非货币性福利的分配

企业应按照用途对实际发生的非货币性福利进行分配。企业分配非货币性福利时，应借记"生产成本"、"制造费用"、"管理费用"、"销售费用"、"在建工程"和"研发支出"等，贷记"应付职工薪酬——非货币性福利"。

【例 6-5】甲公司根据 2014 年 11 月发生的有关非货币性福利业务，编制会计分录如下。

（1）作为福利向生产工人发放自产的饮料一批，成本为 1 500 元，不含税的销售价格为 2 000 元，增值税为 340 元。

借：应付职工薪酬——非货币性福利	2 340
贷：主营业务收入	2 000
应交税费——应交增值税（销项税额）	340
借：主营业务成本	1 500
贷：库存商品	1 500

（2）计提为管理人员无偿提供住房的折旧费1 800元。

借：应付职工薪酬——非货币性福利　　　　　　　　　　　1 800

　　贷：累计折旧　　　　　　　　　　　　　　　　　　　　　　1 800

（3）按照用途对发生的非货币性福利进行分配。

借：生产成本　　　　　　　　　　　　　　　　　　　　　2 340

　　管理费用　　　　　　　　　　　　　　　　　　　　　1 800

　　　贷：应付职工薪酬——非货币性福利　　　　　　　　　　4 140

6. 因解除与职工的劳动关系给予的补偿

1）解除劳动关系补偿的提取

因解除与职工的劳动关系给予的补偿是指企业为职工发放的辞退福利。辞退福利一般包括两方面的内容：一是在职工劳动合同尚未到期前，不论职工本人是否愿意，企业决定解除与职工的劳动关系而给予的补偿；二是在职工劳动合同尚未到期前，为鼓励职工自愿接受裁减而给予的补偿，职工有权利选择继续在职或接受补偿离职。辞退福利通常采取解除劳动关系时一次性支付补偿的方式，也有通过提高退休后养老金或其他离职后福利标准的方式，或者将职工薪酬的工资部分支付到辞退后未来某一期末。

企业在职工劳动合同到期之前解除与职工的劳动关系，或者为鼓励职工自愿接受裁减而提出给予补偿的建议，同时满足下列条件的，应当确认因解除与职工的劳动关系给予补偿而产生的应付职工薪酬，同时计入当期损益。

由于被辞退职工不再能给企业带来任何经济利益，辞退福利应当计入当期费用而不计入资产成本。企业应当根据已确定的解除劳动关系计划或自愿裁减建议，借记"管理费用"，贷记"应付职工薪酬——辞退福利"。职工虽然没有与企业解除劳动合同，但未来不再为企业带来经济利益，企业承诺提供实质上具有辞退福利性质的经济补偿，比照辞退福利处理。

2）解除劳动关系补偿的支付

企业实际支付辞退福利时，应借记"应付职工薪酬——辞退福利"，贷记"银行存款"等。

本 章 小 结

职工薪酬是指企业为获得职工提供的服务而给予各种形式的报酬及其他相关支出，包括职工工资、奖金、津贴和补贴，职工福利费，社会保险费，住房公积金，工会经费和职工教育经费，非货币性福利，因解除与职工的劳动关系给予的补偿，以及其他与获得职工提供的服务相关的支出。

企业在发放工资时，应按照实发工资数额，借记"应付职工薪酬——工资"，贷记"银行存款"等；结转代扣款时，借记"应付职工薪酬——工资"，贷记"其他应付款"等；结转代扣个人所得税时，借记"应付职工薪酬——工资"，贷记"应交税费"。

　　工资分配是指将企业应付的工资，于月末按照用途分配计入相关的成本费用。一般来说，生产车间职工工资计入产品成本，其中生产工人的工资借记"生产成本"，车间管理人员的工资借记"制造费用"；销售人员的工资借记"销售费用"；在建工程人员工资借记"在建工程"；贷记"应付职工薪酬——工资、职工福利"等。

问 题 思 考

　　1. 应付职工薪酬核算的内容包括哪些？

　　2. 职工薪酬的确认原则是什么？

项目六	项目六	项目六　《企业会计准则
学习指导	习题	第 9 号——职工薪酬》

第七章 项目七 资金筹集岗位与投资岗位核算

第一节 任务一 权益资金的核算

【**知识目标**】通过学习了解资金筹集岗位的核算任务，熟悉实收资本（或股本）的管理规定，掌握实收资本（或股本）账户的账务处理流程和会计核算方法。掌握资本公积的含义与来源、留存收益的内容及盈余公积的用途和计提原则。

【**能力目标**】掌握公司制企业接受投入资本的处理能力，能对资本公积、盈余公积和未分配利润业务计算与会计处理。

【**关键词**】资金筹集；投入资金；岗位职责

所有者权益是企业投资人对企业净资产的所有权。一般来说，所有者在企业中权力的大小取决于投入企业的资本金在企业的资本总额中所占份额的大小，投入资本所占的比例越大，投资者在企业中的权利就越大，反之则小。本节以接受投资、资本溢价、留存收益业务为载体，通过所有者权益涉及的原始凭证，指导学生编制记账凭证，以便学生更好地掌握所有者权益的核算过程。

一、任务导入

甲公司计划扩大生产规模，目前公司的注册资本为 5 000 万元，增资后的注册资本达到 6 000 万元，经协商与 A 公司和 B 公司签订了投资协议，A 公司投入 500 万元资金和一批原材料，该原材料不含税的评估价值为 200 万元，增值税为 34 万元，占增资后注册资本 10%的份额；B 公司以厂房和设备投资入股，其厂房的原值为 440 万元，已提折旧 80 万元，设备原值 180 万元，已提折旧 40 万元，投资协议约定厂房的价值为 320 万元，设备价值为 120 万元，占增资后注册资本 5%的份额。

二、任务分析

为了准确核算甲有限公司接收投资的核算，会计人员需要完成以下工作。

（1）聘请专业机构对 B 公司准备投资的厂房和设备进行资产评估，取得资产评估报告原件。

（2）分别与 A 公司和 B 公司签订投资协议，确定各自的投资额占公司注册资本的比例，完成增资相关手续。

（3）根据投资协议、银行进账通知、资产评估报告和收到原材料、厂房、设备的相关单据进行会计核算。

三、知识准备与任务实施

按照《中华人民共和国公司法》的规定，公司分为有限责任公司和股份有限公司两种类型。

有限责任公司是指由一定数量的股东共同出资组成（其股东的数量有最高上限，即有限责任公司的股东应在五十个以下)，股东仅就自己的出资额对公司的债务承担有限责任的公司。有限责任公司的股东不限于自然人，也可以是法人和政府。有限责任公司对公司的资本不分为等额股份，不对外公开募集股份，不能发行股票。股东以其出资比例，享受公司权利，承担公司义务。公司股份的转让有严格的限制，如需转让，应在其他股东同意的条件下方可进行。

股份有限公司是由一定人数出资设立，公司以其全部资产对公司的债务承担责任，并通过发行股票筹集资本的公司企业。公司的全部资本由等额股份构成，股东以其所持股份为限对公司承担责任。如果公司股票全部为内部股东持有，则为非上市公司；如果公司股票公开向社会发行，股票可以自由流通转让，则为上市公司。股份有限公司彻底实现了所有权与经营权的分离。因此，股份有限公司具有筹资便利、风险分散、资本具有充分的流动性等优点。由于股份有限公司资本雄厚，实力强大，所以，在发达国家整个国民经济中占统治地位，它适合从事较大规模的生产经营活动。

〔一〕投入资本

1. 一般企业的实收资本

我国企业会计准则规定："所有者权益的来源包括所有者投入的资本、直接计入所有者权益的利得和损失、留存收益等。" 所有者投入的资本是指所有者投入企业的资本部分。它既包括构成企业注册资本或者股本部分的金额，也包括投入资本超过注册资本或者股本部分的金额（即资本溢价或者股本溢价）。

直接计入所有者权益的利得和损失，是指不应计入当期损益，会导致所有者权益发生增减变动的，以及与所有者投入资本或者向所有者分配利润无关的利得或损失。其中，利得是指由企业非日常活动所形成的，会导致所有者权益增加的，以及与所有者投入资本无关的经济利益的流入，其内容包括直接计入所有者权益的利得和直接计入当期损益的利得。损失是指由企业非日常活动引发的，会导致所有者权益减少的，以及与向所有者分配利润无关的经济利益的流出，其内容包括直接计入所有者权益的损失和直接计入当期损益的损失。

实收资本是指投资者按照企业章程、合同或协议的约定实际投入企业的资本。投资者向企业投入的资本在一般情况下无须偿还，可供企业长期周转使用。2013 年修订的《中华人民共和国公司法》规定：有限责任公司的最低注册资本为 3 万元，同时允许公司在首次出资额不少于注册资本 20%的前提下在两年内分期缴清出资，其中投资公司可在 5 年内缴足。实收资本（或股本）的构成比例，通常是确定所有者在企业所有者权益中所占的份额和参与企业经营决策的基础，也是企业进行利润分配或股利分配的依据，同时还是企业清算时确定所有者对净资产要求权的依据。

按投资者的不同，实收资本可分为国家资本金、法人资本金、个人资本金和外商资本金。投资者投入资本的形式可以有多种，如投资者可以用现金投资，也可以用实物资产投资，如固定资产、材料等，还可以用无形资产投资，如专利权、土地使用权等。按照《中华人民共和国公司法》的规定，对作为出资的实物、工业产权、非专利技术或土地使用权，必须进行评估作价。

2. 股份有限公司的股本

股份有限公司注册资本的最低限额为 500 万元，并允许公司全体发起人，首次出资额不得低于注册资本的 20%，其余部分由发起人自公司成立之日起两年内缴足，投资公司可在 5 年内缴足。股份有限公司与一般企业相比，其显著特点是将资本划分为等额股份，并通过发行股票的方式筹集资本。股份有限公司股东持有的股票，按其享有的权利，可以分为普通股和优先股两大类。

普通股是股份有限公司的基本股份。普通股股东的权利主要有以下几项。

（1）投票表决权。拥有投票表决权也就是拥有了公司的决策参与权。股份有限公司的重大事项和重大决策，一般应由股东大会投票表决决定。普通股股东有权参加股东大会，每持有一普通股股份，拥有一份投票权。

（2）优先认股权。当股份有限公司增发股票时，普通股股东有按其持股比例优先认购新股的权利，以保持其在公司股份中的比例。

（3）收益分配权。普通股股东主要以获取公司分配的股利作为投资回报。但普通股股东能够获取多少股利，并不能够事先确定，而是以公司董事会的宣告为准，在董事会宣告分派股利之前，普通股股东对公司的净利润没有直接的要求权，并且普通股股东必须在优先股股东取得固定股息之后才有权享受股息分配权。

（4）剩余财产权。当股份有限公司破产清算时，全部资产变卖以后所得收入，在偿还债务和优先股股东的投资以后，如果还有剩余，将按普通股股东的持股比例予以分配。

优先股股票是一种处于公司债券和普通股股票之间的混合性证券。

优先股股票规定有固定的股利率，这方面与公司债券相似；但其又没有固定的偿还日期，这方面又与普通股股票相似。优先股股东与普通股股东相比，一般不具有投票表决权和优先认股权。其之所以"优先"，体现为优先股有固定的股息，不随公司业绩好坏而波动，并可以先于普通股股东领取股息；当公司破产进行财产清算时，优先股股东对公司剩余财产有先于普通股股东的要求权。就优先分配股利而言，优先股可以分为以下类别。

（1）按公司当年未分配或分配不足的优先股股利以后是否补付分类，可以分为累积分派优先股和非累积分派优先股。累积分派优先股是指公司当年未分配或分配不足的优先股股利，将累积到以后年度予以补付。非累积分派优先股是指公司当年未分配或分配不足的优先股股利，以后年度将不再补付。

（2）按在分配优先股股利后是否参与剩余股利的分配，可以分为参与优先股和非参与优先股。参与优先股是指在按规定的股利率优先分得当期股利以外，还有权与普通股股东一起参加公司利润分配的优先股股票。非参与优先股是指在按规定的股利率优先分得当期股利以后，不再与普通股股东一起参与剩余股利的分配。

（二）投入资本的核算

1. 实收资本的核算

企业收到投资时，一般应作如下会计处理：收到投资人投入的现金，应当于实际收到或存入企业开户银行时，按实际收到的金额借记 "银行存款"；以实物资产投资的，应在办理实物产权转移手续后，借记有关资产科目；以无形资产投资的，应在按合同、协议或公司章程规定移交有关凭证时，借记 "无形资产"，同时，按投入资本在注册资本中所占的份额，贷记 "实收资本"，按其差额，贷记 "资本公积——资本溢价"。

【例 7-1】根据任务描述，接受 A 公司投资时，应编制如下会计分录。

借：银行存款	500
原材料	200
应交税费——应交增值税（进项税额）	34
贷：实收资本——A 公司	600
资本公积——资本溢价	134

根据任务描述，接受 B 公司投资时，应编制如下会计分录。

借：固定资产——厂房	320
——设备	120
贷：实收资本——B 公司	300
资本公积——资本溢价	140

2. 股本的核算

股份有限公司发行股票取得收入与股本总额一般不一致，发行收入大于股本总额的，称为溢价发行，小于股本总额的，称为折价发行，等于股本总额的，称为面值发行。我国不允许折价发行股票。

股份有限公司股票发行的会计核算主要通过 "股本" 账户，"股本" 账户核算公司发行股票的面值或设定价值部分，按股票种类及股东名称设置明细账。在发行股票时，按照股票的面值或者设定价值贷记 "股本"，超过部分作为股本溢价，贷记 "资本公积——股本溢价"。

【例 7-2】甲股份有限公司，发行每股面值为 1 元的普通股 2 000 万股，每股面值 1元，发行价格为每股 4.4 元，同时发行年股利率为 7% 的优先股 100 万股，发行价格为每股 1.6 元。收到股款时，其账务处理如下。

借：银行存款 89 600 000
　　贷：股本——普通股 20 000 000
　　　　　——优先股 1 000 000
　　　资本公积——股本溢价 68 600 000

为了实施下列任务，描述相关的业务流程，应取得哪些原始凭证，并填制有关记账凭证。

【实践训练 1】

乙有限责任公司原来由 3 个投资者组成，每个投资者投资 500 万元，共计实收资本 1 500 万元。经营两年后，有另一个投资者欲加入该公司并希望占有 25%的股份，经协商，该投资者需要缴纳 700 万元，才能拥有 25%的股份。

【实践训练 2】

乙有限责任公司接受 B 企业以其所拥有的专利权作为出资，双方协议约定的价值（公允价值）为 220 万元。该专利权在注册资本中所占的份额为 180 万元，已办妥相关手续。

【实践训练 3】

甲股份有限公司委托某证券公司代理发行普通股 1 000 万股，每股面值 1 元，每股发行价格为 4.5 元。假定根据约定，甲公司按发行收入的 1%向证券公司支付发行费用。假设发行收入已全部收到，发行费用已全部支付，不考虑其他因素。

要求：编制甲公司有关的会计分录。

【实践训练 4】

甲股份有限公司 2012 年"未分配利润"年初贷方余额为 100 万元，按 10%提取法定盈余公积金，所得税率为 25%，2012~2014 年的资料如下：①2012 年实现净利 200 万元，提取法定盈余公积金后，宣告发现金股利 150 万元；②2013 年发生亏损 500 万元；③2014 年实现利润总额 600 万元。

要求：①编制 2012 年有关利润分配的会计分录（写出明细科目）；②编制 2013 年结转亏损的会计分录；③计算 2014 年应交的所得税；④计算 2014 年可供分配的利润。

【实践训练 5】

丙有限责任公司 2014 年年初未分配利润为 50 万元，本年实现净利润为 300 万元。本年提取法定盈余公积金 30 万元，分配并支付现金股利 80 万元。因扩大经营规模的需要，经批准，丙公司决定将资本公积 20 万元和盈余公积 40 万元转增资本。

要求：①编制丙公司上述业务的会计分录。②计算丙公司 2014 年年末"利润分配——未分配利润"科目的期末余额。

四、小结

所有者权益是指企业所有者对企业净资产的要求权。所谓净资产，在数量上等于企业全部资产减去全部负债后的余额，这可以通过对会计恒等式的变形来表示，即资产-负债=所有者权益。不同组织形式的企业，其所有者权益会计差别很大：对于非公司制企业，其所有者权益不必区分为投入资本和赚得的资本进行核算；而对于公司制企业，必须将投入资本与赚得的资本分开核算。所有者权益按其来源可以分为投资者投入资本、直接计入所有者权益的利得和损失及留存收益三部分。其中投入资本包括构成实收资本（或股本）的部分和资本（或股本）溢价的部分。留存收益是归所有者共同所有的，以及由利润转化而形成的资本，留存收益包括拨定的盈余公积和未拨定的未分配利润。

第二节　任务二　银行借款筹集资金的核算

【知识目标】通过学习了解资金筹集岗位的核算任务，熟悉借入款项的管理规定，掌握短期借款和长期借款账户的账务处理流程和会计核算方法，掌握计提利息的计算方法及账务处理。

【能力目标】知晓企业进行负债融资的业务流程；能够对借款取得、利息计提和支付及借款归还进行会计处理。

【关键词】短期借款；长期借款；业务流程

负债经营是现代企业常见的一种经营方式，企业的资产结构中债务比例过高会导致企业无法偿还到期债务，同时会使企业陷入财务困境之中。本节以银行长、短期借款业务为载体，以原始凭证、记账凭证为教学材料，便于学生更好地掌握负债核算流程及方法，为今后的学习打下基础。

一、任务导入

甲公司因生产经营周转的需要，以设备做抵押，于 2014 年 1 月 1 日从银行取得一笔借款 40 万元，期限 6 个月。借款合同规定，年利率为 6%，每季度付息一次。

2014 年 1 月 1 日甲公司因扩大生产规模向中国建设银行借入资金 1 000 万元用于厂房的购建，经与银行协商以现有的一栋办公楼做抵押。借款合同规定：借款期限为 2 年，年利率为 8%，利息按年支付，到期一次归还本金，厂房建设工期估计一年半。

二、任务分析

为了准确核算甲公司从银行取得借款的核算，会计人员需要参与或完成以下工作。
（1）提交申请银行借款所需的资料及财务报表。
（2）填写银行借款申请书，提交银行审核，签订银行借款合同。
（3）根据银行放款通知进行会计核算。

三、知识准备与任务实施

（一）负债的含义及特征

《企业会计准则——基本准则》中对负债的定义如下：负债是指企业过去的交易或事项形成的，以及预期会导致经济利益流出企业的现实义务。负债主要具备以下三个特征。

1. 负债是企业承担的现实义务

现时义务是指企业在现行条件下已承担的义务，而非潜在义务。这里的义务，可以是法定义务，也可以是推定义务。法定义务是指具有约束力的合同或者法律、法规规定的义务，企业必须依法执行。企业购买商品形成的应付账款，取得银行贷款形成的长期借款和应付利息，以及按照税法规定应缴纳的税金等，均属于企业的法定义务。推定义务是指根据企业多年来形成的惯例、公开做出的承诺或者公开宣布的政策而导致企业应当承担的，有关各方都对履行这份责任形成了合理预期。

2. 负债预期会导致经济利益流出企业

企业在履行现时义务时，会导致以现金、实物资产或提供劳务等形式的经济利益流出企业。

3. 负债是由过去的交易或事项形成的

只有过去的交易或事项才能形成负债。企业将来会发生的经营亏损或签订的合同等，不会构成企业的负债。

（二）负债的分类与确认

1. 负债的分类

负债通常按照流动性进行分类和列报，可以分为流动负债和非流动负债。

流动负债是指企业在一年或者超过一年的一个营业周期内，需要偿还的债务，主要包括短期借款、应付票据、应付账款、预收账款、应付职工薪酬、应付股利、应付利息、应交税费和其他应付款等。

非流动负债是指流动负债以外的负债，主要包括长期借款、应付债券和长期应付款等。

2. 负债的确认条件

企业要确认一项负债，除了要符合负债的定义之外，还应当同时满足以下两个条件。

1) 与该义务有关的经济利益很可能流出企业

从负债的定义看，必须预期有经济利益流出企业才能将其确认为一项负债。负债的确认要求有确凿的证据表明履行该义务预期流出的经济利益很可能流出企业。对于预期流出经济利益的可能性较小或不存在的债务，不应予以确认。

2) 未来流出经济利益的金额能够可靠计量

负债的确认还要求其金额能够可靠计量。对于法定义务形成的负债，通常可以根据合同或法律、法规标明的金额确定未来流出的经济利益。如果未来经济利益流出的时间较长，还应考虑货币时间价值等因素的影响。对于推定义务形成的负债，其未来流出的经济利益金额应当根据履行相关义务所需支出的最佳估计数进行估计，并综合考虑货币时间价值和风险等因素予以确定。

（三）短期借款的核算

短期借款是指企业向银行或其他金融机构等借入的期限在一年以下（含一年）的各种借款。企业借入的短期借款构成了一项负债。对于企业发生的短期借款，应设置"短期借款"核算。

1. 短期借款取得的核算

企业从银行或其他金融机构借入款项时，应签订借款合同，注明借款金额、借款利率和还款时间等。取得短期借款时，应借记"银行存款"，贷记"短期借款"。短期借款应按照债权人及借款种类、还款时间设置明细账。

2. 短期借款利息的核算

企业取得短期借款而发生的利息费用，一般应作为财务费用处理，计入当期损益。银行或其他金融机构一般按季度在季末结算借款利息。

根据权责发生制的要求，当月应负担的利息费用，即使在当月没有支付，也应作为当月的利息费用处理，因此企业还应当在月末计提借款利息，借记"财务费用"，贷记"应付利息"。在实际支付的月份，根据已预提的数额借记"应付利息"，实际支付的利息大于预提数的差额为当月应负担的利息费用，借记"财务费用"；根据实际支付的利息，贷记"银行存款"。

在短期借款数额不多，各月负担的利息费用数额不大的情况下，年内各月份也可以采用简化的核算方法，平时不做利息费用的预提，于实际支付利息的月份，将支付的利息全部作为当月的财务费用处理，借记"财务费用"，贷记"银行存款"。但在年末，如果有应由本年负担但尚未支付的借款利息，应予计提，否则会影响年度利润的计算及所得税的计算。

3. 短期借款到期偿还的会计核算

企业应于短期借款到期日偿还本金及尚未支付的利息时，借记"短期借款"、"应付利息”和“财务费用”等，贷记“银行存款”。

【例 7-3】甲公司因生产经营周转的需要，以设备做抵押，于 2014 年 1 月 1 日从银行取得一笔借款 400 000 元，期限 6 个月。借款合同规定，年利率为 6%，每季度付息一次。

（1）取得借款时的会计分录如下。

借：银行存款	400 000
贷：短期借款	400 000

（2）2 月、3 月末计提利息时的会计分录如下。

借：财务费用	2 000
贷：应付利息	2 000

（3）3 月末实际支付利息 6 000 元，会计分录如下。

借：应付利息	4 000
财务费用	2 000
贷：银行存款	6 000

（4）4 月、5 月末计提利息时的会计分录如下。

借：财务费用	2 000
贷：应付利息	2 000

（5）6 月末，偿还借款本息 406 000 元，其中本金 400 000 元，第三季度的利息 6 000 元，会计分录如下。

借：短期借款	400 000
应付利息	4 000
财务费用	2 000
贷：银行存款	406 000

（四）长期借款的核算

长期借款，是指企业从银行或其他金融机构借入的期限在一年以上（不含一年）的借款。企业借入各种长期借款时，按实际收到的款项，借记“银行存款”，贷记“长期借款——本金”；按借贷双方之间的差额，借记“长期借款——利息调整”。

在资产负债表日，企业应按长期借款的摊余成本和实际利率计算确定的长期借款的利息费用，借记“财务费用”、“在建工程”、“制造费用”和“研发支出”等，按借款本金和合同利率计算确定的应付未付利息，贷记“应付利息”，按其差额，贷记“长期借款——利息调整”。

企业实际支付利息时，借记“应付利息”，贷记“银行存款”。企业归还长期借款，按归还的长期借款本金，借记“长期借款——本金”，按转销的利息调整金额，贷记“长期借款——利息调整”，按实际归还的款项，贷记“银行存款”，按借贷双方之间的差额，借记“在建工程”、“财务费用”和“制造费用”等。

【例 7-4】2014 年 1 月 1 日甲公司因扩大生产规模向中国建设银行借入资金 1 000 万元用于厂房的购建，经与银行协商以现有的一栋办公楼做抵押。借款合同规定：借款期限为 2 年，年利率为 8%，利息按年支付，到期一次归还本金，2014 年 1 月 1 日支付厂房建设款项 820 万元。2015 年 1 月 1 日以银行存款支付工程费用 180 万元。该厂房于 2015 年 5 月底完工，达到预定可使用状态。假定不考虑闲置专门借款资金存款的利息收入或者投资收益。根据上述业务，企业应作如下账务处理。

（1）2014 年 1 月 1 日，收到银行放款通知，取得借款时编制的会计分录如下。

借：银行存款　　　　　　　　　　　　　　　　　　　　　　10 000 000
　　贷：长期借款　　　　　　　　　　　　　　　　　　　　　　10 000 000

（2）2014 年 1 月 1 日，支付工程款时编制的会计分录如下。

借：在建工程　　　　　　　　　　　　　　　　　　　　　　8 200 000
　　贷：银行存款　　　　　　　　　　　　　　　　　　　　　　8 200 000

（3）2014 年 12 月 31 日，计算 2014 年应计入工程成本的利息时编制的会计分录如下。

借款利息=10 000 000×8%=800 000（元）

借：在建工程　　　　　　　　　　　　　　　　　　　　　　800 000
　　贷：应付利息　　　　　　　　　　　　　　　　　　　　　　800 000

（4）2014 年 12 月 31 日支付借款利息时编制的会计分录如下。

借：应付利息　　　　　　　　　　　　　　　　　　　　　　800 000
　　贷：银行存款　　　　　　　　　　　　　　　　　　　　　　800 000

（5）2015 年年初支付工程款时编制的会计分录如下。

借：在建工程　　　　　　　　　　　　　　　　　　　　　　1 800 000
　　贷：银行存款　　　　　　　　　　　　　　　　　　　　　　1 800 000

（6）20×8 年 5 月底，达到预定可使用状态，该期应计入工程成本的利息=（10 000 000×8%÷12）×6≈400 000（元）。

借：在建工程　　　　　　　　　　　　　　　　　　　　　　400 000
　　贷：应付利息　　　　　　　　　　　　　　　　　　　　　　400 000

同时编制如下会计分录。

借：固定资产　　　　　　　　　　　　　　　　　　　　　　11 200 000
　　贷：在建工程　　　　　　　　　　　　　　　　　　　　　　11 200 000

（7）2015 年 12 月 31 日，计算 2015 年 7～12 月应计入财务费用的利息=（10 000 000×8%÷12）×6≈400 000（元）。

借：财务费用　　　　　　　　　　　　　　　　　　　　　　400 000
　　贷：应付利息　　　　　　　　　　　　　　　　　　　　　　400 000

（8）2015 年 12 月 31 日支付利息时编制的会计分录如下。

借：应付利息　　　　　　　　　　　　　　　　　　　　　　800 000
　　贷：银行存款　　　　　　　　　　　　　　　　　　　　　　800 000

（9）2016 年 1 月 1 日到期还本时编制的会计分录如下。

借：长期借款　　　　　　　　　　　　　　　　　　　　　　10 000 000
　　贷：银行存款　　　　　　　　　　　　　　　　　　　　　　10 000 000

【实践训练 6】

借款申请书、借款额度使用申请书的填写如表 7-1 和表 7-2 所示。

表 7-1　短期借款申请书示例

短期借款申请书

年　月　日　　　　　　　　金额：万元　　编号：

单位名称		企业编码		
法人代表		企业性质		主管部门
申请借款金额		还款日期		

借款用途（名称）	数量	单位	单价	金额	现有库存	平均月（耗）销

借款原因及还款来源：

企业财务状况　　　　　　　　　　　　　　　　单位：万元；%

项目	上月末实际	项目	上月末实际	项目	上年实际	上月末累计
（一）流动资产合计		（一）流动负债合计		销售收入		
1. 货币资金		1. 短期借款		销售成本		
2. 短期投资		其中：银行借款		利润总额		
3. 应收票据		2. 应付票据				
4. 应收账款		3. 应付账款				
5. 存货		（二）长期负债合计		资产负债率		
（二）长期投资合计		长期借款		流动比率		
（三）固定资产合计		其中：银行借款		速动比率		
其中待处理固定资产损失		（三）所有者权益		存货周转率		
（四）无形及递延资产合计		1. 实收资本		销售利润率		
		2. 盈余公积		产销平衡率		
		3. 未分配利润		平均应收账款周转率		
总计		总计				

借款方式（√）　信用□　担保□　抵押□	经济担保人
借款单位（公章） 　　　　　　法人代表章：　　　　　　　　经办人：	

说明：此申请表一式三份：企业留存一份，报银行一份

表 7-2　综合授信项下借款额度使用申请书示例

综合授信项下借款额度使用申请书　　　　　　　　编号：

××银行股份有限公司＿＿＿＿＿＿＿分（支）行（下称"授信人"）：

根据申请人（中英文名称：＿＿＿＿＿＿＿＿＿＿＿＿＿＿＿）与授信人签订的编号为＿＿＿＿＿＿＿＿＿的《综合授信合同》（下称"《合同》"）及授信人与担保人签订的编号为＿＿＿＿＿＿＿＿＿＿＿＿的《＿＿＿＿＿＿＿＿＿＿＿合同》，申请人向授信人申请使用《合同》项下的额度，并保证如实履行《合同》约定的义务。

一、贷款信息

1. 贷款币种：_____；金额（大写）_____

2. 贷款期限：自____ 年 ____月___日至____ 年_____月_____日（"到期日"）。

3. 贷款支付方式：

□受托支付。

具体信息详见编号为_____《受托支付委托书》。

□自主支付。

4. 贷款用途：_____。

二、贷款利率

本笔贷款利率适用以下第□1 □2 款约定：

1. 本笔贷款利率为固定利率，固定利率值为：_____（□年 □月）；

2. 本笔贷款利率按《合同》约定及以下具体要素确定：

（1）□固定利率□浮动利率

（2）基准利率种类：□_____（期限）人民银行贷款基准利率□_____（期限）交通银行 LPR 报价□_____（期限）LPR 报价平均利率；

（3）基准利率适用日期：□授信人签署本申请书之日□贷款实际发放日□_____（特定日期，该日期只能为授信人签署本申请书之日（含）至贷款实际发放日（不含）期间的日期）。

（4）利率上（下）浮幅度/加（减）点数值：□不上下浮或加减点□上浮____%□下浮____%□加____ 个基点□减____ 个基点；

（5）浮动利率的利率调整日如下：□人民银行基准利率调整日□自本申请书下贷款实际发放日起，每满□月 □季 □半年 □年 的当日。

三、还款及付息

1. 本笔贷款按本申请书第一条约定的到期日和下列第_____项还款方式还款：

（1）一次还本付息法，贷款本金及利息于贷款到期日归还；

（2）一次还本分次付息法，贷款本金于贷款到期日归还；

（3）不等额本金还款法/等额本金还款法，申请人和授信人协商确定还款期数、还款日和每期本金还款额，并形成《还款计划表》，申请人同意按照《还款计划表》按时足额归还贷款本金。

（4）按以下还款计划分次归还本金：

还款日　　　　　　币种　　　　还款金额

____年___月___日 ；_____；_____（大写金额）

____年___月___日 ；_____；_____（大写金额）

____年___月___日 ；_____；_____（大写金额）

____年___月___日 ；_____；_____（大写金额）

2. 本笔贷款采用一次还本分次付息、不等额本金或等额本金还款法还款或者按前述还款计划分次归还本金的，贷款本金按本申请书第三项第 1 条约定归还，贷款按下列第_____种方式结息，贷款最后到期时利随本清。结息日为付息日：

（1）每季末月的 20 日结息；

（2）每月的 20 日结息；

（3）每年 12 月 20 日结息；

（4）每年 6 月 20 日和 12 月 20 日结息；

（5）_____。

一、本申请书是对《合同》的补充。除本申请书另有约定外，申请人与授信人之间的权利义务及有关事项仍按《合同》的约定执行。

二、授信人同意发放本笔贷款的，具体放款金额、放款日和还款日等以《借款凭证》记载的为准。

三、申请人保证《合同》项下的陈述与保证继续有效，采用自主支付的，每笔付款金额均在自主支付限额以下。截至申请日，申请人不存在《合同》约定的"提前到期事件"。

申请人（公章）　　法定代表人（负责人）或授权代表（签字或盖章）

　　　　　　　　　　　　　　　　　　　　　　　　　____年____月___日

授信人同意按上述条件于签署本申请书后 3 个银行工作日内放款。

授信人（单位印章）　　　　　　负责人或授权代表（签字或盖章）

　　　　　　　　　　　　　　　　　　　　　　　　　____年____月___日

本申请书一式两份，双方各执一份

【实践训练 7】

2014 年 1 月 1 日，某公司为建造厂房向银行借入期限为两年的长期专门借款 2 000 000 元，款项已存入银行。借款利率为 9%，每年年末计息并付息，期满后一次还清本金。2014 年 1 月 1 日，以银行存款支付工程价款共计 1 200 000 元，2014 年 1 月 1 日又以银行存款支付工程价款 800 000 元。该厂房于 20×1 年 8 月底完工，达到预定可使用状态。假定不考虑闲置专门借款资金存款的利息收入或者投资收益。根据上述业务做出相关的账务处理。

第三节　任务三　发行债券筹集资金的核算

【知识目标】通过学习了解资金筹集岗位的核算任务，熟悉应付债券发行的管理规定，掌握应付债券账户的设置及账务处理，掌握应付债券利息调整的摊销的计算方法及账务处理。

【能力目标】知晓债券融资的业务流程，能对债券发行、计息及溢折价摊销和债券到期的业务进行会计处理。

【关键词】债券发行；摊余成本；实际利率法；账务处理

企业的资产结构中债务比例过高会导致企业无法偿还到期债务，同时会使企业陷入财务困境之中，发行债券筹集资金是企业筹集资金的渠道。本节以企业发行债券业务为载体，以原始凭证、记账凭证为教学材料，便于学生更好地掌握应付债券法人核算流程及方法，为今后的学习打下基础。

一、任务导入

甲公司为了调整资本结构，经相关部门批准发行长期债券募集资金，并与财达证券公司签订承销协议。2014 年 1 月 1 日发行 3 年期，每年 1 月 1 日付息、到期一次还本的公司债券，债券面值为 1 000 万元，票面利率为 6%，实际利率为 5%，发行价格为 1 096.65 万元，另支付发行费用 10 万元，按实际利率法确认利息费用。

二、任务分析

为了准确核算甲公司发行债券筹集资金的核算，会计人员需要参与或完成以下工作。

（1）提交申请发行债券筹集资金所需的资料及财务报表。

（2）填写债券发行申请书，提交银行管理部门审核，与银行签订委托代理合同。

（3）根据委托代理银行收款通知进行会计核算。

三、知识准备与任务实施

（一）债券的性质和分类

1. 应付债券的性质

债券是依照法定程序发行的，以及约定在一定期限内还本付息的一种有价证券。应付债券是企业因发行债券筹措资金而形成的一种非流动负债。

债券的票面上一般都载明以下内容：①企业名称；②债券面值；③票面利率；④还本期限和还本方式；⑤利息的支付方式；⑥债券的发行日期等。

2. 应付债券的分类

企业发行的债券，可以按不同的方式进行分类。在很多情况下，债券的种类不同，其会计处理也不相同。

（1）按偿还本金的方式可分为以下两种：①一次还本债券，即全部在一个固定的到期日偿还本金的债券；②分期还本债券，即按不同的到期日分期偿还本金的债券。

（2）按支付利息的方式可分为以下两种：到期一次付息债券，即在到期日支付全部利息的债券。分期付息债券，即每隔一段时期支付一次利息的债券。例如，每半年付一次息，或每年付一次息。

（3）按可否转换为发行企业股票分为以下两种：可转换债券，即可按一定条件转换为发行企业普通股股票的债券；不可转换债券，即不能转换为发行企业普通股股票的债券。

（4）按有无担保品可分为以下两种：抵押债券，即发行企业以特定资产作为抵押担保而发行的债券；信用债券，即没有特定资产作为抵押担保，单凭发行企业的信用而发行的债券。

（5）按是否记名可分为以下两种：记名债券，即将持有人的姓名登记于发行公司的债券；不记名债券，即不将持有人的姓名登记于发行公司的债券。

（二）应付债券的核算

1. 债券发行的核算

公司债券的发行方式有三种，即面值发行、溢价发行和折价发行。假设其他条件不变，债券的票面利率高于同期银行存款利率时，可按超过债券票面价值的价格发行，称为溢价发行。溢价是企业以后各期多付利息而事先得到的补偿；如果债券的票面利率低于同期银行存款利率，可按低于债券面值的价格发行，称为折价发行。折价是企业以后各期少付利息而预先给投资者的补偿。如果债券的票面利率与同期银行存款利率相同，可按票面价格发行，称为面值发行。溢价或折价是发行债券企业在债券存续期内对利息费用的一种调整。

无论是面值发行，还是溢价发行或折价发行，均按债券面值记入"应付债券"的"面值"明细科目，实际收到的款项与面值的差额，记入"利息调整"明细科目。企业发行债券时，按实际收到的款项，借记"银行存款""库存现金"等，按债券票面价值，贷记"应付债券——面值"，按实际收到的款项与票面价值之间的差额，贷记或借记"应付债券——利息调整"。

2. 应付债券利息费用的核算

利息费用应在债券的存续期间内采用实际利率法计算确认。实际利率法是指按照应付债券的实际利率计算其摊余成本及各期利息费用的方法；实际利率是指将应付债券在债券存续期间的未来现金流量，折现为该债券当前账面价值所使用的利率。

资产负债表日，对于分期付息、一次还本的债券，企业应按应付债券的摊余成本和实际利率计算确定的债券利息费用，借记"在建工程""制造费用""财务费用"等，按票面利率计算确定的应付未付利息，贷记"应付利息"，按其差额，借记或贷记"应付债券——利息调整"。

【例7-5】甲公司2014年1月1日发行5年期，每年年末计息并于次年1月1日付息、到期一次还本的公司债券，债券面值为1 000万元，票面利率为6%，实际利率为5%，发行价格为1 043.27万元，筹集资金用于弥补生产流动资金，按实际利率法确认利息费用。

甲公司该批债券实际发行价格为

10 000 000×0.783 5+10 000 000×6%×4.329 5=10 432 700（元）

根据上述资料，采用实际利率法和摊余成本计算确定的利息费用，如表7-3所示。

表7-3 利息费用计算表　　　　　　　　　　　　　　　　　单位：元

计息日期	应付利息	利息费用	摊销的利息调整	应付债券摊余成本
2014年1月1日				10 432 700.00
2014年12月31日	600 000	521 635	78 365.00	10 354 335.00
2015年12月31日	600 000	517 716.75	82 283.25	10 272 051.75
2016年12月31日	600 000	513 602.59	86 397.41	10 185 654.34
2017年12月31日	600 000	509 282.72	90 717.28	10 094 937.06
2018年12月31日	600 000	505 062.94	94 937.06*	10 000 000.00

* 尾数调整

根据表7-3的资料，甲公司的账务处理如下。

（1）2014年1月1日发行债券时编制的会计分录如下。

借：银行存款　　　　　　　　　　　　　　　　　　　10 432 700
　　贷：应付债券——面值　　　　　　　　　　　　　　10 000 000
　　　　　　　　——利息调整　　　　　　　　　　　　　　432 700

（2）2014年12月31日计算利息费用时编制的会计分录如下。

借：财务费用　　　　　　　　　　　　　　　　　　　　　521 635
　　应付债券——利息调整　　　　　　　　　　　　　　　　78 365
　　贷：应付利息　　　　　　　　　　　　　　　　　　　　600 000

2015~2018年确认利息费用的会计处理同2014年，只是确认的利息费用和利息调整摊销额有所变化。

（3）甲公司在每个付息日支付利息时编制的会计分录如下。

借：应付利息　　　　　　　　　　　　　　　　　　　　　600 000

　　贷：银行存款　　　　　　　　　　　　　　　　　　　　　　　600 000

（4）2018 年 12 月 31 日归还债券本金时编制的会计分录如下。

借：应付债券——面值　　　　　　　　　　　　　　　　10 000 000

　　贷：银行存款　　　　　　　　　　　　　　　　　　　　　10 000 000

对于一次还本付息的债券，按票面利率计算确定的应付未付利息，属于企业的一项长期负债，应通过"应付债券——应计利息"核算。具体来说，应于资产负债表日按摊余成本和实际利率计算确定的债券利息费用，借记"在建工程"、"制造费用"和"财务费用"等，按票面利率计算确定的应付未付利息，贷记"应付债券——应计利息"，按其差额，借记或贷记"应付债券——利息调整"。

【实践训练 8】

红星实业股份有限公司 2015 年 1 月 1 日经批准，发行 1 000 万元公司债券，用于公司生产经营需要。债券期限为 3 年。债券票面年利率为 6%，在债券存续期内固定不变，债券利息按年计算，每年年底支付，本金到期一次还清。每张债券面值为 100 元。债券发行时，市场利率为 5%，红星实业股份有限公司综合考虑其他因素后决定，按每张债券 110 元的价格发行。给承销商的债券发行佣金及手续费为 30 万元，直接在债券收入中扣除。该公司采用实际利率法确定债券的摊余成本，与债券相关的借款费用不符合资本化的条件。

要求：

（1）描述红星实业股份有限公司发行债券的流程及应取得的原始凭证。

（2）计算红星实业股份有限公司发行的该种债券每年的利息调整摊销金额。

（3）为红星实业股份有限公司编制与该债券有关的所有会计分录。

四、小结

负债是指企业过去的交易或事项形成的，以及预期会导致经济利益流出企业的现实义务。负债按流动性分为流动负债和非流动负债。其中流动负债包括短期借款、应付账款、应付票据、预收账款、应交税费和其他应付款等；非流动负债包括长期借款、应付债券等。本节主要介绍了资金筹集而形成的负债，一是向银行借入的长短期借款，二是发行债券。

短期借款是企业从银行或其他金融机构借入的偿还期在一年以内（包括一年）的款项。长期借款，是指企业从银行或其他金融机构借入的期限在一年以上（不含一年）的借款。

债券是依照法定程序发行的，以及约定在一定期限内还本付息的一种有价证券。应付债券是企业因发行债券筹措资金而形成的一种非流动负债。债券可以按照面值发行，也可以溢价或折价发行，债券的溢折价视为对债券利息的调整。按照我国现行会计准则规定，应采用实际利率法摊销债券的溢折价，并在此基础上确定债券的摊余价值。

问题思考（筹集资金岗位）

1. 所有者权益的构成包括哪些内容？
2. 资本公积的来源和用途有哪些？
3. 盈余公积有哪些方面的用途？
4. 应付债券各期的利息费用如何计算？如何确认？
5. 发行公司债券实际收到的款项与债券面值之间的差额如何处理？
6. 短期借款利息与长期借款利息如何处理？

第四节　任务四　金融资产的核算

【**知识目标**】通过学习了解投资岗位的核算任务，熟悉投资的管理规定，掌握金融资产初始计量、后续计量及有关账户的设置及账务处理，掌握金融资产减值的核算。

【**能力目标**】会采用实际利率法计算投资收益；能对交易性金融资产、持有至到期投资、可供出售金融资产的业务进行账务处理。

【**关键词**】交易性金融资产；公允价值；持有至到期投资；摊余成本；实际利率法；可供出售金融资产；公允价值变动；账务处理

一、任务导入

金融资产是一切可以在有组织的金融市场上进行交易、具有现实价格和未来估价的金融工具的总称。金融资产通常是指企业的库存现金、银行存款、应收账款、应收票据、贷款、其他应收款、股权投资和债权投资等资产。本节以金融资产的相关业务为载体，以原始凭证、记账凭证为教学材料，便于学生更好地掌握金融资产的核算方法。

二、任务分析

按照企业会计准则的规定，企业应当在初始确认金融资产时，将其划分以公允价值计量且其变动计入当期损益的金融资产（包括交易性金融资产和指定为以公允价值计量且其变动计入当期损益的金融资产）、持有至到期投资、贷款和应收款项及可供出售金融资产四类。由于金融资产的分类与金融资产的确认和计量密切相关，不同类别的金融资产，其初始计量和后续计量采用的基础也不完全相同，所以，金融资产的分类一经确定，不应随意变更。

三、知识准备与任务实施

（一）交易性金融资产的核算

1. 交易性金融资产的概念

交易性金融资产主要是指企业为了近期内出售而持有的金融资产。满足下列条件之一的金融资产，应当划分为交易性金融资产。

（1）取得该金融资产主要是为了近期内出售，如企业以赚取差价为目的从二级市场购入的股票、债券和基金等，通常情况下，这是企业交易性金融资产的主要组成部分。

（2）属于进行集中管理的可辨认金融工具组合的一部分，且具有客观证据表明企业近期采用短期获利方式对该组合进行管理，如企业基于投资策略和风险管理的需要，将某些金融资产进行组合从事短期获利活动，对于组合中的金融资产，采用公允价值计量，并将其相关公允价值变动计入当期损益。

（3）属于衍生工具，如国债期货、远期合同和股指期货等。但是，被指定为有效套期工具的衍生工具，属于财务担保合同的衍生工具，以及与在活跃市场中没有报价且其公允价值不能可靠计量的权益工具投资挂钩，并须通过交付该权益工具结算的衍生工具除外。其中，财务担保合同是指保证人和债权人约定，当债权人不能履行债务时，保证人按照约定履行债务或者承担责任的合同。

2. 账户的设置

为了核算交易性金融资产的取得、收取现金股利或利息、处置等业务，企业应当设置"交易性金融资产"、"公允价值变动损益"、"投资收益"、"应收股利"或"应收利息"等账户进行核算。

1）"交易性金融资产"账户

该账户属于资产类账户，核算企业为交易目的所持有的债券投资、股票投资、基金投资等交易性金融资产的公允价值。企业持有的直接指定为以公允价值计量且其变动计入当期损益的金融资产也在该账户核算。该借方登记交易性金融资产的取得成本、资产负债表日其公允价值高于账面余额的差额等；贷方登记资产负债表日其公允价值低于账面余额的差额，以及企业出售交易性金融资产时结转的成本和公允价值变动损益。企业应当按照交易性金融资产的类别和品种，分别设置"成本""公允价值变动"等明细账户进行核算。其中"成本"明细账户反映交易性金融资产的初始确认金额；"公允价值变动"明细账户反映交易性金融资产在持有期间的公允价值变动金额。

2）"公允价值变动损益"账户

该账户属于损益类账户，核算企业交易性金融资产等采用公允价值模式计量的业务因为公允价值变动而形成的应计入当期损益的利得或损失。该账户贷方登记资产负债表日企业持有的交易性金融资产等的公允价值高于账面余额的差额而带来的利得；借方登记资产负债表日企业持有的交易性金融资产等的公允价值低于账面余额的差额而带来的损失。期末应将本账户的余额结转到"本年利润"账户，转出后本账户无余额。

3）"应收股利"账户

该账户属于资产类账户，核算企业应收取的现金股利和其他单位分来的利润。借方登记企业应分得的现金股利或利润；贷方登记企业收到的现金股利或利润；期末借方余额表示尚未收到的现金股利或利润。该账户应按被投资单位设置明细账户进行核算。

4）"应收利息"账户

该账户属于资产类账户，核算企业应收取的利息。借方登记企业应收取的利息额；贷方登记企业实际收到的利息金额；期末借方余额表示企业尚未收回的利息金额。

5）"投资收益"账户

该账户属于损益类账户，用来核算企业确认的投资收益或投资损失。该账户借方登记企业出售交易性金融资产等实现的投资损失，贷方登记企业出售交易性金融资产等实现的投资收益，期末结转本年利润后无余额。

注意："投资收益"和"公允价值变动损益"两个账户对交易性金融资产损益的核算，在核算的时间上和核算内容上都不同。"投资收益"账户核算的是已经实现的收益，而"公允价值变动损益"账户核算的是账面损益。

3. 交易性金融资产的核算

交易性金融资产的核算业务主要包括初始计量的核算（即取得金融资产的核算）、持有收益的核算、期末计量的核算和处置的核算等内容。

1）取得交易性金融资产会计处理

企业取得交易性金融资产时，应当按照取得时的公允价值作为初始确认价值，借记"交易性金融资产——成本"账户，发生的相关交易费用计入当期损益，借记"投资收益"账户，企业取得交易性金融资产所支付的价款中，如果包含已宣告但尚未发放的现金股利或已到付息期但尚未领取的债券利息，应当单独确认为应收项目，借记"应收股利"或"应收利息"，贷记"其他货币资金——存出投资款"。收到上列现金股利或债券利息时，借记"银行存款"，贷记"应收股利"或"应收利息"。

【例 7-6】2014 年 5 月 10 日，甲公司委托财达证券公司购入 A 上市公司股票 10 万股，按照每股 12 元的价格购入，并将其划分为交易性金融资产，另支付相关交易费用 2 400 元。编制的会计分录如下。

借：交易性金融资产——成本　　　　　　　　　　　　　　　1 200 000
　　投资收益　　　　　　　　　　　　　　　　　　　　　　　　2 400
　　贷：其他货币资金——存出投资款　　　　　　　　　　　　1 202 400

【例 7-7】2014 年 5 月 15 日，甲公司按照每股 10.5 元的价格购入 B 上市公司股票 20 万股，并将其划分作为交易性金融资产，另支付交易费用 4 200 元。股票购买价格中包含每股 0.5 元已宣告但尚未领取的现金股利，该现金股利于 2014 年 5 月 20 日发放。编制的会计分录如下。

2014 年 5 月 15 日，购入 B 公司股票时编制的会计分录如下。

借：交易性金融资产——成本　　　　　　　　　　　　　　　2 000 000

应收股利	10 000
投资收益	4 200
贷：其他货币资金——存出投资款	2 014 200

2014 年 5 月 20 日，收到发放的现金股利时编制的会计分录如下。

| 借：其他货币资金——存出投资款 | 10 000 |
| 　贷：应收股利 | 10 000 |

【例 7-8】2014 年 1 月 5 日，甲公司购入乙公司发行的公司债券，该债券于 2013 年 1 月 1 日发行面值 1 000 万元、期限 3 年、票面利率 5%、每年 12 月 31 日付息、到期还本的债券。甲公司将其划分为交易性金融资产，支付价款 1 060 万元，另支付交易费用 2 万元。1 月 15 日甲公司收到债券利息期但尚未支付的利息 50 万元。编制的会计分录如下。

2014 年 1 月 5 日，购入乙公司债券时编制的会计分录如下。

借：交易性金融资产——成本	10 100 000
应收利息	500 000
投资收益	20 000
贷：其他货币资金——存出投资款	10 620 000

收到甲公司支付的债券利息时编制的会计分录如下。

| 借：其他货币资金——存出投资款 | 500 000 |
| 　贷：应收利息 | 500 000 |

2）交易性金融资产持有期间收益的核算

交易性金融资产在持有期间可以依法获取相关的股利或利息收入。

交易性金融资产持有期间，被投资单位宣告发放现金股利时，或在资产负债表日计算出已到付息期尚未收到的利息，应作为交易性金融资产持有期间的投资收益，借记“应收股利”或“应收利息”，贷记“投资收益”。实际收到股利或债券利息时，借记“其他货币资金”，贷记“应收股利”或“应收利息”。

【例 7-9】接【例 7-8】。

2014 年 12 月 31 日确认利息收入时编制的会计分录如下。

| 借：应收利息 | 500 000 |
| 　贷：投资收益 | 500 000 |

2015 年 1 月 5 日，收到乙公司支付的债券利息时编制的会计分录如下。

| 借：其他货币资金——存出投资款 | 500 000 |
| 　贷：应收利息 | 500 000 |

3）交易性金融资产期末计量的核算

交易性金融资产的期末计量是指采用一定的价值标准，对交易性金融资产的期末价值进行后续计量，并以此列示于资产负债表中的会计程序。

资产负债表日，交易性金融资产应当按照公允价值计量，公允价值高于其账面余额时，应按二者之间的差额，调增交易性金融资产的账面余额，同时确认公允价值上升的收益，借记“交易性金融资产——公允价值变动”，贷记“公允价值变动损益”；交易性金融资产的公允价值低于其账面余额时应按二者之间差额，调减交易性金融资产的账面余额，同时确认公允价值下跌的损失，借记"公允价值变动损益"，贷记"交易性金融资产——公允价值变动"。

【例7-10】接【例7-7】，假定2014年6月30日，该公司购买的B公司的股票市价为230万元；2014年12月31日，该公司购买的乙公司的股票市价为215万元。应编制的会计分录如下。

2014年6月30日，确认该笔股票的公允价值变动损益时编制的会计分录如下。

借：交易性金融资产——公允价值变动　　　　　　　　　　295 800
　　贷：公允价值变动损益　　　　　　　　　　　　　　　　295 800

2014年12月31日，确认该笔股票的公允价值变动损益时编制的会计分录如下。

借：公允价值变动损益　　　　　　　　　　　　　　　　　150 000
　　贷：交易性金融资产——公允价值变动　　　　　　　　　150 000

4）交易性金融资产处置的核算

处置交易性金融资产时，应按实际收到的处置价款，借记"其他货币资金"，按该交易性金融资产的初始确认金额，贷记"交易性金融资产——成本"，按该项交易性金融资产的累计公允价值变动金额，贷记或借记"交易性金融资产——公允价值变动"，计入应收项目但尚未收回的现金股利或债券利息，贷记"应收股利"或"应收利息"，按上述差额，贷记或借记"投资收益"。同时，将该交易性金融资产持有期间已确认的累计公允价值变动净损益确认为处置当期投资收益，借记或贷记"公允价值变动损益"，贷记或借记"投资收益"。

【例7-11】接【例7-8】资料，2015年8月20日，甲公司将持有的乙公司债券售出，实际收到价款10 850 000元。乙公司债券的账面价值为10 690 000元，其中，成本为10 100 000元，已确认的公允价值变动收益为150 000元。应编制的会计分录如下。

处置损益=10 850 000-10 690 000=160 000（元）

借：其他货币资金　　　　　　　　　　　　　　　　　10 850 000
　　贷：交易性金融资产——成本　　　　　　　　　　　　10 100 000
　　　　　　　　　　——公允价值变动　　　　　　　　　　150 000
　　　　投资收益　　　　　　　　　　　　　　　　　　　　600 000

借：公允价值变动损益　　　　　　　　　　　　　　　　　600 000
　　贷：投资收益　　　　　　　　　　　　　　　　　　　　600 000

交易性金融资产处置时，其相关损益得以实现。实现的损益由两部分构成：一是处置该交易性金融资产时的处置收入与其账面价值的差额；二是原已经作为公允价值变动损益入账的金额。

（二）持有至到期投资的核算

1. 持有至到期投资的概念

持有至到期投资是指到期日固定、回收金额固定或可确定，且企业有明确意图和能力持有至到期的非衍生金融资产。持有至到期投资具有以下基本特征。

（1）到期日固定持有至到期投资一定是债券性质的投资，股票因为没有固定的到期日不能划分为此类投资。

（2）回收金额固定或可确定。相关合同明确了投资者在确定的期间内获得或应收取现金流量（如债券投资利息和本金等）的金额和时间。

（3）有明确意图持有至到期。有明确意图持有至到期是指投资者在取得投资时意图就是明确的，除非遇到一些企业所不能控制、预期不会重复发生且难以合理预计的独立事件，否则将持有至到期。例如，企业购入一笔三年期的债券，随时准备将其出售，则不能将其划分为持有至到期投资。

（4）非衍生金融资产。

存在下列情况之一的，表明企业没有明确意图将金融资产投资持有至到期。

（1）持有该金融资产的期限不确定。

（2）发生市场利率变化、流动性需要变化、替代投资机会及投资收益率变化、融资来源和条件变化、外汇风险变化等情况时，将出售该金融资产。但是，无法控制、预期不会重复发生且难以合理预计的独立事项引起的金融资产出售除外。

（3）该金融资产的发行方可以按照明显低于其摊余成本的金额清偿。

（4）其他表明企业没有明确意图将该金融资产持有至到期的情况。

有能力持有至到期。有能力持有至到期是指企业有足够的财务资源，并不受外部因素影响将投资持有至到期。存在下列情况之一的，表明企业没有能力将具有固定期限的金融资产投资持有至到期。

（1）没有可利用的财务资源持续地为该金融资产投资提供资金支持，以使该金融资产投资持有至到期。

（2）受法律、行政法规的限制，使企业难以将该金融资产投资持有至到期。

（3）其他表明企业没有能力将具有固定期限的金融资产投资持有至到期的情况。

企业应当于每个资产负债表日对持有至到期投资的意图和能力进行评价。如果企业的持有意图或能力发生了变化，应当将其重分类为可供出售金融资产进行处理。

2. 账户的设置

为了核算企业持有至到期投资的初始计量、持有期间收益的确认、期末计量、处置等业务，企业应当设置"持有至到期投资"、"投资收益"和"持有至到期投资减值准备"等账户进行核算。

（1）"持有至到期投资"账户。该账户属于资产类，核算企业持有至到期投资的摊余成本，并按照持有至到期投资的类别和品种，分别以"成本"、"利息调整"和"应计利息"等账户进行明细核算。其中，"成本"明细账户反映持有至到期投资的面值；"利息调整"明细账户反映持有至到期投资的初始确认金额与其面值的差额，以及按照实际利率法分期摊销后该差额的摊余金额；"应计利息"明细账户反映企业到期一次还本付息的持有至到期投资的应收而未收的利息。

（2）"持有至到期投资减值准备"账户。该账户属于资产类，是"持有至到期投资"的备抵账户，反映持有至到期投资应计提的减值准备金额。计提时，根据持有至到期投资可收回金额低于其账面价值的金额计入账户的贷方，当持有至到期投资出售或到期收回时从借方转出，余额在贷方，反映计提的持有至到期投资减值准备余额。

3. 持有至到期投资的核算

持有至到期投资业务的核算主要包括取得的核算、期末计息的核算和到期收回或出售的核算。

1）持有至到期投资的初始计量

企业取得持有至到期投资，应按该投资的面值，借记"持有至到期投资——成本"，按支付的价款中包含的已到付息期但尚未领取的利息，借记"应收利息"，按实际支付的金额，贷记"银行存款"等，按其差额，借记或贷记"持有至到期投资——利息调整"。

【例 7-12】2014 年 1 月 1 日甲公司购买了 A 公司当日发行的债券 5 000 张，该债券的面值为每张 100 元，期限 3 年、票面利率 6%、每年 12 月 31 日付息、到期还本的债券作为持有至到期投资，实际支付的购买价款为 500 000 元（不考虑交易费用）。

编制的会计分录如下。

借：持有至到期投资——成本　　　　　　　　　　　　　　　　　500 000
　　贷：银行存款　　　　　　　　　　　　　　　　　　　　　　　　500 000

【例 7-13】甲公司于 2014 年 1 月 1 日以 550 000 元购买了乙公司 2014 年 1 月 1 日发行的面值为 500 000 元、期限 5 年、票面利率 6%、每年 1 月 5 日支付利息、到期还本的债券作为持有至到期投资，另支付交易费用 8 000 元。编制的会计分录如下。

借：持有至到期投资——成本　　　　　　　　　　　　　　　　　500 000
　　　　　　　　　——利息调整　　　　　　　　　　　　　　　　 58 000
　　贷：银行存款　　　　　　　　　　　　　　　　　　　　　　　　558 000

2）持有至到期投资利息收入的确认

资产负债表日，持有至到期投资在持有期间应当按照摊余成本计量，并按摊余成本和实际利率计算确认当期利息收入，计入投资收益。

摊余成本是指该金融资产的初始确认金额经下列调整后的结果：①扣除已偿还的本金；②加上或减去采用实际利率法将该初始确认金额与到期日金额之间的差额进行摊销形成的累计摊销额；③扣除已发生的减值损失。

实际利率是指将金融资产或金融负债在预期存续期间或适用的更短期间内的未来现金流量，折现为该金融资产或金融负债当前账面价值所使用的利率。例如，企业购入债券作为持有至到期投资，实际利率就是将该债券未来收回的利息和本金折算为现值恰等于该债券初始确认金额的折现率。实际利率应当在取得持有至到期投资时确定，在该持有至到期投资预期存续期间或适用的更短期间内保持不变。

实际利率法，是指以持有至到期投资的期初摊余成本乘以实际利率作为当期利息收入，以当期利息收入与当期按票面利率和面值计算确定的当期应收利息的差额作为当期利息调整摊销额，以期初摊余成本加上或减去当期利息调整摊销额作为期末摊余成本的一种方法。在实际利率法下，利息收入、应收利息、利息调整摊销额、摊余成本之间的关系，可用公式表示如下：

利息收入=持有至到期投资摊余成本×实际利率

应收利息=面值（到期日金额）×票面利率（名义利率）

利息调整摊销额=利息收入–应收利息

如果持有至到期投资的初始确认金额大于面值，上式计算结果为负数，表明应从期初摊余成本中减去该利息调整摊销额作为期末摊余成本；如果持有至到期投资的初始确认金额小于面值，上式计算结果为正数，表明应在期初摊余成本的基础上加上该利息调整摊销额作为期末摊余成本。

资产负债表日，若持有至到期投资为分期付息、一次还本债券，按票面利率计算确定的应收未收利息，借记"应收利息"账户；按持有至到期投资摊余成本和实际利率计算确定的利息收入，贷记"投资收益"账户；按其差额，借记或贷记"持有至到期投资——利息调整"账户。

【例 7-14】接【例 7-12】的资料，2014 年 1 月 1 日甲公司购买了 A 公司当日发行的债券 5000 张，该债券的面值为每张 100 元，期限 3 年、票面利率 6%、每年 12 月 31 日付息、到期还本的债券作为持有至到期投资，实际支付的购买价款为 500 000 元（不考虑交易费用）。

由于该债券是按面值发行的，实际利率与票面利率相等，则有

利息收入=500 000 × 6% = 30 000

借：应收利息　　　　　　　　　　　　　　　　　　　　　　　30 000

　　贷：投资收益　　　　　　　　　　　　　　　　　　　　　　30 000

【例 7-15】接【例 7-13】的资料，甲公司于 2014 年 1 月 1 日以 550 000 元购买了乙公司 2014 年 1 月 1 日发行的面值为 500 000 元、期限 5 年、票面利率 6%、每年 1 月 5 日支付利息、到期还本的债券作为持有至到期投资，另支付交易费用 8 000 元。公司在持有期间采用实际利率法确认利息收入并确定摊余成本的会计分录如下。

由于甲公司债券的初始确认金额高于其面值，所以，该项持有至到期投资的实际利率一定低于票面利率，先按 5% 作为折现率进行测算。查年金现值系数表和复利现值系数表可知，5 期、5% 的年金现值系数和复利现值系数分别为 4.329 476 67 和 0.783 526 17。甲公司债券的利息和本金按 5% 作为折现率计算的现值如下：

债券的年利息额=500 000 × 6%=30 000（元）

利息和本金的现值=30 000 × 4.329 476 67+500 000 × 0.783 526 17≈521 647（元）

上式计算结果小于甲公司债券的初始确认金额，说明实际利率小于 5%，再按 4% 作为折现率进行测试。查年金现值系数表和复利现值系数表可知，5 期、4% 的年金现值系数和复利现值系数分别为 4.451 822 33 和 0.821 927 11。甲公司债券的利息和本金按 4% 作为折现率计算的现值如下：

利息和本金的现值=30 000 × 4.451 822 33+500 000 × 0.821 927 11≈544 518（元）

上式计算结果大于甲公司债券的初始确认金额，说明实际利率大于 4%。因此，实际利率介于 4%~5%。使用插值法估算实际利率如下：

实际利率=4%+（5%–4%）×（544 518–528 000）÷（544 518–521 647）≈4.72%

采用实际利率法编制利息收入与摊余成本计算表，如表 7-4 所示。

表 7-4　利息收入与摊余成本计算表

（实际利率法）　　　　　　　　　　　　单位：元

日期	应收利息	实际利率/%	利息收入	利息调整摊销额	摊余成本
2014 年 1 月 1 日					528 000
2014 年 12 月 31 日	30 000	4.72	24 922	5 078	522 922
2015 年 12 月 31 日	30 000	4.72	24 682	5 318	517 604
2016 年 12 月 31 日	30 000	4.72	24 431	5 569	512 035
2017 年 12 月 31 日	30 000	4.72	24 168	5 832	506 203
2018 年 12 月 31 日	30 000	4.72	23 797*	6 203*	500 000
合计	150 000		122 000	28 000	

*数字考虑到了计算过程中出现的尾差，进行了调整

编制各年确认利息收入和摊销利息调整的会计分录如下。

2014 年 12 月 31 日编制的会计分录如下。

借：应收利息　　　　　　　　　　　　　　　　　　　30 000
　　贷：投资收益　　　　　　　　　　　　　　　　　　　24 922
　　　　持有至到期投资——利息调整　　　　　　　　　　 5 078

2015 年 12 月 31 日编制的会计分录如下。

借：应收利息　　　　　　　　　　　　　　　　　　　30 000
　　贷：投资收益　　　　　　　　　　　　　　　　　　　24 682
　　　　持有至到期投资——利息调整　　　　　　　　　　 5 318

2016 年 12 月 31 日编制的会计分录如下。

借：应收利息　　　　　　　　　　　　　　　　　　　30 000
　　贷：投资收益　　　　　　　　　　　　　　　　　　　24 431
　　　　持有至到期投资——利息调整　　　　　　　　　　 5 569

2017 年 12 月 31 日编制的会计分录如下。

借：应收利息　　　　　　　　　　　　　　　　　　　30 000
　　贷：投资收益　　　　　　　　　　　　　　　　　　　24 168
　　　　持有至到期投资——利息调整　　　　　　　　　　 5 832

2018 年 12 月 31 日编制的会计分录如下。

借：应收利息　　　　　　　　　　　　　　　　　　　30 000
　　贷：投资收益　　　　　　　　　　　　　　　　　　　23 797
　　　　持有至到期投资——利息调整　　　　　　　　　　 6 203

3）持有至到期投资到期收回或处置的核算

企业到期收回投资时，按照实际收到的价款借记"银行存款"账户；按持有至到期投资的账面余额，贷记"持有至到期投资——成本、应计利息"账户。

出售持有至到期投资时，应按实际收到的金额，借记"银行存款"等账户；按其账面余额，贷记"持有至到期投资——成本、利息调整、应计利息"账户；按其差额，贷记或借记"投资收益"账户，已计提减值准备的，还应同时结转减值准备。

【例 7-16】接【例 7-13】和【例 7-15】，2019 年 1 月 1 日所购买的甲公司债券到期，收回债券本息。

借：银行存款   530 000
　　贷：持有至到期投资——成本   500 000
　　　　应收利息   30 000

【例 7-17】甲公司于 2016 年 9 月 8 日将持有的作为持有至到期投资的丙公司债券全部售出，实际收到出售价款 550 000 元，已存入银行。出售时该"持有至到期投资"账户的账面余额为 580 000 元，其中"持有至到期投资——成本 600 000"，"持有至到期投资——利息调整"账户有贷方余额 20 000 元。根据以上资料编制的会计分录如下。

借：银行存款   550 000
　　持有至到期投资——利息调整   20 000
　　投资收益   30 000
　　贷：持有至到期投资——成本   600 000

4）持有至到期投资的期末计价

企业应当在资产负债表日，对以公允价值计量且其变动计入当期损益的金融资产以外的金融资产的账面价值进行检查，有客观证据表明该金融资产发生减值的，应当计提减值准备。

对持有至到期投资以摊余成本计量的金融资产发生减值时，应当将该金融资产的账面价值减记至预计未来现金流量（不包括尚未发生的未来信用损失）现值，减记的金额确认为资产减值损失，计入当期损益。

根据计算确定的应计提的减值损失金额，编制的会计分录如下。

借：资产减值损失   ×××
　　贷：持有至到期投资减值准备   ×××

对持有至到期金融资产确认减值损失后，如有客观证据表明该金融资产价值已恢复，且客观上与确认该损失后发生的事项有关，应在原确认的减值损失予以转回，计入当期损益（冲减资产减值损失）。编制的会计分录如下。

借：持有至到期投资减值准备   ×××
　　贷：资产减值损失   ×××

（三）可供出售金融资产的核算

1. 可供出售金融资产的概念

可供出售金融资产是指初始确认时即被指定为可供出售的非衍生金融资产，以及没有划分为贷款和应收款项、持有至到期投资、以公允价值计量且其变动计入当期损益的金融资产。可供出售金融资产的会计处理与以公允价值计量且其变动计入当期损益的金融资产的会计处理有些相似，如均要求按公允价值进行后续计量。但是，也有不同，主要体现在以下两点：一是可供出售金融资产取得时发生的交易费用应当计入初始确认金额；二是可供出售金融资产后续计量时公允价值变动计入所有者权益。

2. 账户设置

为了核算可供出售金融资产的相关内容，企业应当设置"可供出售金融资产"、"投资收益"和"资本公积"等账户。

"可供出售金融资产"账户核算企业持有的可供出售金融资产的公允价值，并按照可供出售金融资产类别和品种，分别设置"成本"、"利息调整"、"应计利息"和"公允价值变动"等进行明细核算。其中，"成本"明细账户反映可供出售权益工具投资的初始确认金额或可供出售债务工具投资的面值；"利息调整"明细账户反映可供出售债务工具投资的初始确认金额与其面值的差额，以及按照实际利率法分期摊销后该差额的摊余金额；"应计利息"明细账户反映企业计提的到期一次还本付息的可供出售债务工具投资应计未付的利息；"公允价值变动"明细账户反映可供出售金融资产公允价值变动金额。

3. 可供出售金融资产的核算

可供出售金融资产的核算应该包括可供出售金融资产的初始计量、持有收益的确认、期末计量、处置等各项内容。

1）可供出售金融资产的初始计量

可供出售金融资产应当按取得该金融资产的公允价值和相关交易费用之和作为初始确认金额。如果支付的价款中包含已到付息期但尚未领取的债券利息或已宣告但尚未发放的现金股利，应当单独确认为应收项目，不构成可供出售金融资产的初始确认金额。

企业取得的可供出售权益工具（股票）投资时，应按其公允价值与交易费用之和，借记"可供出售金融资产——成本"账户，按支付的价款中包含的已宣告但尚未发放的现金股利，借记"应收股利"账户，按实际支付的金额，贷记"其他货币资金——存出投资款"等账户。企业取得的可供出售债务工具（债券）投资时，应按债务工具的面值，借记"可供出售金融资产——成本"账户，按支付的价款中包含的已到付息期但尚未领取的利息，借记"应收利息"账户，按实际支付的金额，贷记"其他货币资金——存出投资款"等账户，按上述差额，借记或贷记"可供出售金融资产——利息调整"账户。

收到支付的价款中包含的已宣告但尚未发放的现金股利或已到付息期但尚未领取的利息，借记"其他货币资金——存出投资款"等账户，贷记"应收股利"或"应收利息"账户。

【例7-18】甲公司于2014年3月10日购入丙公司股票20 000股，每股市价12元，手续费3 500元；初始确认时，将该股票划分为可供出售金融资产。股票购买价格中包含每股1元已宣告发放但尚未领取的现金股利，该股利于2014年3月25日发放。编制的会计分录如下。

2014年3月10日，购入股票时编制的会计分录如下。

借：可供出售金融资产——成本	223 500
应收股利	20 000
贷：其他货币资金——存出投资款	243 500

2008年4月5日，收到发放现金股利时编制的会计分录如下。

借：其他货币资金——存出投资款	4 000

　　　　　贷：应收股利　　　　　　　　　　　　　　　　　　　　　　　　　　　　4 000

　　【例 7-19】甲公司于 2014 年 1 月 1 日购入丁公司当日发行的面值 500 000 元、期限 3 年、票面利率 8%、每年 12 月 31 日付息、到期还本的债券作为可供出售金融资产，实际支付的购买价款为 520 000 元。编制的会计分录如下。

　　　　借：可供出售金融资产——成本　　　　　　　　　　　　　　　　　500 000
　　　　　　　　　　　　　　——利息调整　　　　　　　　　　　　　　　　20 000
　　　　　贷：其他货币资金——存出投资款　　　　　　　　　　　　　　　　520 000

　　2）资产负债表日持有收益的确认

　　可供出售金融资产在持有期间取得的现金股利或债券利息（不包括取得该金融资产时支付的价款中包含的已到付息期但尚未领取的利息或已宣告但尚未发放的现金股利），应当计入投资收益。

　　可供出售权益投资持有期间被投资单位宣告发放现金股利，按照应享有的份额，借记"应收股利"，贷记"投资收益"；收到发放的现金股利，借记"其他货币资金——存出投资款"，贷记"应收股利"。

　　可供出售债务投资在持有期间确认利息收入的方法与持有至到期投资相同，即采用实际利率法确认当期利息收入，计入投资收益。可供出售债务工具投资如为分期付息、一次还本债务，应于付息日或资产负债表日，按照可供出售债务投资面值和票面利率计算确定的应收利息，借记"应收利息"，按照可供出售债务投资摊余成本和实际利率计算确定的利息收入，贷记"投资收益"，按其差额，借记或贷记"可供出售金融资产——利息调整"；收到上述应计未收的利息时，借记"其他货币资金——存出投资款"，贷记"应收利息"。可供出售债务如为到期一次还本付息债务，应于资产负债表日，按照以可供出售债务投资面值和票面利率计算确定的应收利息，借记"可供出售金融资产——应计利息"，按照可供出售债务投资摊余成本和实际利率计算确定的利息收入，贷记"投资收益"，按其差额，借记或贷记"可供出售金融资产——利息调整"。

　　【例 7-20】接【例 7-18】资料。2014 年 10 月 5 日，丙公司宣告每股分派现金股利 0.3 元，该现金股利于 10 月 15 日发放。编制的会计分录如下。

　　2014 年 10 月 5 日，丙公司宣告分派现金股利时，确认应收现金股利＝20 000 × 0.3＝6 000（元）。

　　　　借：应收股利　　　　　　　　　　　　　　　　　　　　　　　　　6 000
　　　　　贷：投资收益　　　　　　　　　　　　　　　　　　　　　　　　　6 000

　　2014 年 10 月 15 日，收到丙公司发放的现金股利时编制的会计分录如下。

　　　　借：其他货币资金——存出投资款　　　　　　　　　　　　　　　　6 000
　　　　　贷：应收股利　　　　　　　　　　　　　　　　　　　　　　　　　6 000

　　【例 7-21】接【例 7-19】资料，该公司于 2014 年 1 月 1 日购入丁公司当日发行的面值 500 000 元、期限 3 年、票面利率 8%、每年 12 月 31 日付息、到期还本的债券作为可供出售金融资产，实际支付的购买价款为 520 000 元。该公司在持有期间按照实际利率法确认利息收入。

　　计算实际利率。由于该公司取得丁公司债券的成本高于面值，所以该项可供出售金融资产的实际利率一定低于票面利率，使用插值法估算实际利率 6.5%（计算过程省略），采用实际利率法计算利息收入，如表 7-5 所示。

表 7-5　利息收入计算表

（实际利率法）

单位：元

日期	应收利息	实际利率/%	利息收入	利息调整摊销额	摊余成本
2014 年 1 月 1 日					520 000
2014 年 12 月 31 日	40 000	6.5	33 800	6 200	513 800
2015 年 12 月 31 日	40 000	6.5	33 397	6 603	507 197
2016 年 12 月 31 日	40 000	6.5	32 803*	7 197*	500 000
合计	120 000		100 000	20 000	

*数字考虑到计算过程中出现的尾差，进行了调整

2014 年 12 月 31 日确认利息收入时编制的会计分录如下。

借：应收利息　　　　　　　　　　　　　　　　　　　　40 000

　　贷：投资收益　　　　　　　　　　　　　　　　　　　　33 800

　　　　可供出售金融资产——利息调整　　　　　　　　　　6 200

2015 年 12 月 31 日确认利息收入时编制的会计分录如下。

借：应收利息　　　　　　　　　　　　　　　　　　　　40 000

　　贷：投资收益　　　　　　　　　　　　　　　　　　　　33 397

　　　　可供出售金融资产——利息调整　　　　　　　　　　6 603

2016 年 12 月 31 日确认利息收入时编制的会计分录如下。

借：应收利息　　　　　　　　　　　　　　　　　　　　40 000

　　贷：投资收益　　　　　　　　　　　　　　　　　　　　32 803

　　　　可供出售金融资产——利息调整　　　　　　　　　　7 197

3）资产负债表日公允价值变动

可供出售金融资产的价值，应按资产负债表日的公允价值计量，且公允价值变动计入"其他综合收益"。

资产负债表日，可供出售金融资产的公允价值高于其账面余额（如可供出售金融资产为可供出售债务工具投资，即为其摊余成本）时，应按二者之间的差额，调增可供出售金融资产的账面余额，同时将公允价值变动计入"其他综合收益"；可供出售金融资产的公允价值低于其账面余额时，应按二者之间差额，调减可供出售金融资产的账面余额，同时按公允价值变动借记"其他综合收益"，贷记"可供出售金融资产——公允价值变动"。

【例 7-22】接【例 7-18】和【例 7-20】资料。该公司购入丙公司的股票 20 000 股，2014 年 12 月 31 日的每股市价为 12.4 元，2015 年 12 月 31 日每股为 11.2 元。该公司 2014 年 12 月 31 日，丙公司股票按公允价值调整前的账面余额为 223 500 元。编制的会计分录如下。

2014 年 12 月 31 日，调整可供出售金融资产账面余额如下：

公允价值变动=20 000×12.4-223 500=24 500（元）

借：可供出售金融资产——公允价值变动　　　　　　　　24 500

　　贷："其他综合收益"　　　　　　　　　　　　　　　　24 500

调整后丙公司股票账面余额=20 000×12.4=248 000（元）

2015 年 12 月 31 日，调整可供出售金融资产账面余额如下：

公允价值变动=20 000×11.2－248 000=－24 000（元）

借：其他综合收益   24 000

  贷：可供出售金融资产——公允价值变动   24 000

4）可供出售金融资产的处置

  处置可供出售金融资产时，应将取得的处置价款与该金融资产账面余额之间的差额计入投资收益；同时，将原直接计入所有者权益的公允价值累计变动额对应处置部分的金额转出，计入投资收益。其中，可供出售金融资产的账面余额，是指可供出售金融资产的初始确认金额（或摊余成本）加上或减去资产负债表日累计公允价值变动（包括可供出售金融资产减值金额）后的金额。如果在处置可供出售金融资产时，已计入应收项目的现金股利或债券利息尚未收回，还应从处置价款中扣除该部分现金股利或债券利息之后，确认处置损益。

  处置可供出售金融资产时，应按实际收到的处置价款，借记"其他货币资金——存出投资款"账户；按可供出售金融资产的初始确认金额，贷记"可供出售金融资产——成本"账户；按公允价值累计变动金额，贷记或借记"可供出售金融资产——公允价值变动"账户；按上述差额，贷记或借记"投资收益"账户。

  处置可供出售金融资产时，还应将原直接计入"其他综合收益"的公允价值累计变动额对应处置部分的金额同时转出，借记或贷记"其他综合收益"账户，贷记或借记"投资收益"账户。

  【例 7-23】接【例 7-18】、【例 7-20】~【例 7-22】的资料，2016 年 3 月 2 日，该公司将持有的 20 000 股丙公司股票售出，实际收到价款 264 000 元。编制的会计分录如下。

借：其他货币资金——存出投资款   264 000

  贷：可供出售金融资产——成本   223 500

   可供出售金融资产——公允价值变动   500

   投资收益   40 000

同时编制如下会计分录。

借：其他综合收益   500

  贷：投资收益   500

四、小结

  金融资产是一切可以在有组织的金融市场上进行交易，具有现实价格和未来估价的金融工具的总称，可划分为交易性金融资产、持有至到期投资、贷款和应收款项及可供出售金融资产四类。

  交易性金融资产主要是指企业为了近期内出售而持有的金融资产。为了核算交易性金融资产的取得、收取现金股利或利息、处置等业务，企业应当设置"交易性金融资产"、"公允价值变动损益"、"投资收益"、"应收股利"或"应收利息"等账户进行核算。交易性金融资产业务的核算主要包括初始计量的核算、持有收益的核算、期末计量的核算和处置的核算等内容。期末，交易性金融资产应采用一定的价值标准，对交易性金融资产的期末价值进行后续计量，并以此列示于资产负债表中。

持有至到期投资是指到期日固定、回收金额固定或可确定，且企业有明确意图和能力持有至到期的非衍生金融资产。为了核算持有至到期投资的初始计量、收取利息、持有期间收益的确认、处置等业务，企业应当设置"持有至到期投资"、"应收利息"、"投资收益"和"持有至到期投资减值准备"等账户进行核算。持有至到期投资业务的核算主要包括取得的核算、期末计息的核算和到期收回或出售的核算。企业应当在资产负债表日，对以公允价值计量且其变动计入当期损益的金融资产以外的金融资产的账面价值进行检查，有客观证据表明该金融资产发生减值的，应当计提减值准备。

可供出售金融资产是指初始确认时即被指定为可供出售的非衍生金融资产，以及没有划分为贷款和应收款项、持有至到期投资、以公允价值计量且其变动计入当期损益的金融资产。为了核算可供出售金融资产的相关内容，企业应当设置"可供出售金融资产"、"投资收益"、"公允价值变动损益"和"其他综合收益"等账户。可供出售金融资产的核算包括可供出售金融资产的初始计量、持有收益的确认、期末计量和处置等各项内容。可供出售金融资产的价值应该按资产负债表日的公允价值计量，且公允价值变动计入"其他综合收益"账户，待可供出售金融资产处置时，再将"其他综合收益"转入"投资收益"。

问题思考（金融资产）

1. 交易性金融资产核算时应设置哪些账户？如何进行核算？
2. 交易性金融资产与可供出售金融资产有何异同？
3. 持有至到期投资的特点有哪些？如何进行核算？
4. 什么情况需要对可供出售金融资产计提资产减值损失？
5. 什么是实际利率法？如何确定实际利率？
6. 已计提减值损失的可供出售金融资产价格回升时应如何处理？

第五节　任务五　长期股权投资的核算

【知识目标】通过学习了解长期股权投资岗位的核算任务，熟悉长期股权投资的管理规定，掌握长期股权投资初始计量、后续计量及有关账户的设置及账务处理，了解长期股权投资后续计量的转换。

【能力目标】能对长期股权投资初始计量、后续计量相关业务进行账务处理。

【关键词】长期股权投资；初始计量；后续计量；成本法；权益法；处置；账务处理

长期股权投资是指投资方对被投资单位实施控制、重大影响的权益性投资，以及对其合营企业的权益性投资。不具有控制、共同控制和重大影响的其他投资，适用《企业会计准则第22号——金融工具确认和计量》。

（1）控制，是指投资方拥有对被投资方的权力，通过参与被投资方的相关活动而享有可变回报,并且有能力运用对被投资方的权力影响其回报金额。相关活动,是指对被投资方的回报产生重大影响的活动。被投资方的相关活动应当根据具体情况进行判断,通常包括商品或劳务的销售和购买、金融资产的管理、资产的购买和处置、研究与开发活动及融资活动等。

在确定能否对被投资单位实施控制时,投资方应当按照《企业会计准则第 33 号——合并财务报表》的有关规定进行判断。投资方能够对被投资单位实施控制的,被投资单位为其子公司。投资方属于《企业会计准则第 33 号——合并财务报表》规定的投资性主体且子公司不纳入合并财务报表的情况除外。

(2)重大影响,是指投资方对被投资单位的财务和经营政策有参与决策的权力,但并不能够控制或者与其他方一起共同控制这些政策的制定。在确定能否对被投资单位施加重大影响时,应当考虑投资方和其他方持有的被投资单位当期可转换公司债券、当期可执行认股权证等潜在表决权因素。投资方能够对被投资单位施加重大影响的,被投资单位为其联营企业。

(3)合营安排,在确定被投资单位是否为合营企业时,应当按照《企业会计准则第 40 号——合营安排》的有关规定进行判断。

一、任务导入

2014 年 1 月 1 日,长江集团内一子公司(奥马公司)以账面价值为 1 100 万元、公允价值为 1 500 万元的固定资产作为合并对价,取得同一集团内另外一家企业(山水公司)70%的股权。2014 年 1 月 1 日,甲公司以一项固定资产和银行存款 200 万元向乙公司投资(甲公司和乙公司是不具有关联关系的两个公司),占乙公司注册资本的 70%,该固定资产的账面原价为 8 000 万元,已计提累计折旧 450 万元,已计提固定资产减值准备 250 万元,公允价值为 7 600 万元。2014 年 4 月 1 日,甲公司从证券市场上购入乙公司 20%的股份作为长期股权投资,实际支付价款 8 500 万元(含已宣告但尚未发放的现金股利 500 万元),另支付购买过程中相关税费 40 万元。甲公司取得该股权后能够对乙公司的经营决策施加重大影响。

二、任务分析

本节以长期股权投资相关业务为载体,以原始凭证、记账凭证为教学材料,便于学生更好地掌握长期股权投资的核算方法。投资时,需要投出资产的原始凭证,如用银行存款投资要取得银行进账单,用实物投资要取得验资评估报告等,分红要股东会决议和收到的分红款,收款单位要写收据。投资单位的业务流程如下。

依据财务管理制度→拟定投资计划、评估报告→取得专家意见→依据审核权限提交审核→审核批准后→制订投资计划→(评估报告、投资计划、专家意见)存档备查。

三、知识储备与任务分析

（一）长期股权投资的初始计量

长期股权投资在取得时，应按初始投资成本入账。长期股权投资初始投资成本应分别按企业合并和非企业合并两种情况来确定。

企业的长期股权投资，从取得方式上可以分为两大类：一类是企业合并取得的，另一类是非企业合并取得的。企业合并取得的长期股权投资，又分为同一控制下企业合并和非同一控制下企业合并取得的长期股权投资。不同方式取得的长期股权投资，会计处理方法有所不同。

初始计量特别强调长期股权投资形成的途径，如图 7-1 所示。

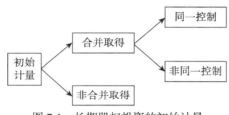

图 7-1 长期股权投资的初始计量

（二）企业合并形成的长期股权投资初始成本

企业合并形成的长期股权投资，应区分企业合并类型，分别使用同一控制下企业合并与非同一控制下企业合并确定其初始投资成本。

1. 同一控制下企业合并形成的长期股权投资

对于同一控制下的企业合并，从能够对参与合并各方在合并前后均实施最终控制的一方来看，最终控制方在企业合并前及合并后能够控制的资产并没有发生变化。因此，同一控制下的企业合并，合并方在企业合并中取得的资产和负债，应当按照合并日其在被合并方的账面价值计量。合并方取得净资产账面价值与支付对价账面价值的差额，应当调整资本公积（仅指资本溢价或股本溢价）；资本公积不足冲减的，调整留存收益。通过企业合并形成的对被合并方的长期股权投资，其成本代表的是在被合并方账面所有者权益中享有的份额。所以，对同一控制下的企业合并形成的长期股权投资的初始入账原则如下：不以公允价值计量，不确认损益。

（1）同一控制下的企业合并，合并方以支付现金、转让非现金资产或承担债务方式作为合并对价的，应当在合并日按照取得被合并方所有者权益账面价值的份额作为长期股权投资的初始投资成本。长期股权投资初始投资成本与支付的现金、转让的非现金资产，以及所承担债务账面价值之间的差额，应当调整资本公积（资本溢价或股本溢价）；资本公积（资本溢价或股本溢价）不足冲减的，调整留存收益。

（2）合并方以发行权益性证券作为合并对价的，应按发行权益性证券的面值总额作为股本，长期股权投资初始投资成本与所发行权益性证券面值总额之间的差额，应当调整资本公积（资本溢价或股本溢价）；资本公积（资本溢价或股本溢价）不足冲减的，调整留存收益。

（3）在按照合并日应享有被合并方账面所有者权益的份额确定长期股权投资的初始投资成本时，应基于重要性原则，统一合并方与被合并方的会计政策，在按照合并方的会计政策对被合并方资产、负债的账面价值进行调整的基础上，确定长期股权投资的初始投资成本。

（4）合并方为企业合并发生的审计、法律服务、评估咨询等中介费用及其他相关管理费用，应当于发生时计入当期损益。

（5）被合并方在合并日的净资产账面价值为负数的，长期股权投资按零确定，同时在备查簿中予以登记。

具体进行会计处理时，合并方在合并日按取得被合并方所有者权益账面价值的份额，借记"长期股权投资"科目，按应享有被投资单位已宣告但尚未发放的现金股利或利润，借记"应收股利"科目，按支付的合并对价的账面价值，贷记有关资产或借记有关负债科目，按其差额，贷记"资本公积——资本溢价或股本溢价"科目；如为借方差额，应借记"资本公积——资本溢价或股本溢价"科目，资本公积（资本溢价或股本溢价）不足冲减的，借记"盈余公积""利润分配——未分配利润"科目。

【例 7-24】某集团内一子公司以账面价值为 1 100 万元、公允价值为 1 500 万元的固定资产作为对价，取得同一集团内另外一家企业 70% 的股权。

若合并日被合并企业的账面所有者权益总额为 2 000 万元，则编制的会计分录如下。

借：长期股权投资		14 000 000
贷：固定资产清理		11 000 000
资本公积——股本溢价		3 000 000

若合并日被合并企业的账面所有者权益总额为 1 500 万元，合并企业"资本公积——股本溢价"贷方余额为 200 万元。

借：长期股权投资		10 500 000
资本公积——股本溢价		500 000
贷：固定资产清理		11 000 000

若合并日被合并企业的账面所有者权益总额为 1 500 万元，合并企业"资本公积——股本溢价"贷方余额为 40 万元，"盈余公积"贷方余额为 200 万元，即资本公积不足冲减，应冲减留存收益。

借：长期股权投资		10 500 000
资本公积——股本溢价		400 000
盈余公积		100 000
贷：固定资产清理		11 000 000

【例 7-25】甲公司和乙公司同为 A 集团的子公司，2014 年 6 月 1 日甲公司发行 700 万股普通股（每股面值 1 元，发行价 3 元）作为对价取得乙公司 100% 的股权，合并日甲公司和乙公司同日所有者权益构成如表 7-6 所示。

表 7-6　甲公司和乙公司同日所有者权益构成　　　　　　　　　单位：万元

甲公司		乙公司	
项目	金额	项目	金额
股本	3 600	股本	600
资本公积	1 000	资本公积	200
盈余公积	800	盈余公积	400
未分配利润	2 000	未分配利润	800
合计	7 400	合计	2 000

甲公司在合并日的会计处理如下。

借：长期股权投资　　　　　　　　　　　　　　　　　　　　　20 000 000

　　贷：股本　　　　　　　　　　　　　　　　　　　　　　　　7 000 000

　　　　资本公积——股本溢价　　　　　　　　　　　　　　　　13 000 000

2. 非同一控制下企业合并形成的长期股权投资

非同一控制下的企业合并，购买方在购买日应当按照确定的合并成本作为长期股权投资的初始投资成本。合并成本为购买方在购买日为取得对被购买方的控制权而付出的资产、发生或承担的负债，以及发行的权益性证券的公允价值之和，其中以支付非货币性资产为对价的，所支付的非货币性资产在购买日的公允价值与其账面价值之间的差额，应作为资产的处置损益。实际支付的价款或对价中包含的已宣告但尚未发放的现金股利或利润，应作为应收项目处理。

非同一控制下的企业合并，投出资产为非货币性资产时，投出资产公允价值与其账面价值的差额应分不同资产进行会计处理。

（1）投出资产为固定资产或无形资产，其差额计入营业外收入或营业外支出。

（2）投出资产为存货，按其公允价值确认主营业务收入或其他业务收入，按其成本结转主营业务成本或其他业务成本。

（3）投出资产为可供出售金融资产等投资的，其差额计入投资收益。可供出售金融资产持有期间公允价值变动形成的"资本公积——其他资本公积"应一并转入投资收益。

购买方为企业合并发生的审计、法律服务、评估咨询等中介费用及其他相关管理费用，应当于发生时直接计入当期损益。该直接相关费用不包括为企业合并发行的债券或承担其他债务支付的手续费、佣金等，也不包括企业合并中发行权益性工具或债务性工具的交易费用。

具体进行会计处理时，非同一控制下企业合并形成的长期股权投资，应在购买日按企业合并成本，借记"长期股权投资"，按支付合并对价的账面价值，贷记或借记有关资产、负债科目，按发生的直接相关费用，借记"管理费用"，贷记"银行存款"等，企业合并成本中包含的已宣告但尚未发放的现金股利或利润，应作为应收股利进行核算。

【例 7-26】2014 年 1 月 1 日，甲公司以一项固定资产和银行存款 200 万元向乙公司投资（甲公司和乙公司是不具有关联关系的两个公司），占乙公司注册资本的 70%，该固定资产的账面原价为 8 000 万元，已计提累计折旧 450 万元，已计提固定资产减值准备 250 万元，公允价值为 7 600 万元。不考虑其他相关税费。甲公司的会计处理如下。

借：固定资产清理　　　　　　　　　　　　　　　　　　　　　73 000 000

累计折旧	4 500 000
固定资产减值准备	2 500 000
贷：固定资产	80 000 000
借：长期股权投资	78 000 000（2 000 000+76 000 000）
贷：固定资产清理	73 000 000
银行存款	2 000 000
营业外收入	3 000 000

【例7-27】2013年1月1日，甲公司以每股5元的价格购入某上市公司B公司的股票100万股，持有B公司2%的股权。甲公司与B公司不存在关联关系。甲公司将对B公司的投资作为可供出售金融资产核算。2014年1月1日，甲公司以现金1.73亿元作为对价，向B公司的大股东收购B公司50%的股权，相关交易当日完成。假设甲公司购买B公司2%的股权和后续购买50%的股权不构成"一揽子交易"，甲公司取得B公司控制权之日为2014年1月1日，B公司当日股价为每股7元，其可辨认净资产的公允价值为2亿元，不考虑相关税费等其他影响因素。

2014年01月1日追加投资前甲公司原持有可供出售金融资产的账面价值为700万元，追加投资后的初始投资成本为18 000（17 300+700）万元。持有可供出售金融资产的其他综合收益为200万元，转入购买日所属的当期投资收益。会计处理如下。

借：长期股权投资——投资成本（B公司）	18 000 000
贷：可供出售金融资产——投资成本（B公司）	5 000 000
——公允价值变动	2 000 000
银行存款	17 300 000
借：其他综合收益	2 000 000
贷：投资收益	2 000 000

（三）企业合并以外其他方式取得的长期股权投资

以企业合并以外其他方式取得的长期股权投资，应当按照下列规定确定其初始投资成本。

（1）以支付现金取得的长期股权投资，应当按照实际支付的购买价款作为初始投资成本。初始投资成本包括与取得长期股权投资直接相关的费用、税金及其他必要支出。但实际支付的价款或对价中包含的已宣告但尚未发放的现金股利或利润，应作为应收项目处理。

【例7-28】2014年4月1日，甲公司从证券市场上购入乙公司20%的股份作为长期股权投资，实际支付价款8 500万元（含已宣告但尚未发放的现金股利500万元），另支付购买过程中相关税费40万元。甲公司取得该股权后能够对乙公司的经营决策施加重大影响。甲公司的会计处理如下。

借：长期股权投资	80 400 000
应收股利	5 000 000
贷：银行存款	85 400 000

（2）以发行权益性证券取得的长期股权投资，应当按照发行权益性证券的公允价

值作为初始投资成本。为发行权益性证券支付的手续费、佣金等应自权益性证券的溢价发行收入中扣除，溢价收入不足的，应冲减盈余公积和未分配利润。

【例 7-29】2014 年 4 月，甲公司通过增发 1 000 万股公司普通股作为对价取得 A 公司 20%的股权，该股票每股面值为 1 元，按照增发前后的平均股价计算，该 1 000 万股股份的公允价值为 6 800 万元，另支付相关费用 90 万元。假定甲公司取得该部分股权后能够对 A 公司经营决策施加重大影响。甲公司的会计处理如下。

借：长期股权投资　　　　　　　　　　　　　　　　　　　　68 000 000
　　贷：股本　　　　　　　　　　　　　　　　　　　　　　10 000 000
　　　　资本公积——股本溢价　　　　　　　　　　　　　　58 000 000
借：资本公积——股本溢价　　　　　　　　　　　　　　　　　900 000
　　贷：银行存款　　　　　　　　　　　　　　　　　　　　　900 000

（3）投资者投入的长期股权投资，应当按照投资合同或协议约定的价值作为初始投资成本，但合同或协议约定价值不公允的除外。

【例 7-30】2014 年 8 月 1 日，甲公司接受 B 公司投资，B 公司将持有的对 C 公司的长期股权投资投入甲公司。B 公司持有的对 C 公司的长期股权投资的账面余额为 1 200 万元，未计提减值准备。甲公司和 B 公司投资合同约定的价值为 1 500 万元，甲公司的注册资本为 5 000 万元，B 公司投资持股比例为 30%。甲公司的会计处理如下。

借：长期股权投资　　　　　　　　　　　　　　　　　　　　15 000 000
　　贷：实收资本　　　　　　　　　　　　　　　　　　　　15 000 000

【课堂思考】如果 B 公司投资持股比例为 20%，甲公司的会计处理如何做？

（4）通过非货币性资产交换取得的长期股权投资，其初始投资成本应当参考"非货币性资产交换"有关规定处理；通过债务重组取得的长期股权投资，其初始投资成本参考"债务重组"有关规定确定。

四、长期股权投资的后续计量

长期股权投资在持有期间，根据投资企业对被投资单位的影响程度，应当分别采用成本法及权益法进行核算。

（一）长期股权投资核算的成本法

1. 成本法的定义及其适用范围

成本法，是指投资按成本计价的方法。根据会计准则规定，投资方持有的对子公司投资应当采用成本法核算，但投资方为投资性主体且子公司不纳入其合并财务报表的除外。

2. 成本法的核算

采用成本法核算的长期股权投资，核算方法如下。

（1）在成本法下，长期股权投资应当按照初始投资成本计量。追加或收回投资时，按照追加或收回投资的成本增加或减少长期股权投资的账面价值。

（2）除取得投资时实际支付的价款或对价中包含的已宣告但尚未发放的现金股利或利润外，投资企业应当按照享有被投资单位宣告发放的现金股利或利润确认投资收益，不管有关利润分配是属于对取得投资前还是取得投资后被投资单位实现的净利润分配。

（3）投资企业在确认被投资单位应分得的现金股利或利润后，应当考虑有关长期股权投资是否发生减值。如果发生减值应当计提长期股权投资减值准备。

【例7-31】甲公司于2014年1月10日以2 000万元取得乙公司60%的股权，从而甲公司能够控制乙公司。2014年2月6日，乙公司宣告分派股利，甲公司按照持股比例可取得60万元。2014年2月12日，乙公司实际分派股利，甲公司应进行的账务处理如下。

2014年1月10日取得长期股权投资时编制的会计分录如下。

借：长期股权投资——乙公司　　　　　　　　　　　　　　20 000 000
　　贷：银行存款　　　　　　　　　　　　　　　　　　　　　　20 000 000

2014年2月6日乙公司宣告分派利润时编制的会计分录如下。

借：应收股利　　　　　　　　　　　　　　　　　　　　　　600 000
　　贷：投资收益　　　　　　　　　　　　　　　　　　　　　　　600 000

2014年2月12日乙公司实际分派利润时编制的会计分录如下。

借：银行存款　　　　　　　　　　　　　　　　　　　　　　600 000
　　贷：应收股利　　　　　　　　　　　　　　　　　　　　　　　600 000

进行上述处理后，若相关长期股权投资存在减值迹象的，应当进行减值测试。

（二）长期股权投资的权益法

1. 权益法的定义及其适用范围

权益法，是指投资以初始投资成本计量后，在投资持有期间根据投资企业享有被投资单位所有者权益的份额的变动对投资的账面价值进行调整的方法。

投资企业对被投资单位具有共同控制或重大影响的长期股权投资，即对合营企业投资及联营企业投资应当采用权益法核算。

2. 权益法的一般核算程序

（1）在权益法下，长期股权投资应当按照账面价值计量。追加或收回投资时，按照追加或收回投资的成本增加或减少长期股权投资的账面价值。

（2）比较初始投资成本与投资时应享有被投资单位可辨认净资产公允价值的份额，对初始投资成本进行调整。

（3）持有投资期间，随着被投资单位所有者权益的变动相应调整增加或减少长期股权投资的账面价值，并分情况处理：对属于因被投资单位实现净损益产生的所有者权益变动，投资企业按应享有的份额，增加或减少长期股权投资的账面价值，同时确认为投资损益；对于被投资单位除净损益以外其他因素导致的所有者权益变动，投资企业按应享有的份额，增加或减少长期股权投资的账面价值，同时确认为资本公积——其他资本公积。

（4）被投资单位宣告分派利润或现金股利时，投资企业按应享有的部分，相应冲减长期股权投资的账面价值。

3. 权益法下的会计处理

1）权益法核算的科目设置

采用权益法进行长期股权投资的核算，可以在"长期股权投资"科目下，设置"投资成本"、"损益调整"和"其他综合收益"等明细科目。权益法下，"长期股权投资"科目的余额，反映全部投资成本。其中，"投资成本"明细科目反映购入股权时在被投资企业按公允价值确定的所有者权益中占有的份额，以及初始投资成本大于占有份额形成的商誉；"损益调整"明细科目反映购入股权后随着被投资企业留存收益的增减变动而享有的份额的调整数；"其他综合收益"明细科目反映购入股权后随着被投资企业资本公积的增减变动而享有份额的调整数。

2）初始投资成本的调整

投资企业取得对联营企业或合营企业的投资以后，对于取得投资时投资成本与应享有被投资单位可辨认净资产公允价值份额之间的差额，应区别情况分别处理。

（1）初始投资成本大于取得投资时应享有被投资单位可辨认净资产公允价值份额的，该部分差额从本质上是投资企业在取得投资过程中通过购买作价体现出的与所取得股权份额相对应的商誉，以及被投资单位不符合确认条件的资产价值。初始投资成本大于投资时应享有被投资单位可辨认净资产公允价值的份额时，两者之间的差额不要求对长期股权投资的成本进行调整。

（2）初始投资成本小于取得投资时应享有被投资单位可辨认净资产公允价值份额的，两者之间的差额体现为双方在交易作价过程中转让方的让步，该部分经济利益流入应作为收益处理，计入取得投资当期的营业外收入，同时调整增加长期股权投资的账面价值。

【例 7-32】甲公司于 2014 年 1 月取得 B 公司 30%的股权，支付价款 9 000 万元。取得投资时被投资单位净资产账面价值为 20 000 万元（假定被投资单位各项可辨认资产、负债的公允价值与其账面价值相同）。

甲公司在取得 B 公司的股权后，派人参与 B 公司的生产经营决策。因能够对 B 公司施加重大影响，甲公司对该投资应当采用权益法核算。取得投资时，甲公司应进行以下账务处理。

借：长期股权投资——投资成本　　　　　　　　　　　　　　　90 000 000
　　贷：银行存款　　　　　　　　　　　　　　　　　　　　　　90 000 000

长期股权投资的初始投资成本 9 000 万元大于取得投资时应享有被投资单位可辨认净资产公允价值的份额 6 000（20 000×30%）万元，两者之间的差额不调整长期股权投资的账面价值。

如果【例 7-32】中取得投资时被投资单位可辨认净资产的公允价值为 40 000 万元，A 企业按持股比例 30%计算确定应享有 12 000 万元，则初始投资成本与应享有被投资单位可辨认净资产公允价值份额之间的差额 3 000 万元应计入取得投资当期的营业外收入，账务处理如下。

借：长期股权投资——投资成本　　　　　　　　　　　　　　120 000 000
　　贷：银行存款　　　　　　　　　　　　　　　　　　　　　　90 000 000
　　　　营业外收入　　　　　　　　　　　　　　　　　　　　　30 000 000

3）投资损益的确认

投资企业取得长期股权投资后，应当按照应享有或应分担被投资单位实现净利润或发生净亏损的份额（法规或章程规定不属于投资企业的净损益除外），调整长期股权投资的账面价值，并确认为当期投资损益。

在确认应享有或应分担被投资单位的净利润或净亏损时，在被投资单位账面净利润的基础上，应考虑以下因素的影响进行适当调整。

一是被投资单位采用的会计政策及会计期间与投资企业不一致的，应按投资企业的会计政策及会计期间对被投资单位的财务报表进行调整，在此基础上确定被投资单位的损益。

二是以取得投资时被投资单位固定资产、无形资产的公允价值为基础计提的折旧额或摊销额，以及以投资企业取得投资时的公允价值为基础计算确定的资产减值准备金额等对被投资单位净利润的影响。

被投资单位个别利润表中的净利润是以其持有的资产、负债账面价值为基础持续计算的，而投资企业在取得投资时，是以被投资单位有关资产、负债的公允价值为基础确定投资成本，长期股权投资的投资收益所代表的是被投资单位资产、负债在公允价值计量的情况下在未来期间通过经营产生的损益中归属于投资企业的部分。取得投资时有关资产、负债的公允价值与其账面价值不同的，未来期间，在计算归属于投资企业应享有的净利润或应承担的净亏损时，应以投资时被投资单位有关资产对投资企业的成本，即取得投资时的公允价值为基础计算确定，从而产生了需要对被投资单位账面净利润进行调整的情况。

在针对上述事项对被投资单位实现的净利润进行调整时，应考虑重要性原则，不具有重要性的项目可不予调整。符合下列条件之一的，投资企业可以以被投资单位的账面净利润为基础，计算确认投资损益，同时应在会计报表附注中说明不能按照准则规定进行核算的原因：①投资企业无法合理确定取得投资时被投资单位各项可辨认资产等的公允价值；②投资时被投资单位可辨认资产的公允价值与其账面价值相比，两者之间的差额不具有重要性的；③其他原因导致无法取得被投资单位的有关资料，不能按照准则中规定的原则对被投资单位的净损益进行调整的。

【例7-33】甲公司于2014年1月1日购入乙公司30%的股份，购买价款为2 000万元，并自取得股份之日起派人参与乙公司的生产经营决策。取得投资日，乙公司可辨认净资产公允价值为6 000万元，除表7-7列示的项目外，其他资产、负债的公允价值与账面价值相同（单位：万元）。

表7-7 乙公司有关资产项目的账面价值和公允价值   单位：万元

项目	账面原价	已提折旧	公允价值	原预计使用年限	剩余使用年限
存货	500		700		
固定资产	1 000	200	1 200	20	16
无形资产	600	120	800	10	8
小计	2 100	320	2 700		

假定乙公司2014年实现净利润880万元，其中在甲公司取得投资时的账面存货500万元中有70%对外出售。甲公司与乙公司的会计年度和采用的会计政策相同。

甲公司在确定其享有乙公司 2014 年的投资收益时，应在乙公司实现净利润的基础上，根据取得投资时有关资产的账面价值与其公允价值差额的影响进行调整（假定不考虑所得税影响）。

调整后的净利润=880-（700-500）×70%-（1 200/16-1 000/20）-（800/8-600/10）=675（万元）

甲公司应享有份额=675×30%=202.5（万元）

借：长期股权投资——损益调整　　　　　　　　　　　　　　　　　　2 025 000
　　贷：投资收益　　　　　　　　　　　　　　　　　　　　　　　　　　2 025 000

4）未实现内部损益的抵销

投资企业在采用权益法确认投资收益时，应抵销与其联营企业及合营企业之间发生的未实现内部交易损益。该未实现内部交易既包括顺流交易也包括逆流交易。其中顺流交易是指投资企业向联营企业或合营企业出售资产，逆流交易是指联营企业或合营企业向投资企业出售资产。当该未实现内部交易损益体现在投资方或其联营企业、合营企业持有的资产账面价值中时，相关的损益在计算确认投资收益时应予抵销。

（1）逆流交易。

对于联营企业或合营企业向投资企业出售资产的逆流交易，联营企业或合营企业在个别报表中确认了销售损益，而投资企业未实现销售，即损益也未能最终实现；但在投资企业未实现的损益中，属于其他股东享有的份额，从投资企业的角度看相当于向其他股东购买货物的价值，联营企业或合营企业的销售损益已经实现，不需要进行抵销处理，因此也只需要将其中属于投资企业享有的份额在确认投资收益时予以抵销。

【例 7-34】承【例 7-33】，乙公司 2009 年向甲公司销售商品一件，不含税销售收入 30 万元，销售成本 24 万元；甲公司将购入商品确认为管理用固定资产，折旧年限 5 年，采用平均年限法计提折旧，不考虑净残值。其他条件同前。

乙公司根据取得投资时有关资产的账面价值与其公允价值差额的影响调整后的净利润为 675 万元；此外，乙公司向甲公司销售商品视为未实现的利润 6（30-24）万元，以及甲公司计提折旧的影响额 1.2（30÷5-24÷5）万元应予抵销。因此，甲公司按照持股比例计算确认的 2014 年投资收益应为 201.06［（675-6+1.2）×30%］万元。根据以上资料，甲公司确认投资收益时编制的会计分录如下。

借：长期股权投资——损益调整　　　　　　　　　　　　　　　　　　2 010 600
　　贷：投资收益　　　　　　　　　　　　　　　　　　　　　　　　　　2 010 600

（2）顺流交易。

当投资企业向联营企业或合营企业出售资产，同时有关资产由联营企业或合营企业持有时，投资方因出售资产应确认的损益仅限于与联营企业或合营企业其他投资者交易的部分。在顺流交易中，投资方投出资产或出售资产给其联营企业或合营企业产生的损益中，按照持股比例计算确定归属于本企业的部分不予确认。

应当说明的是，投资企业与其联营企业及合营企业之间发生的无论是顺流交易还是逆流交易产生的未实现内部交易损失，属于所转让资产发生减值损失的，有关的未实现内部交易损失不应予以抵销。

5）被投资单位其他综合收益变动的处理

被投资单位其他综合收益发生变动的，投资方应按照归属于本企业的部分相应调整长期股权投资的账面价值，同时增加或减少其他综合收益。

【例 7-35】A 公司对 C 公司的投资占其有表决权资本的比例为 35%，能够对 C 公司施加重大影响。2014 年 8 月 20 日 C 公司因持有的可供出售金融资产公允价值变动计入其他综合收益的金额为 100 万元，不考虑所得税的影响。除该事项以外，C 公司当年实现净损益 4 600 万元，假设不需要调整因素。

A 公司的会计处理如下。

借：长期股权投资——损益调整   16 100 000

     ——其他综合收益   350 000

  贷：投资损益   16 100 000

   其他综合收益   350 000

6）取得现金股利或利润的处理

按照权益法核算的长期股权投资，投资企业自被投资单位取得的现金股利或利润，应抵减长期股权投资的账面价值。在被投资单位宣告分派现金股利或利润时，借记"应收股利"，贷记"长期股权投资（损益调整）"。

7）超额亏损的确认

按照权益法核算的长期股权投资，投资企业确认应分担被投资单位发生的损失，原则上应以长期股权投资及其他实质上构成对被投资单位净投资的长期权益减记至零为限，投资企业负有承担额外损失义务的除外。这里所讲的"其他实质上构成对被投资单位净投资的长期权益"通常是指长期应收项目。例如，企业对被投资单位的长期债权，该债权没有明确的清收计划，且在可预见的未来期间不准备收回的，实质上构成对被投资单位的净投资，但不包括投资企业与被投资单位之间因销售商品、提供劳务等日常活动所产生的长期债权。

投资企业在确认应分担被投资单位发生的亏损时，具体应按照以下顺序处理。

首先，减记长期股权投资的账面价值。

其次，在长期股权投资的账面价值减记至零的情况下，对于未确认的投资损失，考虑除长期股权投资以外，账面上是否有其他实质上构成对被投资单位净投资的长期权益项目，如果有，则应以其他长期权益的账面价值为限，继续确认投资损失，冲减长期应收项目等的账面价值。

最后，经过上述处理，按照投资合同或协议约定，投资企业仍需要承担额外损失弥补等义务的，应按预计将承担的义务金额确认预计负债，计入当期投资损失。

企业在实务操作过程中，在发生投资损失时，应借记"投资收益"，贷记"长期股权投资——损益调整"。在长期股权投资的账面价值减记至零以后，考虑其他实质上构成对被投资单位净投资的长期权益，继续确认的投资损失，应借记"投资收益"，贷记"长期应收款"等；因投资合同或协议约定导致投资企业需要承担额外义务的，按照或有事项准则的规定，对于符合确认条件的义务，应确认为当期损失，同时确认预计负债，借记"投资收益"，贷记"预计负债"。除上述情况仍未确认的应分担被投资单位的损失，应在账外备查登记。

在确认了有关的投资损失以后，被投资单位于以后期间实现盈利的，应按以上相反顺序分别减记账外备查登记的金额、已确认的预计负债、恢复其他长期权益及长期股权投资的账面价值，同时确认投资收益，即应当按顺序分别借记"预计负债"、"长期应收款"和"长期股权投资"等，贷记"投资收益"。

【例 7-36】甲公司持有乙公司 40%的股权，2014 年 12 月 31 日的账面价值为 2 000 万元，包括投资成本，以及因乙公司实现净利润而确认的投资收益。乙公司 2014 年由于一项主要经营业务市场条件发生骤变，当年发生亏损 3 000 万元。假定甲企业在取得投资时，乙公司各项可辨认资产、负债的公允价值与其账面价值相同，采用的会计政策和会计期间也相同。则甲公司 2014 年应确认的投资损失为 1 200 万元。确认上述投资损失后，长期股权投资的账面价值变为 800 万元。

如果乙公司 2014 年的亏损额为 6 000 万元，则甲公司按其持股比例确认应分担的损失为 2 400（6 000×40%）万元，但期初长期股权投资的账面价值仅为 2 000 万元，如果没有其他实质上构成对被投资单位净投资的长期权益项目，则甲公司应确认的投资损失仅为 2 000 万元，超额损失在账外进行备查登记；如果在确认了 2 000 万元投资损失后，甲公司账上仍有应收乙公司的长期应收款 800 万元（实质上构成对乙公司净投资），则在长期应收款账面价值大于 400 万元的情况下，应进一步确认投资损失 400 万元。甲公司应进行的账务处理如下。

借：投资收益　　　　　　　　　　　　　　　　　24 000 000
　　贷：长期股权投资—— 损益调整　　　　　　　　　　20 000 000
　　　　长期应收款——乙公司（超额亏损）　　　　　　4 000 000

8）股票股利的处理

被投资单位分派股票股利，投资企业不做账务处理，但应于除权日注明所增加的股数，以反映股份的变化情况。

五、长期股权投资的处置

投资方全部处置权益法核算的长期股权投资时，应相应结转与所售股权相对应的长期股权投资的账面价值，出售所得价款与处置长期股权投资账面价值之间的差额，应确认为处置损益，原权益法核算的相关其他综合收益应当在终止采用权益法核算时全部转入当期投资损益。投资方部分处置权益法核算长期股权投资时，剩余股权仍然采用权益法核算的原权益法核算的相关其他综合收益应当采用与被投资单位直接处置相关资产或负债相同的基础处理，并按比例结转计入当期投资损益。

【例 7-37】A 公司持有 B 公司 40%的表决权股份，能够对 B 公司的生产经营决策施加重大影响，采用权益法核算。2014 年 11 月 30 日，A 公司出售所持有 B 公司股权中的 40%，出售以后无法对 B 公司施加重大影响，且把该项投资归类为可供出售金融资产。出售时，A 公司账面上对 B 公司长期股权投资的账面价值为 4 800 万元，其中，投资成本 3 600 万元，损益调整为 960 万元，其他综合收益 1 400 万元（性质为被投资单位可供出售金融资产的累计公允价值变动），其他所有者权益变动为 100 万元。出售 40%股权取得价款 22 100 000 元。

（1）A公司确认处置损益的会计处理如下。

借：银行存款　　　　　　　　　　　　　　　　　　　　　22 100 000

　　贷：长期股权投资　　　　　　　　　　　　　　　　　　　　19 200 000

　　　　投资收益　　　　　　　　　　　　　　　　　　　　　　2 900 000

（2）A公司确认其他综合收益的会计处理如下。

借：其他综合收益　　　　　　　　　　　　　　　　　　　　1 400 000

　　贷：投资收益　　　　　　　　　　　　　　　　　　　　　1 400 000

（3）A公司确认原计入资本公积其他所有者权益变动的会计处理如下。

借：资本公积——其他资本公积　　　　　　　　　　　　　　1 000 000

　　贷：投资收益　　　　　　　　　　　　　　　　　　　　　1 000 000

（4）A公司对剩余股权的会计处理如下。

借：可供出售金融资产——投资成本　　　　　　　　　　　　3 315 000

　　贷：长期股权投资　　　　　　　　　　　　　　　　　　　2 160 000

　　　　投资损益　　　　　　　　　　　　　　　　　　　　　1 155 000

六、小结

本章主要学习了长期股权投资的初始计量、后续计量及长期股权投资处置，是根据 2014 年修订的《企业会计准则第 2 号——长期股权投资》对长期股权投资进行了全面的介绍。

长期股权投资是指通过各种资产取得被投资企业股权且不准备随时出售的投资，其主要是为了长远利益而影响、控制其他在经济业务上相关联的企业。企业进行长期股权投资后，成为被投资企业的股东，有参与被投资企业经营决策的权利。长期股权投资包括以下几方面：①投资方持有的能够对被投资单位实施控制的权益性投资，即对子公司投资；②投资方持有的能够与其他合营方一同对被投资单位实施共同控制的权益性投资，即对合营企业投资；③投资方持有的能够对被投资单位施加重大影响的权益性投资，即对联营企业投资。投资方对被投资单位不具有控制、共同控制或重大影响的投资，适用《企业会计准则第 22 号——金融工具确认和计量》。

企业的长期股权投资，从取得方式上可以分为两大类：一类是企业合并取得的；另一类是非企业合并取得的。企业合并取得的长期股权投资，又分为同一控制下企业合并和非同一控制下企业合并取得的长期股权投资。不同方式取得的长期股权投资，会计处理方法有所不同。对同一控制下的企业合并形成的长期股权投资的初始入账原则如下：不以公允价值计量，不确认损益。非同一控制下的企业合并，购买方在购买日应当区别不同情况确定合并成本，并将其作为长期股权投资的初始投资成本：一次交换交易实现的企业合并，合并成本为购买方在购买日为取得对被购买方的控制权而付出的资产、发生或承担的负债，以及发行的权益性证券的公允价值；通过多次交换交易分步实现的企业合并，合并成本为每一单项交易成本之和。

长期股权投资后续计量原则：长期股权投资应当分不同情况采用成本法或权益法确

定期末账面余额，即长期股权投资在持有期间，根据投资企业对被投资单位的影响程度，应当分别采用成本法及权益法进行核算。采用成本法核算长期股权投资时，初始投资或追加投资时，按照初始投资或追加投资时的成本增加长期股权投资的账面价值，除取得投资时实际支付的价款或对价中包含的已宣告但尚未发放的现金股利或利润外，投资企业应当按照享有被投资单位宣告发放的现金股利或利润确认投资收益。采用权益法核算长期股权投资时，要从初始投资成本的调整、投资损益的确认、取得现金股利或利润的处理、超额亏损的确认，以及被投资单位除净损益以外所有者权益的其他变动等方面全面掌握。长期股权投资的减值准备在提取以后，均不允许转回。

企业处置长期股权投资时，应相应结转与所售股权相对应的长期股权投资的账面价值，出售所得价款与处置长期股权投资账面价值之间的差额，应确认为处置损益。采用权益法核算的长期股权投资，在终止采用权益法核算时，将原确认的其他综合收益转入投资损益，将原计入资本公积中其他所有者权益变动，转入当期损益。

长期股权投资在持有期间，因各方面情况的变化，可能导致其核算需要由一种方法转换为另外的方法。企业会计实务中涉及长期股权投资的核算方法转换形式有以下情形：①以公允价值计量转换为权益法核算；②公允价值计量或权益法转换为成本法；③权益法转换为公允价值计量；④成本法转为权益法；⑤成本法核算转换公允价值计量。这些内容将在后续课程中介绍。

问题思考（长期股权投资）

1. 如何正确理解长期股权投资的核算范围？
2. 长期股权投资后续计量方法的适用范围。
3. 长期股权投资成本法核算应注意哪些问题？
4. 长期股权投资权益法核算应注意哪些问题？
5. 长期股权投资处置时应如何视不同情况进行处理？

项目七 学习指导	项目七 习题	项目七　《企业会计准则第 2 号—— 长期股权投资》（2006）

项目七　《企业会计准则第 17 号 ——借款费用》（2006）	项目七　《企业会计准则第 22 号—— 金融工具确认和计量》（2006）	项目七　长期股权 投资新旧准则对比

第八章　项目八　财务成果岗位核算

【知识目标】了解财务成果岗位的核算任务；掌握财务成果岗位的核算流程；掌握营业收入、营业成本、期间费用、利润、所得税费用及利润分配的核算。

【能力目标】能够根据有关原始凭证进行企业营业收入、营业成本、期间费用的核算；正确计算和结转收入、费用和利润，掌握利润的计算过程；根据记账凭证的记录，正确登记收入、费用和利润总账及其明细账。

【关键词】收入；费用；利润；利润分配；所得税费用

第一节　任务一　财务成果岗位的核算任务

财务成果岗位核算主要按权责发生制确认企业的收入和费用，计算营业利润、利润总额及净利润的过程，主要会计核算任务如下。

（1）编制收入、利润计划→会同有关部门拟定企业利润管理与核算的实施办法。

（2）做好收入制证前各项票据的核对工作→负责销售发票的开具和审核→发货通知单的审核→建立发货通知单备查簿，发现问题及时处理。

（3）编制记账凭证→登记主营业务收入、其他业务收入、其他业务成本、主营业务成本、营业税金及附加等明细账。

（4）办理销售款项结算业务→编制记账凭证。

（5）增值税专用发票票据认证工作→按月装订成册备查；普通发票的购领申报核销工作。

（6）管理费用、财务费用、销售费用的核算。

（7）利润、所得税费用、利润分配的核算。

第二节　任务二　收入的核算

一、任务导入

M公司2014年9月发生下列业务。

（1）向甲公司销售 A 产品 100 件，单价 1 000 元，单位成本 800 元/件。开出增值税专用发票，款项已收到，产品已经发出。

（2）向乙公司销售 A 产品 200 件，单价 1 000 元，单位成本 800 元/件。开出增值税专用发票，款项尚未收到，产品已经发出后得知乙公司发生重大财务困难，近期不能偿还货款。

（3）向丙公司销售 B 产品一批，产品已经发出，但因 B 产品成本不确定，暂时未开发票。

（4）公司 9 月 1 日接受一项设备安装工程，期限 6 个月，合同总收入 100 万元，至年底已预收工程款 80 万元，实际发生的安装费用 20 万元，估计还要发生安装费用 60 万元。

（5）销售一批商品给甲公司。甲公司已根据该公司开出的发票账单支付了货款，取得了提货单，但该公司尚未将商品移交甲公司。

（6）采用售后回购方式将一台大型机器设备销售给丙公司，机器设备并未发出，款项已经收到；双方约定，该公司将于 5 个月后以某一固定价格将所售机器设备购回。

请依据上述业务确认 M 公司的收入。

二、任务分析

收入核算岗位要完成下列工作。

（1）参与企业收入计划的制订→监督执行。

（2）收入费用利润核算人员→根据销售部提供售货凭证、单据（购货单位、品名、单价、税号等）→开具销货发票。

（3）办理销售款项结算→确认和计量收入→依据销货发票记账联和收到的转账支票→出纳员填进账单或采用委托收款方式，取得回单。

（4）取得或编制收入类相关会计凭证→负责收入及相关业务的明细核算。

（5）汇总收入类数据→编制收入报表。

三、知识储备与任务实施

在市场经济条件下，收入作为影响利润指标的重要因素，越来越受到企业和投资者等众多信息使用者的重视。

（一）收入的概念

收入是指企业在日常活动中形成的，会导致所有者权益增加，以及与所有者投入资本无关的经济利益的总流入。

（二）收入的分类

1. 收入按交易性质分类

收入按交易性质可分为销售商品收入、提供劳务收入和让渡资产使用权收入。

（1）销售商品收入，是指企业通过销售产品或商品而取得的收入，如工业企业销售生产的产品、商业企业销售购进的商品等。企业销售的其他存货，如原材料、包装物等，也视同企业的商品。

（2）提供劳务收入，是指企业通过劳务作业而取得的收入，如建筑安装、娱乐服务、交通运输、咨询服务等企业取得的收入。

（3）让渡资产使用权收入，是指企业通过让渡资产使用权而取得的收入，如金融行业的利息收入、转让无形资产使用权收入、出租固定资产取得的租金收入等。

2. 收入按在经营业务中所占比重的分类

收入按在经营业务中所占比重，可分为主营业务收入和其他业务收入。

（1）主营业务收入，是指企业完成其经营目标所从事的主要经营活动实现的收入，在收入中占有较大比重。例如，制造业销售产品的收入，通过"主营业务收入"科目核算取得的收入，并通过"主营业务成本"核算与取得主营业务收入发生的相关成本。

（2）其他业务收入，是指与经常性活动相关的业务实现的收入，属于企业日常活动中次要交易实现的收入，一般占总收入的比重较小。例如，材料物资及包装物销售、固定资产出租、包装物出租等实现的收入。通过"其他业务收入"科目核算，并通过"其他业务成本"科目核算与取得其他业务收入发生的相关成本。

（三）销售商品收入的确认

1. 企业已将商品所有权上的主要风险和报酬转移给购货方

企业已将商品所有权上的主要风险和报酬转移给购货方，是指与商品所有权有关的主要风险和报酬同时转移给了购货方。其中，与商品所有权有关的风险，是指商品可能发生减值或毁损等形成的损失；与商品所有权有关的报酬，是指商品价值增值或通过使用商品等形成的经济利益。

2. 企业既没有保留通常与所有权相联系的继续管理权，也没有对已售出的商品实施有效控制

通常情况下，企业售出商品后不再保留与商品所有权相联系的继续管理权，也不再对售出商品实施有效控制，商品所有权上的主要风险和报酬已经转移给购货方，通常应在发出商品时确认收入。

3. 收入的金额能够可靠计量

收入的金额能够可靠计量，是指收入的金额能够合理的估计。企业在销售商品时，商品销售价格通常已经确定，但是由于销售商品过程中某些不确定因素的影响，也有可能存在商品销售价格发生变动的情况。在这种情况下，新的商品销售价格未确定前通常不应确认销售商品收入。企业通常应按从购货方已收或应收的合同或协议价款确定收入金额；合同或协议价款延期收取具有融资性质时，企业应按应收的合同或协议价款的公允价值确定收入金额；已收或应收的价款不公允的，企业应按公允的交易价格确定收入金额。

4. 相关的经济利益很可能流入企业

经济利益是指直接或间接流入企业的现金或现金等价物。在销售商品的交易中，与交易相关的经济利益即为销售商品的价款。销售商品的价款能否有把握收回是收入确认的一个重要条件。

5. 相关的已发生或将发生的成本能够可靠计量

根据收入和费用配比原则，与同一项销售有关的收入和成本应在同一会计期间予以确认。因此，如果成本不能可靠计量，即使其他条件均已满足，相关的收入也不能确认。此时如已收到价款，收到的价款应确认为一项负债。例如，预收货款销售，企业已收到买方全部或部分货款，但库存无现货，需要通过制造或通过第三方交货。在这种销售方式下，企业尽管已收到全部或部分货款，但商品尚在制造过程中或仍在第三方，相关的成本不能可靠计量，因此根据权责发生制只有在商品交付时才能确认收入。预收的货款只能作为负债处理。

（四）销售商品收入的会计处理

企业发生销售商品的业务，在同时满足销售商品收入确认的五个条件时确认销售商品收入的实现。企业应按已收或应收的合同或协议价款，加上应收取的增值税销项税额，借记"银行存款"、"应收账款"和"应收票据"等，按确定的收入金额，贷记"主营业务收入"或"其他业务收入""应交税费——应交增值税（销项税额）"等；同时或在资产负债表日，按已销售商品的账面价值结转销售成本，借记"主营业务成本"、"其他业务成本"和"存货跌价准备"等，贷记"库存商品""原材料"等。

企业应交纳的消费税、资源税、城市维护建设税和教育费附加等税费，在销售商品的同时或资产负债表日，按相关税费的金额，借记"营业税金及附加"，贷记"应交税费——应交消费税（应交资源税、应交城市维护建设税等）"。

【例8-1】甲公司向E公司销售产品30件，每件售价500元，单位成本400元。该公司已按合同发货，并以银行存款代垫运杂费300元，该产品增值税税率为17%。甲公司已开出增值税专用发票并办妥托收手续。

（1）确认收入实现时编制的会计分录如下。

借：应收账款   17 850
    贷：主营业务收入   15 000
        应交税费——应交增值税（销项税额）   2 550
        银行存款   300

（2）结转该产品销售成本时编制的会计分录如下。

借：主营业务成本   12 000
    贷：库存商品   12 000

【例8-2】甲公司以托收承付方式向B企业销售一批商品，成本为80 000元，增值税发票上注明售价120 000元，增值税20 400元。该商品已发出，并已向银行办妥托收手续，此时得知B企业在另一项交易中发生巨额损失，资金周转十分困难，经与

购货方交涉，确定此项收入目前收回的可能性不大，决定不确认收入。甲公司的会计
处理如下。

借：发出商品   80 000
　　贷：库存商品   80 000
借：应收账款——B 企业（应收销项税额）   20 400
　　贷：应交税费——应交增值税（销项税额）   20 400
若 B 企业经营情况逐渐好转，B 企业承诺能够付款，则可确认收入。

借：应收账款——B 企业   120 000
　　贷：主营业务收入   120 000
借：主营业务成本   80 000
　　贷：库存商品   80 000
若收到款项则编制的会计分录如下。

借：银行存款   140 400
　　贷：应收账款——B 企业   120 000
　　　　　　　　——B 企业（应收销项税额）   20 400

（五）提供劳务收入

提供劳务的划分标准有多种，为便于会计核算，一般以提供的劳务是否跨年度作为
划分标准。不跨年度的劳务，是指提供劳务的交易的开始和完成均在同一个年度；跨年
度劳务，是指提供劳务的交易的开始和完成分属于不同的年度。

对于不跨年度的劳务，提供劳务收入按完成合同法确认，确认的金额为合同或协议
的总金额。确认时，参照销售商品收入的确认原则。对于跨年度的劳务，提供劳务收入
应当根据在资产负债表日提供劳务的结果是否能够可靠估计，分别采用不同的方法予以
确认。

1. 提供劳务交易结果能够可靠估计

企业在资产负债表日提供劳务交易的结果能够可靠估计的，应当采用完工百分比法
确认提供劳务收入。

提供劳务交易的结果能够可靠估计，需要同时满足下列条件。

1）收入的金额能够可靠计量

收入的金额能够可靠计量是指提供劳务收入的总额能够合理的估计。通常情况下，
企业应当按照从接受劳务方已收或应收的合同或协议价款确定提供劳务收入总额。随着
劳务的不断提供，可能会根据实际情况增加或减少已收或应收的合同或协议价款，此时
企业应及时调整提供劳务收入总额。

2）相关的经济利益很可能流入企业

相关的经济利益很可能流入企业，是指提供劳务收入总额收回的可能性大于不能收
回的可能性。企业在确定提供劳务收入总额能否收回时，应当结合接受劳务方的信誉、
以前的经验，以及双方就结算方式和期限达成的合同或协议条款等因素，综合进行判断。

　　企业在确定提供劳务收入总额收回的可能性时，应当进行定性分析。如果确定提供劳务收入总额收回的可能性大于不能收回的可能性，即可认为提供劳务收入总额很可能流入企业。通常情况下，企业提供的劳务符合合同或协议要求，接受劳务方承诺付款，就表明提供劳务收入总额收回的可能性大于不能收回的可能性。如果企业判断提供劳务收入总额不是很可能流入企业，应当提供确凿证据。

　　3）交易的完工进度能够可靠确定

　　交易的完工进度能够可靠确定，是指交易的完工进度能够合理的估计。企业确定提供劳务交易的完工进度，可以选用下列方法。

　　（1）已完工作的测量。这是一种比较专业的测量方法，由专业测量师对已经提供的劳务进行测量，并按一定方法计算确定提供劳务交易的完工程度。

　　（2）已经提供的劳务占应提供劳务总量的比例。这种方法主要以劳务量为标准确定提供劳务交易的完工程度。

　　（3）已经发生的成本占估计总成本的比例。这种方法主要以成本为标准确定提供劳务交易的完工程度。只有已提供劳务的成本才能包括在已经发生的成本中，只有已提供或将提供劳务的成本才能包括在估计总成本中。

　　企业应当在资产负债表日按照提供劳务收入总额乘以完工进度扣除以前会计期间累计已确认提供劳务收入后的金额，确认当期提供劳务收入；同时，按照提供劳务估计总成本乘以完工进度扣除以前会计期间累计已确认劳务成本后的金额，结转当期劳务成本。用公式表示如下：

　　本期确认的收入=劳务总收入×本期末止劳务的完工进度−以前期间已确认的收入

　　本期确认的费用=劳务总成本×本期末止劳务的完工进度−以前期间已确认的费用

　　4）交易中已发生和将发生的成本能够可靠计量

　　交易中已发生和将发生的成本能够可靠计量，是指交易中已经发生和将要发生的成本能够合理的估计。企业应当建立完善的内部成本核算制度和有效的内部财务预算及报告制度，准确地提供每期发生的成本，并对完成剩余劳务将要发生的成本做出科学、合理的估计，同时应随着劳务的不断提供或外部情况的不断变化，随时对将要发生的成本进行修订。

　　在采用完工百分比法确认提供劳务收入的情况下，企业应按计算确定的提供劳务收入金额，借记"应收账款""银行存款"等，贷记"主营业务收入"。结转提供劳务成本时，借记"主营业务成本"，贷记"劳务成本"。

　　【例8-3】甲公司于2014年12月1日接受一项设备安装任务，安装期为3个月，合同总收入600 000元，至年底已预收安装费440 000元，实际发生安装费用为280 000元（假定均为安装人员薪酬），估计还会发生安装费用120 000元。假定该公司按实际发生的成本占估计总成本的比例确定劳务的完工进度。该公司的会计处理如下：

　　实际发生的成本占估计总成本的比例=280 000÷（280 000+120 000）=70%

　　2014年12月31日确认的劳务收入如下：

　　600 000×70%−0=420 000（元）

　　2014年12月31日结转的劳务成本如下：

（280 000+l20 000）×70%-0=280 000（元）

（1）实际发生劳务成本时编制的会计分录如下。

借：劳务成本　　　　　　　　　　　　　　　　　　　　　280 000
　　贷：应付职工薪酬　　　　　　　　　　　　　　　　　　　　　280 000

（2）预收劳务款时编制的会计分录如下。

借：银行存款　　　　　　　　　　　　　　　　　　　　　440 000
　　贷：预收账款　　　　　　　　　　　　　　　　　　　　　　440 000

（3）2014 年 12 月 31 日确认劳务收入并结转劳务成本时编制的会计分录如下。

借：预收账款　　　　　　　　　　　　　　　　　　　　　420 000
　　贷：主营业务收入　　　　　　　　　　　　　　　　　　　　420 000
借：主营业务成本　　　　　　　　　　　　　　　　　　　280 000
　　贷：劳务成本　　　　　　　　　　　　　　　　　　　　　　280 000

2. 提供劳务交易结果不能可靠估计

企业在资产负债表日提供劳务交易结果不能够可靠估计的，即不能满足上述四个条件中的任何一条时，企业不能采用完工百分比法确认提供劳务收入。此时，企业应正确预计已经发生的劳务成本能够得到补偿和不能得到补偿，分别进行会计处理。

（1）已经发生的劳务成本预计全部能够得到补偿的，应按已收或预计能够收回的金额确认提供劳务收入，并结转已经发生的劳务成本。

（2）已经发生的劳务成本预计部分能够得到补偿的，应按能够得到补偿的劳务成本金额确认提供劳务收入，并结转已经发生的劳务成本。

（3）已经发生的劳务成本预计全部不能得到补偿的，应将已经发生的劳务成本计入当期损益，不确认提供劳务收入。

【例 8-4】甲公司于 2014 年 10 月 25 日接受乙公司委托，为其培训一批学员，培训期为 4 个月，2014 年 11 月 1 日开学。协议约定，乙公司应向该公司支付的培训费总额为 60 000 元，分三次等额支付，第一次在开学时预付，第二次在 2014 年 12 月 31 日支付，第三次在培训结束时支付。

2014 年 11 月 1 日，乙公司预付第一次培训费 20 000 元。至 2014 年 12 月 31 日，该公司发生培训成本 15 000 元（假定均为培训人员薪酬）。2014 年 12 月 1 日，该公司得知乙公司经营发生困难，后两次培训费能否收回难以确定。甲公司的账务处理如下。

（1）2014 年 11 月 1 日收到乙公司预付的培训费，编制的会计分录如下。

借：银行存款　　　　　　　　　　　　　　　　　　　　　20 000
　　贷：预收账款　　　　　　　　　　　　　　　　　　　　　　20 000

（2）实际发生培训支出时编制的会计分录如下。

借：劳务成本　　　　　　　　　　　　　　　　　　　　　15 000
　　贷：应付职工薪酬　　　　　　　　　　　　　　　　　　　　15 000

（3）2014 年 12 月 31 日确认劳务收入并结转劳务成本时编制的会计分录如下。

借：预收账款　　　　　　　　　　　　　　　　　　　　　15 000

　　　　贷：主营业务收入　　　　　　　　　　　　　　　　　　　　　　　　15 000
　　借：主营业务成本　　　　　　　　　　　　　　　　　　　　　　15 000
　　　　贷：劳务成本　　　　　　　　　　　　　　　　　　　　　　　　　15 000

（六）让渡资产使用权收入

让渡资产使用权收入主要包括利息收入和使用费收入。利息收入，主要是指金融企业对外贷款形成的利息收入，以及同业之间发生往来形成的利息收入等；使用费收入，主要是指企业转让无形资产（如商标权、专利权、专营权、软件和版权）等资产的使用权形成的使用费收入。

企业对外出租资产收取的租金、进行债权投资收取的利息、进行股权投资取得的现金股利，也构成让渡资产使用权收入，有关的会计处理，参考有关租赁、金融工具确认和计量、长期股权投资等内容。

让渡资产使用权收入同时满足下列条件的，才能予以确认。

（1）相关的经济利益很可能流入企业。

（2）收入的金额能够可靠计量。

1. 利息收入

企业应在资产负债表日，按照他人使用本企业货币资金的时间和实际利率计算确定利息收入金额。按计算确定的利息收入金额，借记"应收利息""银行存款"等，贷记"利息收入""其他业务收入"等。

2. 使用费收入

使用费收入应当按照有关合同或协议约定的收费时间和方法计算确定。不同的使用费收入、收费时间和方法各不相同。有一次性收取一笔固定金额的，如一次收取 10 年的场地使用费；有在合同或协议规定的有效期内分期等额收取的，如合同或协议规定在使用期内每期收取一笔固定的金额；也有分期不等额收取的，如合同或协议规定按资产使用方每期销售额的百分比收取使用费等。

如果合同或协议规定一次性收取使用费，且不提供后续服务的，应当视同销售该项资产一次性确认收入；提供后续服务的，应在合同或协议规定的有效期内分期确认收入。如果合同或协议规定分期收取使用费的，应按合同或协议规定的收款时间和金额或规定的收费方法计算确定的金额分期确认收入。

【例 8-5】甲公司向丁公司转让其商品的商标使用权，约定丁公司每年年末按年销售收入的 10% 支付使用费，使用期 10 年。第一年，丁公司实现销售收入 100 000 元；第二年，丁公司实现销售收入 150 000 元。假定该公司均于每年年末收到使用费，不考虑其他因素。该公司的账务处理如下。

（1）第一年年末确认使用费收入时编制的会计分录如下。

　　借：银行存款　　　　　　　　　　　　　　　　　　　　　　　　10 000
　　　　贷：其他业务收入　　　　　　　　　　　　　　　　　　　　　　10 000

使用费收入金额=100 000 × 10%=10 000（元）

（2）第二年年末确认使用费收入时编制的会计分录如下。

借：银行存款　　　　　　　　　　　　　　　　　　　　　　　　15 000

　　　贷：其他业务收入　　　　　　　　　　　　　　　　　　　　　　15 000

使用费收入金额=150 000×10%=15 000（元）

（七）特殊销售业务

1. 代销商品业务的会计处理

代销商品有两种方式，一是收取手续费方式，二是视同买断方式，两种方式下对收入的确认影响是不同的。

1）收取手续费方式

即受托方根据所代销的商品数量向委托方收取手续费的销售方式。受托方严格按照委托方规定的价格销售商品，只收取手续费。在这种代销方式下，委托方在收到受托方的代销清单当天开具增值税专用发票，以专用发票上注明的税额确认销项税额；受托方以委托方所开具的增值税专用发票上注明的税额确认进项税额。受托方按委托方规定的价格销售，必然导致同一业务的销项税额与进项税额相等，一般情况下，受托方交纳的增值税额为零。受托方收取的手续费作为收入确认。

2）视同买断方式

即由委托方和受托方签订协议，委托方按协议价收取所代销的货款，实际售价可由受托方自定，实际售价与协议价之间的差额归受托方所有的销售方式。在这种销售方式下，受托方将代销商品加价出售，与委托方按协议价结算，不再另外收取手续费。委托方应在收到代销清单时开具增值税专用发票并确认收入，以专用发票上注明的税额确认销项税额；受托方以委托方所开具的增值税专用发票上注明的税额确认进项税额，但其销项税额应按实际售价与增值税税率的乘积计算得出，并开具相应税额的增值税专用发票。

【例 8-6】甲公司委托某商场代销 10 件产品，每件售价 10 000 元（不含税）。该产品每件成本为 7 000 元。某月收到代销单位的代销清单，已销售 6 件，双方约定按产品销售收入的 10%收取代销手续费。增值税率均为 17%。

甲公司（委托方）的账务处理如下。

（1）发出库存商品给代销单位编制的会计分录如下。

借：发出商品　　　　　　　　　　　　　　　　　　　　　　　　　70 000

　　　贷：库存商品　　　　　　　　　　　　　　　　　　　　　　　70 000

（2）收到代销清单，并开出专用发票编制的会计分录如下。

借：应收账款——某商场　　　　　　　　　　　　　　　　　　　　70 200

　　　贷：主营业务收入　　　　　　　　　　　　　　　　　　　　　60 000

　　　　　应交税费——应交增值税（销项税额）　　　　　　　　　　10 200

（3）收到商场汇来款项编制的会计分录如下。

借：银行存款　　　　　　　　　　　　　　　　　　　　　　　　　64 200

　　　销售费用　　　　　　　　　　　　　　　　　　　　　　　　　6 000

　　　　　贷：应收账款　　　　　　　　　　　　　　　　　　　　　　　70 200

（4）结转销售成本时编制的会计分录如下。

借：主营业务成本　　　　　　　　　　　　　　　　　　　　　　　42 000

　　　贷：发出商品　　　　　　　　　　　　　　　　　　　　　　　42 000

商场（受托方）的账务处理如下。

（1）收到代销商品时编制的会计分录如下。

借：受托代销商品　　　　　　　　　　　　　　　　　　　　　　　70 000

　　　贷：受托代销商品款　　　　　　　　　　　　　　　　　　　　70 000

（2）对外销售并开出增值税专用发票时编制的会计分录如下。

借：银行存款　　　　　　　　　　　　　　　　　　　　　　　　　70 200

　　　贷：应付账款——甲公司　　　　　　　　　　　　　　　　　　60 000

　　　　　应交税费——应交增值税（销项税额）　　　　　　　　　　10 200

（3）收到甲公司增值税专用发票时编制的会计分录如下。

借：应交税费——应交增值税（进项税额）　　　　　　　　　　　　10 200

　　　贷：应付账款　　　　　　　　　　　　　　　　　　　　　　　10 200

借：受托代销商品款　　　　　　　　　　　　　　　　　　　　　　42 000

　　　贷：受托代销商品　　　　　　　　　　　　　　　　　　　　　42 000

（4）偿还货款并计算代销手续费时编制的会计分录如下。

借：应付账款——甲公司　　　　　　　　　　　　　　　　　　　　70 200

　　　贷：银行存款　　　　　　　　　　　　　　　　　　　　　　　64 200

　　　　　主营业务收入（或其他业务收入）　　　　　　　　　　　　6 000

【例 8-7】若【例 8-6】改为视同买断方式销售，商场以每件 11 000 元价格对外出售。
甲公司（委托方）的账务处理如下。

（1）发出库存商品给代销单位时编制的会计分录如下。

借：发出商品　　　　　　　　　　　　　　　　　　　　　　　　　70 000

　　　贷：库存商品　　　　　　　　　　　　　　　　　　　　　　　70 000

（2）收到代销清单，并开出专用发票时编制的会计分录如下。

借：应收账款——某商场　　　　　　　　　　　　　　　　　　　　70 200

　　　贷：主营业务收入　　　　　　　　　　　　　　　　　　　　　60 000

　　　　　应交税费——应交增值税（销项税额）　　　　　　　　　　10 200

（3）收到商场汇来款项时编制的会计分录如下。

借：银行存款　　　　　　　　　　　　　　　　　　　　　　　　　70 200

　　　贷：应收账款　　　　　　　　　　　　　　　　　　　　　　　70 200

（4）结转销售成本时编制的会计分录如下。

借：主营业务成本　　　　　　　　　　　　　　　　　　　　　　　42 000

　　　贷：发出商品　　　　　　　　　　　　　　　　　　　　　　　42 000

商场（受托方）的账务处理如下。

（1）收到代销商品时编制的会计分录如下。

借：受托代销商品	100 000
贷：受托代销商品款	100 000

（2）对外销售并开出增值税专用发票时编制的会计分录如下。

借：银行存款	77 220
贷：主营业务收入	66 000
应交税费——应交增值税（销项税额）	11 220

同时编制如下会计分录。

借：受托代销商品款	60 000
贷：应付账款	60 000
借：主营业务成本	60 000
贷：受托代销商品	60 000

（3）收到增值税发票并偿还货款时编制的会计分录如下。

借：应付账款	60 000
应交税费——应交增值税（进项税额）	10 200
贷：银行存款	70 200

2. 销售折扣、销售折让及销售退回的会计处理

企业销售商品有时也会遇到销售折扣、销售折让等问题，应当分为不同情况进行处理。

1）商业折扣

商业折扣是指企业为促进商品销售而在商品标价上给予的价格扣除。企业销售商品涉及商业折扣的，应当按照扣除商业折扣后的金额确定销售商品收入金额。

2）现金折扣

现金折扣是指债权人为鼓励债务人在规定的期限内付款而向债务人提供的债务扣除。企业销售商品涉及现金折扣的，应当按照扣除现金折扣前的金额确定销售商品收入金额。现金折扣在实际发生时计入财务费用。

【例 8-8】甲公司 2014 年 7 月 1 日向乙公司销售一批商品，价目表标价 125 000 元，给予商业折扣 20%，则该公司开出的增值税专用发票上注明的销售价格为 100 000 元，增值税额为 17 000 元。为及早收回货款，该公司和乙公司约定的现金折扣条件为 2/10，1/20，N/30。假定计算现金折扣时不考虑增值税额。

甲公司的账务处理如下。

（1）7 月 1 日销售实现时，按销售总价确认收入。

借：应收账款	117 000
贷：主营业务收入	100 000
应交税费——应交增值税（销项税额）	17 000

（2）如果乙公司在 7 月 9 日付清货款，则按销售总价 10 000 元的 2%享受现金折扣2 000（100 000×2%）元，甲公司实际收款 115 000（117 000-2 000）元。

借：银行存款	115 000

财务费用	2 000
贷：应收账款	117 000

（3）如果乙公司在 7 月 19 日付清货款，则可按销售总价 100 000 元的 1%享受现金折扣 1 000（100 000×1%）元，甲公司实际收款 116 000（117 000–1 000）元。

借：银行存款	116 000
财务费用	1 000
贷：应收账款	117 000

（4）如果乙公司在 7 月 30 日才付清货款，则按全额收款。

借：银行存款	117 000
贷：应收账款	117 000

3）销售折让

销售折让是指企业因售出商品的质量不合格等原因而在售价上给予的减让。对于销售折让，企业应分为不同情况进行处理。

（1）已确认收入的售出商品发生销售折让的，通常应当在发生时冲减当期销售商品收入。

（2）已确认收入的销售折让属于资产负债表日后事项的，应当按照有关资产负债表日后事项的相关规定进行处理。

【例 8-9】甲公司于 2014 年 11 月 29 日向 M 公司销售一批商品，增值税发票上标明售价 200 000 元，增值税 34 000 元，货款尚未收到。M 公司于 12 月 15 日收到货物并办理验收，发现有质量不合格的商品，要求降价 10%，该公司同意。

（1）确认收入实现时编制的会计分录如下。

借：应收账款——M 公司	234 000
贷：主营业务收入	200 000
应交税费——应交增值税（销项税额）	34 000

（2）发生销售折让时，开出红字发票时编制的会计分录如下。

借：主营业务收入	20 000
应交税费——应交增值税（销项税额）	3 400
贷：应收账款——M 公司	23 400

（3）实际收到货款时编制的会计分录如下。

借：银行存款	210 600
贷：应收账款——M 公司	210 600

4）销售退回

销售退回是指企业售出的商品由于质量、品种不符合要求等原因而发生的退货。对于销售退回，企业应分不同情况进行会计处理。

（1）对于未确认收入的售出商品发生销售退回的，企业应按已记入"发出商品"科目的商品成本金额，借记"库存商品"，贷记"发出商品"。

（2）对于已确认收入的售出商品发生退回的，企业一般应在发生时冲减当期销售商品收入，同时冲减当期销售商品成本。若该项销售退回已发生现金折扣的，应同时调整相关财务费用的金额；若该项销售退回允许扣减增值税额的，应同时调整"应交税费——应交增值税（销项税额）"科目的相应金额。

【例 8-10】甲公司在 2014 年 12 月 18 日向乙公司销售一批商品，开出的增值税专用发票上注明的销售价格为 50 000 元，增值税额为 8 500 元，该批商品成本为 26 000 元。为及早收回货款，该公司和乙公司约定的现金折扣条件为 2/10，1/20，N/30。乙公司在 2014 年 12 月 20 日支付货款。2014 年 12 月 25 日，该批商品因质量问题被乙公司退回，甲公司当日支付有关款项，账务处理如下。

（1）2014 年 12 月 18 日销售实现时，按销售总价确认收入时编制的会计分录如下。

借：应收账款　　　　　　　　　　　　　　　　　　　　　58 500
　　贷：主营业务收入　　　　　　　　　　　　　　　　　　　50 000
　　　　应交税费——应交增值税（销项税额）　　　　　　　　8 500
借：主营业务成本　　　　　　　　　　　　　　　　　　　26 000
　　贷：库存商品　　　　　　　　　　　　　　　　　　　　　26 000

（2）在 2014 年 12 月 20 日收到货款时，按销售总价 50 000 元的 2%享受现金折扣 1 000（50 000×2%）元，实际收款 57 500（58 500–1 000）元。

借：银行存款　　　　　　　　　　　　　　　　　　　　　57 500
　　财务费用　　　　　　　　　　　　　　　　　　　　　　1 000
　　贷：应收账款　　　　　　　　　　　　　　　　　　　　　58 500

（3）2014 年 12 月 25 日发生销售退回时编制的会计分录如下。

借：主营业务收入　　　　　　　　　　　　　　　　　　　50 000
　　应交税费——应交增值税（销项税额）　　　　　　　　　8 500
　　贷：银行存款　　　　　　　　　　　　　　　　　　　　　57 500
　　　　财务费用　　　　　　　　　　　　　　　　　　　　　1 000

注：应交税费——应交增值税（销项税额）也可用红字在贷方登记。

借：库存商品　　　　　　　　　　　　　　　　　　　　　26 000
　　贷：主营业务成本　　　　　　　　　　　　　　　　　　　26 000

第三节　任务三　费用的核算

一、任务导入

甲公司发生下列经济业务。

（1）宣传新产品发生广告费、销售部门业务费、销售人员薪酬等共计 56 000 元，均用银行存款支付。

（2）行政部门发生业务招待费、折旧费、职工薪酬、差旅费等共计 270 000 元，其中用银行存款支付 150 000 元。

（3）公司支付本季度的借款利息费用30 000元，其中前两个月利息已计提。请确认该公司的费用。

二、任务分析

费用核算岗位的职责如下。

（1）参与制订企业费用计划→控制并监督执行。

（2）日常依据外来或自制原始凭证→编制记账凭证。

（3）月末计提应由本月负担的费用→编制记账凭证。

（4）设置费用类明细账→汇总费用类数据→编制费用报表。

三、知识储备与任务实施

（一）费用的概念

费用有广义和狭义之分。广义的费用泛指企业各种日常活动发生的所有耗费，包括成本和狭义的费用两部分。成本是指企业为生产产品、提供劳务而发生的各种耗费。狭义的费用是指企业在日常活动中发生的、与所有者利润分配无关，以及会导致所有者权益减少的经济利益的总流出，即仅指与本期营业收入相配比的费用（本章是指狭义的费用）。

（二）费用与资产、成本的关系

1. 费用与资产

资产是企业的一项经济资源，并且能带来经济利益，企业为了取得未来经济利益，通常要发生费用，因此费用可以理解为为取得某项资产而耗费的另一项资产，如产成品中的材料费耗用的原材料，折旧费消耗的固定资产价值等。

2. 费用与成本

虽然两者都是支付或消耗的各项资产，但费用是相对于收入而言，与一定的期间相联系，与当期收入相配比，计入当期损益；而成本与一定的成本计算对象相联系，当期的成本不一定是当期的费用。若产品的生产成本在未销售之前是一种资产（在产品或库存商品），在销售以后才能作为销售成本转作当期费用。

（三）费用的分类

为了便于合理确认和计量费用，正确地计算产品成本，应恰当地对费用进行分类。对费用进行分类有不同的分类标准。

1. 按照费用的经济内容（或性质）分类

费用按经济内容（或性质）进行分类，可分为劳动对象方面的费用、劳动手段方面的费用和活劳动方面的费用三大类。这在会计上称为生产费用要素，一般由以下九个项目组成。

（1）外购材料，是指企业为进行生产而耗用的从外购入的原材料及主要材料、半成品、辅助材料、包装物、修理用备件和低值易耗品等。

（2）外购燃料，是指企业为进行生产而耗用的从外部购入的各种燃料，包括固体燃料、液体燃料和气体燃料。

（3）外购动力，是指企业为进行生产而耗用的从外部购入的各种动力，包括热力、电力和蒸汽等。

（4）工资，是指企业所有应计入生产费用的职工工资。

（5）提取的职工福利费，是指企业按照工资总额的一定比例计提并计入费用的职工福利费。

（6）折旧费，是企业所有或控制的固定资产按照使用情况计提的折旧费。

（7）利息支出，是指企业计入期间费用等的负债利息净支出（即利息支出减利息收入后的余额）。

（8）税金，是指计入企业成本费用的各种税金，如消费税、营业税、城市维护建设税、印花税、房产税和车船使用税等。

（9）其他费用，是指不属于以上各费用要素的费用，如研发支出、差旅费等。

费用按照经济内容进行分类，可以反映企业在一定时期内发生了哪些生产费用，金额各是多少，以便于分析企业各个时期各种费用占整个费用的比重，进而分析企业各个时期各种要素费用支出的水平，有利于考核费用计划的执行情况。

2. 按照费用的经济用途分类

费用按照经济用途进行分类，首先要将企业发生的费用划分为生产成本和期间费用两大类。

1）生产成本

生产成本是构成产品实体、计入产品成本的费用，包括直接费用和间接费用。其中直接费用包括直接材料、直接人工和其他直接费用；间接费用是指制造费用。

（1）直接材料，是指企业在生产产品和提供劳务过程中所消耗的，直接用于产品生产，构成产品实体的原料及主要材料、外购半成品（外购件）、修理用备件（备品配件）、包装物、有助于产品形成的辅助材料及其他直接材料。

（2）直接人工，是指企业在生产产品和提供劳务过程中，直接从事产品生产的工人工资以及按生产工人工资总额和规定的比例计算提取的职工福利费等。

（3）其他直接费用，是指企业发生的除直接材料费用和直接人工费用以外的，与生产商品或提供劳务有直接关系的费用。

直接费用应当根据实际发生数进行核算，并按照成本计算对象进行归集，直接计入产品的生产成本。

（4）制造费用，是指企业为生产产品和提供劳务而发生的各项间接费用，包括工资和福利费、折旧费、修理费、办公费、水电费、机物料消耗、劳动保护费、季节性和修理期间的停工损失等。但不包括企业行政管理部门为组织和管理生产经营活动而发生的管理费用。

2）期间费用

期间费用，是指企业当期发生的必须从当期收入得到补偿的费用。由于它仅与当期实现的收入相关，必须计入当期损益，所以称其为期间费用，主要包括管理费用、财务费用和销售费用。

（1）管理费用，是指行政管理部门为组织和管理生产经营活动而发生的费用。

（2）财务费用，是指为筹集资金而发生的费用。

（3）销售费用，是指销售商品而发生的费用。

费用按经济用途进行分类，能够明确地反映出直接用于产品生产上的材料费用是多少、工人工资是多少，耗用于组织和管理生产经营活动上的各项支出是多少。从而有助于企业了解费用计划、定额、预算等的执行情况，控制成本费用支出，加强成本管理和成本分析。

（四）费用的确认与计量

1. 费用的确认原则

费用的实质是资产的耗费，但并不是所有的资产耗费都是费用。因此，就需明确什么样的资产耗费应确认为费用。由于发生的费用是为了取得收入，那么费用的确认就应当与收入确认相联系。因此，确认费用应遵循划分收益性支出与资本性支出原则、权责发生制原则和配比原则。

（1）划分收益性支出与资本性支出原则。按照划分收益性支出与资本性支出原则，某项支出的效益涉及几个会计年度（或几个营业周期），该项支出应予以资本化，不能作为当期的费用；如果某项支出的效益涉及一个会计年度（或一个经营周期），则该项支出作为收益性支出确认，记入当期费用或流动资产。

这一原则对费用的确认给定了一个时间上的总体界限。正确地区分收益性支出与资本性支出，保证了正确地计量资产的价值和正确地计算各期的产品成本、期间费用及损益。资本性支出和收益性支出的不同在于前者作为长期资产，通过计提折旧或摊销摊入各年成本费用，后者则全部由当年的营业收入补偿。

（2）权责发生制原则。划分收益性支出与资本性支出原则，只是为费用的确认做出时间上的大致区分，而权责发生制原则则规定了具体在什么时点上确认费用。企业会计制度规定，凡是当期已经发生或应当负担的费用，不论款项是否支付，都应作为当期的费用；凡是不属于当期的费用，即使款项已在当期支付，也不应当作为当期的费用。

（3）配比原则。按照配比原则，为产生当期收入所发生的费用，应当确认为该期的费用。配比原则的基本含义在于，当收入已经实现时，某些资产（如物料用品）已被消耗，或已被出售（如商品），以及劳务已经提供（如专设的销售部门人员提供的劳务），已被耗用的这些资产和劳务的成本，应当在确认有关收入的期间予以确认。如果收入要到未来期间实现，相应的费用应递延分配于未来的实际受益期间。因此，费用的确认，要根据费用与收入的相关程度，确定哪些资产耗费或负债的增加应从本期收入中扣减。

2. 费用的计量

费用是通过所使用或所耗用的商品或劳务的价值来计量的，通常的费用计量标准是实际成本。企业会计制度规定，企业在生产经营过程中所发生的其他各项费用，应当以实际发生数计入成本、费用。有些资产将会使几个会计期间受益，这样，在计量通过系统、合理的分摊而形成的费用时，是以其资产取得成本的实际数进行计量的。例如，固定资产的折旧要按固定资产原始价值和规定使用年限来计算。

（五）期间费用的会计处理

期间费用是企业当期发生的费用中的重要组成部分，是指本期发生的直接计入损益的费用，包括管理费用、销售费用和财务费用。

1. 管理费用的内容

管理费用是指企业行政管理部门为管理和自制生产经营活动而发生的各种费用，包括企业在筹建期间内发生的开办费、董事会和行政管理部门在企业的经营管理中发生的或者应由企业统一负担的公司经费（包括行政管理部门职工工资及福利费、物料消耗、低值易耗品摊销、办公费和差旅费等）、工会经费、董事会费（包括董事会成员津贴、会议费和差旅费等）、聘请中介机构费、咨询费（含顾问费）、诉讼费、业务招待费、房产税、车船使用税、土地使用税、印花税、技术转让费、矿产资源补偿费、研究费用和排污费等。

企业应设置"管理费用"科目，本科目核算企业为组织和管理企业生产经营所发生的管理费用。企业生产车间（部门）和行政管理部门等发生的固定资产修理费用等后续支出，也在本科目核算。该科目按照费用项目设置明细科目进行明细核算。

（1）企业在筹建期间内发生的开办费，包括人员工资、办公费、培训费、差旅费、印刷费和注册登记费等。在实际发生时，借记"管理费用"，贷记"银行存款"等。

（2）行政管理部门人员的职工薪酬，借记"管理费用"，贷记"应付职工薪酬"。行政管理部门计提的固定资产折旧，借记"管理费用"，贷记"累计折旧"。

（3）发生的办公费、水电费、业务招待费、聘请中介机构费、咨询费、诉讼费、技术转让费和研究费用，借记"管理费用"，贷记"银行存款""研发支出"等。

（4）按规定计算确定的应交矿产资源补偿费、房产税、车船使用税、土地使用税和印花税，借记"管理费用"，贷记"应交税费""银行存款"等。

（5）期末，应将"管理费用"的发生额转入"本年利润"科目，结转后本科目无余额。

【例 8-11】甲公司筹建期间发生办公费、差旅费等开办费 20 000 元，均用银行存款支付。会计分录如下。

借：管理费用　　　　　　　　　　　　　　　　　　　　　20 000
　　贷：银行存款　　　　　　　　　　　　　　　　　　　　　20 000

【例 8-12】甲公司就一项产品的设计方案向有关专家进行咨询，以现金支付咨询费 50 000 元。会计分录如下。

借：管理费用　　　　　　　　　　　　　　　　　　　　　　50 000
　　贷：库存现金　　　　　　　　　　　　　　　　　　　　　　　50 000

【例8-13】甲公司行政部门10月共发生费用220 000元，其中，行政人员薪酬150 000元，行政部专用办公设备折旧费43 000元，报销行政人员差旅费21 000元（假定报销人均未预借差旅费），其他办公费、水电费6 000元（均用银行存款支付）。会计分录如下。

借：管理费用　　　　　　　　　　　　　　　　　　　　　　220 000
　　贷：应付职工薪酬　　　　　　　　　　　　　　　　　　　　150 000
　　　　累计折旧　　　　　　　　　　　　　　　　　　　　　　43 000
　　　　库存现金　　　　　　　　　　　　　　　　　　　　　　21 000
　　　　银行存款　　　　　　　　　　　　　　　　　　　　　　6 000

【例8-14】甲公司当月按规定计算确定的应交房产税为3 000元、应交车船使用税为2 000元、应交土地使用税为4 000元。会计分录如下。

借：管理费用　　　　　　　　　　　　　　　　　　　　　　9 000
　　贷：应交税费——应交房产税　　　　　　　　　　　　　　　3 000
　　　　　　　　——应交车船使用税　　　　　　　　　　　　　2 000
　　　　　　　　——应交土地使用税　　　　　　　　　　　　　4 000

【例8-15】期末将"管理费用"净发生额结转到本年利润。

借：本年利润　　　　　　　　　　　　　　　　　　　　　　299 000
　　贷：管理费用　　　　　　　　　　　　　　　　　　　　　　299 000

2. 销售费用的内容

销售费用是指企业销售商品和材料、提供劳务过程中发生的各项费用，包括保险费、包装费、展览费、广告费、商品维修费、预计产品质量保证损失、运输费、装卸费等，以及为销售本企业商品而专设的销售机构的职工薪酬、业务费、折旧费等。企业应设置"销售费用"科目，本科目核算企业销售商品和材料、提供劳务的过程中发生的各种费用。另外企业发生的与专设销售机构相关的固定资产修理费等后续支出，也在销售费用核算。本科目按费用项目设置明细科目进行明细核算。

（1）企业在销售商品过程中发生的包装费、保险费、展览费和广告费、运输费和装卸费等费用，借记"销售费用"，贷记"库存现金""银行存款"等。

（2）发生的为销售本企业商品而专设的销售机构的职工薪酬、业务费等经营费用，借记"销售费用"，贷记"应付职工薪酬""银行存款""累计折旧"等。

（3）期末，应将"销售费用"净发生额转入"本年利润"科目，结转后本科目无余额。

【例8-16】甲公司为宣传新产品发生广告费100 000元，均用银行存款支付。会计分录如下。

借：销售费用　　　　　　　　　　　　　　　　　　　　　　100 000
　　贷：银行存款　　　　　　　　　　　　　　　　　　　　　　100 000

【例8-17】甲公司销售部9月共发生费用200 000元，其中，销售人员薪酬100 000元，销售部专用办公设备折旧费30 000元，业务费70 000元（均用银行存款支付）。会计分录如下。

    借：销售费用   200 000
        贷：应付职工薪酬   100 000
            累计折旧   30 000
            银行存款   70 000

【例 8-18】期末将"销售费用"发生额结转到本年利润。

    借：本年利润   300 000
        贷：销售费用   300 000

3. 财务费用的内容

    财务费用是指企业为筹集生产经营所需资金等而发生的筹资费用，包括利息支出
（减利息收入）、汇兑损益，以及相关的手续费、企业发生的现金折扣或收到的现金折扣。

    企业应设置"财务费用"科目，本科目核算企业为筹集生产经营所需资金等而发生
的筹资费用。为购建或生产满足资本化条件的资产发生的应予资本化的借款费用，在"在
建工程""制造费用"等科目核算。该科目可按费用项目设置明细科目进行明细核算。

    （1）企业发生的财务费用，借记"财务费用"，贷记"银行存款""未确认融资费
用"等。

    （2）企业发生的应冲减财务费用的利息收入、汇兑损益、现金折扣，借记"银行
存款""应付账款"等，贷记"财务费用"。

    （3）期末，应将"财务费用"净发生额转入"本年利润"科目，结转后本科目无
余额。

【例 8-19】甲公司于 2014 年 12 月 1 日向银行借入生产经营用短期借款 300 000 元，
期限 6 个月，年利率 5%，该借款本金到期后一次归还，利息分月预提，按季支付。假
定 12 月获得利息收入 350 元。会计处理如下。

    12 月末，预提当月应计利息=300 000×5%÷12=1 250（元）

    借：财务费用   1 250
        贷：应付利息   1 250

    同时，当月取得的利息收入 350 元应作为冲减财务费用处理。

    借：银行存款   350
        贷：财务费用   350

【例 8-20】甲公司于 2014 年 1 月 1 日平价发行公司债券，面值 400 000 元，期限两
年，年利率 5%，到期后本息一次归还。12 月末确认本年利息费用。会计处理如下。

    借：财务费用   20 000
        贷：银行存款   20 000

【例 8-21】期末将"财务费用"净发生额结转到本年利润。

    借：本年利润   20 900
        贷：财务费用   20 900

第四节　任务四　利润的核算

一、任务导入

甲公司年终结账前有关损益类账户的年末余额如表 8-1 所示。

表 8-1　损益类账户

科目名称	借方余额	科目名称	贷方余额
主营业务成本	200 000	主营业务收入	500 000
其他业务成本	80 000	其他业务收入	100 000
营业税金及附加	30 000	投资收益	220 000
管理费用	55 000	公允价值变动损益	50 000
销售费用	20 000	营业外收入	30 000
财务费用	12 000		
资产减值损失	15 000		
营业外支出	10 000		
所得税费用	38 000		

分析计算营业利润、利润总额、净利润。

二、任务分析

利润核算岗位的职责如下。

（1）参与利润计划和考核方法的制订→监督执行。

（2）设置本年利润和利润分配类账簿→进行本年利润和利润分配的明细核算。

（3）按期汇总结转收入、收益、成本、营业税金及附加等损益类科目→计算确定利润总额和净利润→进行营业利润、利润总额、净利润的计算。

（4）根据程序和要求→进行利润分配的核算。

（5）参与利润分析和考核工作→编制相关会计报表。

三、知识储备与任务实施

（一）利润的构成

利润是指企业一定会计期间的经营成果，包括收入减去费用后的净额、直接计入当期利润的利得或损失。

直接计入当期利润的利得和损失，是指应当计入当期损益、会导致所有者权益发生增减变动的，以及与所有者投入资本或者向所有者分配利润无关的利得或损失。

1. 营业利润

营业利润是企业利润的主要来源。它是指企业在销售商品、提供劳务等日常活动中所产生的利润。

营业利润=营业收入–营业成本–营业税金及附加–销售费用–管理费用–财务费用–资产减值损失+公允价值变动收益（减损失）+投资收益（减损失）

营业收入是指主营业务收入加其他业务收入；营业成本是指主营业务成本加其他业务成本；营业税金及附加是指企业应负担的营业税、消费税、城市维护建设税、资源税、土地增值税和教育税附加等。

2. 利润总额

利润总额是指企业一定期间的营业利润加营业外收入，减营业外支出后的金额。

利润总额=营业利润+营业外收入–营业外支出

营业外收支是指企业发生的与其生产经营活动无直接关系的各项收入和各项支出。

3. 净利润

净利润是指在利润总额中按规定交纳了所得税后公司的利润，一般也称为税后利润。净利润是衡量一个企业经营效益的主要指标，是企业经营的最终成果。

净利润=利润总额–所得税费用

（二）营业外收入

营业外收入是指企业发生的与其生产经营无直接关系的各项收入，主要包括非流动资产处置利得、非货币性资产交换利得、债务重组利得、政府补助、罚没利得、接受捐赠利得、盘盈利得和无法支付的应付款项等。

营业外收入并不是由企业经营资金耗费所产生的，不需要企业付出代价，实际上是一种纯收入，不需要与有关费用进行配比。

（1）非流动资产处置利得，包括固定资产处置利得和无形资产出售利得。固定资产处置利得，是指企业出售固定资产所取得价款或报废固定资产的材料价值和变价收入等，扣除处置固定资产的账面价值、清理费用、处置相关税费后的净收益；无形资产出售利得，是指企业出售无形资产所取得价款，扣除出售无形资产的账面价值、出售相关税费后的净收益。

（2）非货币性资产交换利得，是指在非货币性资产交换中换出资产为固定资产、无形资产的，换出资产公允价值大于换出资产账面价值的差额，扣除相关费用后计入营业外收入的金额。

（3）债务重组利得，是指重组债务的账面价值超过清偿债务的现金、非现金资产的公允价值、所转股份的公允价值、重组后债务账面价值之间的差额，计入营业外收入。

（4）政府补助利得，是指企业从政府无偿取得货币性资产或非货币性资产，但不包括政府作为企业所有者投入的资本。

（5）罚没利得，是指企业取得的各项罚款，在弥补由于对方违反合同或协议而造成的经济损失后的罚款净收益。

（6）捐赠利得，是指企业接受捐赠产生的利得。

（7）盘盈利得，主要是指对于现金清查盘点中盘盈的现金，报经批准后计入营业外收入的金额。

（8）无法支付的应付款项。因债权人原因确实无法支付的应付款项。它主要是指因债权人单位变更登记或撤销等而无法支付的应付款项等。

【例8-22】甲公司应付M公司的货款及增值税款共计3 510元，因该公司变更登记而无法偿还。编制的会计分录如下。

借：应付账款——M公司　　　　　　　　　　　　　　　　3 510
　　贷：营业外收入——无法偿还账款　　　　　　　　　　　　　3 510

【例8-23】甲公司将其所拥有的一项专利权的所有权转让，取得收入150 000元，应交营业税7 500元，该专利权的账面余额为120 000元，已经计提的减值准备为4 500元。编制的会计分录如下。

借：银行存款　　　　　　　　　　　　　　　　　　　　150 000
　　无形资产减值准备　　　　　　　　　　　　　　　　　4 500
　　贷：无形资产——专利权　　　　　　　　　　　　　　　120 000
　　　　营业外收入——出售无形资产收益　　　　　　　　　27 000
　　　　应交税费——应交营业税　　　　　　　　　　　　　7 500

【例8-24】甲公司收到A单位因违反双方签订的购销合同而支付的违约金1 000元，已存入银行。编制的会计分录如下。

借：银行存款　　　　　　　　　　　　　　　　　　　　1 000
　　贷：营业外收入——罚款收入　　　　　　　　　　　　　　1 000

【例8-25】期末将"营业外收入"发生额结转到本年利润。

借：营业外收入　　　　　　　　　　　　　　　　　　　31 510
　　贷：本年利润　　　　　　　　　　　　　　　　　　　　31 510

（三）营业外支出

营业外支出，是指企业发生的与其生产经营无直接关系的各项支出，如固定资产盘亏、非流动资产处置损失、债务重组损失、罚款支出、捐赠支出和非常损失等。

（1）盘亏损失，主要是指对于固定资产清查盘点中盘亏的固定资产，在查明原因处理时按确定的损失计入营业外支出的金额。

（2）非流动资产处置损失，包括固定资产处置损失和无形资产出售损失。固定资产处置损失，是指企业出售固定资产所取得价款或报废固定资产的材料价值和变价收入等，不足以抵补处置固定资产的账面价值、清理费用、处置相关税费所发生的净损失；无形资产出售损失，是指企业出售无形资产所取得价款，不足以抵补出售无形资产的账面价值、出售相关税费后所发生的净损失。

（3）债务重组损失，是指按照债务重组会计处理的有关规定应计入营业外支出的债务重组损失。

（4）罚款支出，是指企业因违反法律或未履行经济合同、协议而支付的赔偿金、违约金、罚息、罚款支出和滞纳金等，以及因违法经营而发生的被没收财物损失。

（5）捐赠支出，是指企业对外捐赠的各种财产的价值。

（6）非常损失，是指企业对于因客观因素（如自然灾害等）造成的损失，在扣除保险公司赔偿后应计入营业外支出的净损失。

【例 8-26】甲公司因发生火灾烧毁部分存货，扣除保险公司赔偿和残值后净损失50 000 元，经批准转销，该公司会计处理如下。

借：营业外支出　　　　　　　　　　　　　　　　　　　　　　　　50 000
　　贷：待处理财产损溢——待处理流动资产损溢　　　　　　　　　　　　50 000

【例 8-27】甲公司捐赠给希望工程 30 000 元，该公司会计处理如下。

借：营业外支出——捐赠支出　　　　　　　　　　　　　　　　　　30 000
　　贷：银行存款　　　　　　　　　　　　　　　　　　　　　　　　30 000

【例 8-28】期末将"营业外支出"发生额结转到本年利润。

借：本年利润　　　　　　　　　　　　　　　　　　　　　　　　　80 000
　　贷：营业外支出　　　　　　　　　　　　　　　　　　　　　　　80 000

营业外收入和营业外支出所包括的收支项目互不相关，不存在配比关系，应当分别核算，应在利润表中分列项目反映。

（四）利润的结转与分配

1. 利润的结转

每个月末将损益类账户的净发生额结转到"本年利润"中，损益类账户月末不留余额。结转后"本年利润"账户的贷方余额为当期实现的净利润；借方余额为当期发生的净亏损。

年度终了，应将本年实现的净利润，转入"利润分配——未分配利润"，借记"本年利润"，贷记"利润分配——未分配利润"；如为净亏损则做相反处理，结转后"本年利润"账户无余额。

2. 利润分配

利润分配，是将企业实现的净利润，按照国家财务制度规定的分配形式和分配顺序进行分配。

利润分配的顺序根据《中华人民共和国公司法》等有关法规的规定，企业当年实现的净利润，一般应按照下列内容、顺序和金额进行分配。

1）弥补亏损

如果企业发生亏损，应按规定程序进行弥补。如属年度亏损可以用下一年度的利润进行弥补，且可以在 5 年连续用税前利润弥补；5 年内不足弥补的，应当用税后利润弥补。企业发生的年度亏损以及超过用利润抵补 5 年期限的，还可以用企业的盈余公积金弥补。企业以前年度亏损未弥补完，不得提取法定盈余公积金；在提取盈余公积金以前，不得向投资者分配利润。

2）提取法定盈余公积金

法定盈余公积金按照税后净利润的 10%提取。法定盈余公积金已达到注册资本的50%时可不再提取。提取的法定盈余公积金用于弥补以前年度亏损或转增资本金。但转增资本金后留存的法定盈余公积金不得低于注册资本的 25%。

3）提取任意盈余公积

公司从税后利润中提取法定公积金后，经股东会决议或者股东大会决议，还可以从税后利润中提取任意公积金。任意公积金的提取比例由股东大会决定。

4）向投资人分配利润

公司弥补亏损和提取公积金后所余税后利润，加上企业以前年度未分配的利润，可以向投资人进行分配。股东大会或者董事会违反规定，在公司弥补亏损和提取法定公积金之前向股东分配利润的，股东必须将违反规定分配的利润退还公司。

年度终了，应将"利润分配"其他明细科目余额转入"未分配利润"明细科目，结转后，除"未分配利润"明细科目外，其他明细科目应无余额。

【例 8-29】甲公司 2014 年 12 月 "本年利润" 月初贷方余额 1 800 000 元。年末将表 8-1 损益类账户结转到 "本年利润"。

借：主营业务收入	500 000
其他业务收入	100 000
投资收益	220 000
公允价值变动损益	50 000
营业外收入	30 000
贷：本年利润	900 000

【例 8-30】甲公司月末将费用类账户结转本年利润，编制的会计分录如下。

借：本年利润	460 000
贷：主营业务成本	200 000
其他业务成本	80 000
营业税金及附加	30 000
管理费用	55 000
销售费用	20 000
财务费用	12 000
资产减值损失	15 000
所得税费用	38 000
营业外支出	10 000

【例 8-31】甲公司将全年实现净利润 2 240 000 元转入 "利润分配" 科目。

借：本年利润	2 240 000
贷：利润分配——未分配利润	2 240 000

【例 8-32】按净利润的 10%提取法定盈余公积，按 5%提取任意盈余公积，向股东分配利润 1 000 000 元。

借：利润分配——提取法定盈余公积	224 000

	——提取任意盈余公积	112 000
	——应付股利	1 000 000
贷:	盈余公积——法定盈余公积	224 000
	——任意盈余公积	112 000
	应付股利	1 000 000

【例 8-33】结转"利润分配"各明细科目。

借:	利润分配——未分配利润	1 336 000
贷:	利润分配——提取法定盈余公积	224 000
	——提取任意盈余公积	112 000
	——应付股利	1 000 000

（五）所得税费用

所得税费用从会计的角度来看，企业缴纳的所得税和其他费用一样，符合费用的定义和确认的条件，所以也属于一项费用，称为所得税费用。企业核算所得税，主要是为确定当期应交所得税，以及利润表中应确认的所得税费用。

1. 资产负债表债务法

《企业会计准则第 18 号——所得税》规定从资产负债表出发，通过比较资产负债表上列示的资产、负债的账面价值与按照税法规定确定的计税基础，对于两者之间的差异分别应纳税暂时性差异与可抵扣暂时性差异，确认相关的递延所得税负债与递延所得税资产，并在此基础上确定每一会计期间利润表中的所得税费用，这一方法称为"资产负债表债务法"。

资产负债表债务法认为每一项交易或事项发生后，应首先关注其对资产负债的影响，然后再根据资产负债的变化来确认收益（或损失），因此计算所得税费用的首要目的是确认并计量由于会计和税法差异给企业未来经济利益流入或流出带来的影响。

2. 所得税会计核算的一般程序

采用资产负债表债务法核算所得税的情况下，企业一般应于每一资产负债表日进行所得税的核算。发生特殊交易或事项时，如企业合并，在确认因交易或事项取得的资产、负债时即应确认相关的所得税影响。企业进行所得税核算一般应遵循以下程序。

（1）按照相关会计准则规定确定资产负债表中除递延所得税资产和递延所得税负债以外的其他资产和负债项目的账面价值。其中资产、负债的账面价值，是指企业按照相关会计准则的规定进行核算后在资产负债表中列示的金额。

（2）按照准则中对于资产和负债计税基础的确定方法，以适用的税法规定为基础，确定资产负债表中有关资产、负债项目的计税基础。

（3）比较资产、负债的账面价值与其计税基础，对于两者之间存在差异的，分析其性质，除准则中规定的特殊情况外，分别应纳税暂时性差异与可抵扣暂时性差异，并用该差异乘以所得税税率，计算资产负债表日递延所得税负债和递延所得税资产的应有金额，与期初递延所得税负债和递延所得税资产的余额相比，确定当期应予进一步确认的递延所得税资产和递延所得税负债金额或应予转销的金额，作为构成利润表中所得税费用的一个组成部分，即递延所得税。

（4）按照适用的税法规定计算确定当期应纳税所得额，将应纳税所得额与适用的所得税税率计算的结果确认为当期应交所得税，作为利润表中应予确认的所得税费用的另外一个组成部分——当期所得税。

（5）确定利润表中的所得税费用。利润表中的所得税费用包括当期所得税和递延所得税两个组成部分，企业在计算确定了当期所得税和递延所得税后，两者之和（或之差）是利润表中的所得税费用。

3. 资产的计税基础

资产的计税基础，是指企业收回资产账面价值过程中，计算应纳税所得额时按照税法规定可以自应税经济利益中抵扣的金额，即某一项资产在未来期间计税时按照税法规定可以税前扣除的金额。

资产在初始确认时，其计税基础一般为取得成本，即企业为取得某项资产支付的成本在未来期间准予税前扣除。在资产持续持有的过程中，其计税基础是指资产的取得成本减去以前期间按照税法规定已经税前扣除的金额后的余额，该余额代表的是按照税法规定，就涉及的资产在未来期间计税时仍然可以税前扣除的金额。例如，固定资产、无形资产等长期资产在某一资产负债表日的计税基础是指其成本扣除按照税法规定已在以前期间税前扣除的累计折旧额或累计摊销额后的金额。

1）固定资产

以各种方式取得的固定资产，初始确认时按照会计准则规定的确定的入账价值基本上是被税法认可的，即取得时其账面价值一般等于计税基础。

固定资产在持有期间进行后续计量时，会计准则规定按照"成本—累计折旧—固定资产减值准备"进行计量，税法是按照"成本—按照税法规定已在以前期间税前扣除的折旧额"进行计量。由于会计与税法处理规定的不同，固定资产的账面价值与计税基础的差异主要产生于折旧方法、折旧年限的不同以及固定资产减值准备的提取。

（1）折旧方法、折旧年限的差异。会计准则规定，企业应当根据与固定资产有关的经济利益的预期实现方式合理选择折旧方法，如可以按直线法计提折旧，也可以按照双倍余额递减法、年数总和法等计提折旧，前提是有关的方法能够反映固定资产为企业带来经济利益的消耗情况。税法一般会规定固定资产的折旧方法，除某些按照规定可以加速折旧的情况外，基本上可以税前扣除的是按照直线法计提的折旧。

另外税法还就每一类固定资产的折旧年限做出了规定，而会计处理时按照准则规定折旧年限是由企业根据固定资产的性质和使用情况合理确定的。会计处理时确定的折旧年限与税法规定不同，也会产生固定资产持有期间账面价值与计税基础的差异。

（2）计提固定资产减值准备产生的差异。

持有固定资产的期间内，在对固定资产计提了减值准备以后，因税法规定按照会计准则规定计提的资产减值准备在资产发生实质性损失前不允许税前扣除，也会造成固定资产的账面价值与计税基础的差异。

【例 8-34】甲公司于 2013 年年末以 600 万元购入一项生产用固定资产，估计其使用寿命为 20 年，按照直线法计提折旧，预计净残值为 0。假定税法规定的折旧年限、折旧方法及净残值与会计规定相同。2014 年 12 月 31 日，该公司估计该项固定资产的可收回金额为 500 万元，即发生减值损失 40 万元。

该项固定资产在 2014 年 12 月 31 日的账面价值=600-600/20×2-40=500（万元）

该项固定资产在 2014 年 12 月 31 日的计税基础=600-600/20×2=540（万元）

该项固定资产的账面价值 500 万元与其计税基础 540 万元之间产生 40 万元的差额，在未来期间会减少企业的应纳税所得额和应交所得税，产生暂时性差异。

2）无形资产

除内部研究开发形成的无形资产以外，以其他方式取得的无形资产，初始确认时按会计准则规定确定的入账价值与按照税法规定确定的成本之间一般不存在差异。无形资产的账面价值与计税基础之间的差异主要产生于内部研究开发形成的无形资产，以及使用寿命不确定的无形资产。

（1）对于内部研究开发形成的无形资产，会计准则规定有关内部研究开发活动分为两个阶段，研究阶段的支出应当费用化计入当期损益，开发阶段符合资本化条件以后至达到预定用途前发生的支出应当资本化作为无形资产的成本；税法规定，企业为开发新技术、新产品、新工艺发生的研究开发费用，未形成无形资产计入当期损益的，在按照规定据实扣除的基础上，按照研究开发费用的 50%加计扣除；形成无形资产的，按照无形资产成本的 150% 摊销，因此产生无形资产账面价值与计税基础的差异。因该差异为初始产生，期满该差异仍存在，因此不属于暂时性差异，不影响递延所得税。

（2）无形资产在后续计量时，会计与税收的差异主要产生于对无形资产是否需要摊销及无形资产减值准备的提取。

会计准则规定，无形资产在取得以后，应根据其使用寿命情况，区分为使用寿命有限的无形资产与使用寿命不确定的无形资产。对于使用寿命不确定的无形资产，不要求摊销，但持有期间每年应进行减值测试。税法规定，企业取得的无形资产成本，应在一定期限内摊销，即税法中没有界定使用寿命不确定的无形资产，所有的无形资产成本均应在一定期间内摊销。

对于使用寿命不确定的无形资产，会计处理时不予摊销，但计税时其按照税法规定确定的摊销额允许税前扣除，造成该类无形资产的账面价值与计税基础的差异。

在对无形资产计提减值准备的情况下，因税法对按照会计准则规定计提的无形资产减值准备在形成实质性损失前不允许税前扣除，即无形资产的计税基础不会随减值准备的提取发生变化，但其账面价值会因资产减值准备的提取而下降，从而造成无形资产的账面价值与计税基础的差异。

【例 8-35】甲公司当期发生研究开发支出计 1 000 万元，其中研究阶段支出 100 万元，开发阶段符合资本化条件前发生的支出为 300 万元，符合资本化条件后至达到预定用途前发生的支出为 600 万元。税法规定企业的研究开发支出未形成无形资产的按 50%加计扣除；形成无形资产的，可按无形资产成本的 150%加计扣除。假定开发形成的无形资产在当期期末已达始到预定用途（尚未开始摊销）。

该公司当期发生的研究开发支出中，按照会计规定应予费用化的金额为 400 万元，形成无形资产的成本为 600 万元，即期末所形成无形资产的账面价值为 600 万元。

该公司当期发生的 400 万元研究开发支出，按照税法规定可在税前扣除的金额为 600（400+400×50%）万元。所形成无形资产在未来期间可予以税前扣除的金额为 900（600+600×50%）万元，其计税基础即为 900 万元，形成 300 万元差异。

3）以公允价值计量且其变动计入当期损益的金融资产

按照《企业会计准则第 22 号——金融工具确认和计量》的规定，对于以公允价值计量且其变动计入当期损益的金融资产，某一会计期末的账面价值为该时点的公允价值，如果税法规定资产在持有期间市价变动损益在计税时不予考虑，即有关金融资产在某一会计期末的计税基础为其取得时的成本，则在公允价值变动的情况下，该类金融资产的账面价值与计税基础之间形成暂时性差异。

企业持有的可供出售金融资产计税基础的确定，与以公允价值计量且其变动计入当期损益的金融资产类似，可比照处理。

【例 8-36】2014 年 10 月 20 日，甲公司自公开市场取得一项权益性投资，支付价款 1 600 万元，作为交易性金融资产核算。2014 年 12 月 31 日，该项权益性投资的市价为 1 760 万元。

该项交易性金融资产的期末市价为 1 760 万元，其按照会计准则规定进行核算，在 2014 年资产负债表日的账面价值为 1 760 万元。

因税法规定交易性金融资产在持有期间的公允价值变动不计入应纳税所得额，待出售时一并计算应计入应纳税所得额的金额。其在 2014 年资产负债表日的计税基础应维持原取得成本不变，即为 1 600 万元。

该交易性金融资产的账面价值 1 760 万元与其计税基础 1 600 万元之间产生了 160 万元的暂时性差异，该暂时性差异在未来期间转回时会增加未来期间的应纳税所得额，导致企业应交所得税的增加。

4）其他资产

因会计准则规定与税收法规规定不同，企业持有的其他资产，可能造成其账面价值与计税基础之间存在差异的。例如，采用公允价值模式计量的投资性房地产以及其他计提了资产减值准备的各项资产，包括应收账款、存货等。

【例 8-37】甲公司 2014 年 12 月 31 日应收账款余额为 6 000 万元，该公司期末对应收账款计提了 600 万元的坏账准备。按税法规定，应在坏账实际发生时，按实际发生额允许税前扣除。假定该公司期初应收账款及坏账准备的余额均为 0。

该项应收账款在 2014 年资产负债表日的账面价值为 5 400（6 000–600）万元。其计税基础为 6 000 万元，计税基础 6 000 万元与账面价值 5 400 万元之间产生的 600 万元暂时性差异，在应收账款发生实质性损失时，会减少未来期间的应纳税所得额和应交所得税。

4. 负债的计税基础

负债的计税基础，是指负债的账面价值减去未来期间计算应纳税所得额时按照税法

规定可予抵扣的金额。用公式表示为

负债的计税基础=账面价值–未来期间按照税法规定可予税前扣除的金额

负债的确认与偿还一般不会影响企业的损益，也不会影响其应纳税所得额，未来期间计算应纳税所得额时按照税法规定可予抵扣的金额为 0，计税基础即为账面价值。例如，企业的短期借款和应付账款等。但是，某些情况下，负债的确认可能会影响企业的损益，进而影响不同期间的应纳税所得额，使其计税基础与账面价值之间产生差额，如按照会计规定确认的某些预计负债。

1）企业因销售商品提供售后服务等原因确认的预计负债

按照或有事项准则规定，企业对于预计提供售后服务将发生的支出在满足有关确认条件时，销售当期即应确认为费用，同时确认预计负债。税法规定，与销售产品相关的支出应于发生时税前扣除。该类事项产生的预计负债在期末的计税基础为其账面价值与未来期间可税前扣除的金额之间的差额，因有关的支出实际发生时可全部税前扣除，其计税基础为 0。

因其他事项确认的预计负债，应按照税法规定的计税原则确定其计税基础。某些情况下，因有些事项确认的预计负债，税法规定其支出无论是否实际发生均不允许税前扣除，即未来期间按照税法规定可予抵扣的金额为 0，账面价值等于计税基础。

【例 8-38】甲公司 2014 年因销售产品承诺提供 3 年的保修服务，在当年利润表中确认了 400 万元的销售费用，同时确认为预计负债，当年未发生任何保修支出。假定按照税法规定，与产品售后服务相关的费用在实际发生时允许税前扣除。

该项预计负债在甲企业 2014 年 12 月 31 日资产负债表中的账面价值为 400 万元。

因税法规定与产品保修相关的支出在未来期间实际发生时允许税前扣除，则该项负债在未来期间计算应纳税所得额时按照税法规定可予抵扣的金额为 400 万元，该项负债的计税基础=账面价值–未来期间计算应纳税所得额时按照税法规定可予抵扣的金额=400 万元–400 万元=0。账面价值 400 万元与计税基础 0 之间产生 400 万元的暂时性差异。

2）预收账款

企业在收到客户预付的款项时，因不符合收入确认条件，会计上将其确认为负债。税法中对于收入的确认原则一般与会计规定相同，即会计上未确认收入时，计税时一般亦不计入应纳税所得额，该部分经济利益在未来期间计税时可予税前扣除的金额为 0，计税基础等于账面价值。

某些情况下，因不符合会计准则规定的收入确认条件，未确认为收入的预收款项按照税法规定应计入当期应纳税所得额时，有关预收账款的计税基础为 0，即因其产生时已经计算交纳所得税，未来期间可全额税前扣除。

【例 8-39】甲公司于 2014 年 12 月 20 日自客户收到一笔合同预付款，金额为 2 000 万元，因不符合收入确认条件，将其作为预收账款核算。假定按照适用税法规定，该款项应计入取得当期应纳税所得额计算交纳所得税。

在 2014 年 12 月 31 日的资产负债表中，该预收账款的账面价值为 2 000 万元。

按照税法规定，该项预收款应计入取得当期的应纳税所得额计算交纳所得税，与该项负债相关的经济利益已在取得当期计算交纳所得税，未来期间按照会计准则规定应确认收入时，不再计入应纳税所得额，即其于未来期间计算应纳税所得额时可予税前扣除的金额为 2 000 万元，计税基础=账面价值-未来期间计算应纳税所得额时按照税法规定可予抵扣的金额=2 000 万元-2 000 万元=0。

该项负债的账面价值 2 000 万元与其计税基础 0 之间产生的 2 000 万元暂时性差异，会减少企业于未来期间的应纳税所得额，使企业未来期间以应交所得税的方式流出经济利益减少。

5. 暂时性差异

按照对未来应纳税所得额的不同影响，分为应纳税暂时性差异和可抵扣暂时性差异。

1）应纳税暂时性差异

应纳税暂时性差异，是指在确定未来收回资产或清偿负债期间的应纳税所得额时，将导致产生应税金额的暂时性差异，该差异在未来期间转回时，会增加转回期间的应纳税所得额，即在未来期间不考虑该事项影响的应纳税所得额的基础上，由于该暂时性差异的转回，会进一步增加转回期间的应纳税所得额和应交所得税金额。在应纳税暂时性差异产生当期，应当确认相关的递延所得税负债。

应纳税暂时性差异通常产生于以下两种情况。

（1）资产的账面价值大于其计税基础。

一项资产的账面价值代表的是企业在持续使用或最终出售该项资产时将取得的经济利益的总额（未来收益），而计税基础代表的是一项资产在未来期间可予税前扣除的金额（未来费用）。资产的账面价值大于其计税基础，该项资产未来期间产生的经济利益不能全部税前抵扣，两者之间的差额（未来利润）需要交税，产生应纳税暂时性差异。例如，一项无形资产账面价值为 200 万元，计税基础如果为 150 万元，两者之间的差额会造成未来期间应纳税所得额和应交所得税的增加。在其产生当期，符合确认条件的情况下，应确认相关的递延所得税负债。

（2）负债的账面价值小于其计税基础。

一项负债的账面价值为企业预计在未来期间清偿该项负债时的经济利益流出，而其计税基础代表的是账面价值在扣除税法规定未来期间允许税前扣除的金额之后的差额。因负债的账面价值与其计税基础不同产生的暂时性差异，本质上是税法规定就该项负债在未来期间可以税前扣除的金额（即与该项负债相关的费用支出在未来期间可予税前扣除的金额）。负债的账面价值小于其计税基础，则意味着就该项负债在未来期间可以税前抵扣的金额为负数，即应在未来期间应纳税所得额的基础上调增，增加应纳税所得额和应交所得税金额，产生应纳税暂时性差异，应确认相关的递延所得税负债。

2）可抵扣暂时性差异

可抵扣暂时性差异，是指在确定未来收回资产或清偿负债期间的应纳税所得额时，将导致产生可抵扣金额的暂时性差异。该差异在未来期间转回时会减少转回期间的应纳税所得额，减少未来期间的应交所得税。在可抵扣暂时性差异产生当期，应当确认相关的递延所得税资产。

可抵扣暂时性差异一般产生于以下两种情况。

（1）资产的账面价值小于其计税基础。从经济含义来看，资产在未来期间产生的经济利益少，按照税法规定允许税前扣除的金额多，则就账面价值与计税基础之间的差额，企业在未来期间可以减少应纳税所得额并减少应交所得税，符合有关条件时，应当确认相关的递延所得税资产。

（2）负债的账面价值大于其计税基础。负债产生的暂时性差异实质上是税法规定就该项负债可以在未来期间税前扣除的金额，即

负债产生的暂时性差异=账面价值−计税基础=账面价值−（账面价值−未来期间计税时按照税法规定可予税前扣除的金额）=未来期间计税时按照税法规定可予税前扣除的金额

一项负债的账面价值大于其计税基础，意味着未来期间按照税法规定与该项负债相关的全部或部分支出可以自未来应税经济利益中扣除，减少未来期间的应纳税所得额和应交所得税，应确认相关的递延所得税资产。

3）特殊项目产生的暂时性差异

（1）未作为资产、负债确认的项目产生的暂时性差异。某些交易或事项发生以后，因为不符合资产、负债的确认条件而未体现为资产负债表中的资产或负债，但按照税法规定能够确定其计税基础的，其账面价值 0 与计税基础之间的差异也构成暂时性差异。若企业在开始正常的生产经营活动以前发生的筹建等费用，会计准则规定应于发生时计入当期损益，不体现为资产负债表中的资产。按照税法规定，企业发生的该类费用可以在开始正常生产经营活动后的 5 年内分期摊销，自税前扣除。该类事项不形成资产负债表中的资产，但按照税法规定可以确定其计税基础，两者之间的差异也形成暂时性差异。

【例 8-40】甲公司在开始正常生产经营活动之前发生了 1 000 万元的筹建费用，在发生时已计入当期损益，按照税法规定，企业在筹建期间发生的费用，允许在开始正常生产经营活动之后 5 年内分期税前扣除。

该项费用支出因按照会计准则规定在发生时已计入当期损益，不体现为资产负债表中的资产，即如果将其视为资产，其账面价值为 0 。

按照税法规定，该费用可以在开始正常的生产经营活动后 5 年内分期税前扣除，假定企业在 2014 年开始正常生产经营活动，当期税前扣除了 200 万元，其于未来期间可税前扣除的金额为 800 万元，即其在 2014 年 12 月 31 日的计税基础为 800 万元。

该项资产的账面价值 0 与其计税基础 800 万元之间产生了 800 万元的暂时性差异，该暂时性差异在未来期间可减少企业的应纳税所得额，为可抵扣暂时性差异，符合确认条件时应确认相关的递延所得税资产。

（2）可抵扣亏损及税款抵减产生的暂时性差异。对于按照税法规定可以结转以后年度的未弥补亏损及税款抵减，虽不是因资产、负债的账面价值与计税基础不同产生的，但本质上可抵扣亏损和税款抵减与可抵扣暂时性差异具有同样的作用，均能够减少未来期间的应纳税所得额和应交所得税，视同可抵扣暂时性差异，在符合确认条件的情况下，应确认与其相关的递延所得税资产。

【例 8-41】甲公司于 2014 年因政策性原因发生经营亏损 4 000 万元，按照税法规定，该亏损可用于抵减以后 5 个年度的应纳税所得额。该公司预计其于未来 5 年能够产生足够的应纳税所得额利用该经营亏损。该经营亏损虽不是因比较资产、负债的账面价值与其计税基础产生的，但从其性质上来看可以减少未来期间的应纳税所得额和应交所得税，视同可抵扣暂时性差异。在企业预计未来期间能够产生足够的应纳税所得额利用该可抵扣亏损时，应确认相关的递延所得税资产。

6. 当期所得税

当期所得税是指企业按照企业所得税法规定针对当期发生的交易和事项，确定应纳税所得额计算的应纳税额，即应交所得税。当期所得税，应以适用的企业所得税法规定为基础计算确定。

企业在确定当期所得税时，对于当期发生的交易或事项，会计处理与税法处理不同的，应在会计利润的基础上，按照适用税收法规的规定进行纳税调整，计算出当期应纳税所得额，按照应纳税所得额与适用所得税税率计算确定当期应交所得税。一般情况下，应纳税所得额可在会计利润的基础上，考虑会计与税法之间的差异，按照以下公式计算确定：

应纳税所得额＝会计利润±调整项目

当期所得税（当期应交所得税）＝应纳税所得额×适用税率－减免税额－抵免税额

7. 递延所得税

递延所得税，是指按照所得税准则规定，应予确认的递延所得税资产和递延所得税负债，在期末应有的金额相对于原已确认金额之间的差额，即递延所得税资产及递延所得税负债当期发生额的综合结果。用公式表示即为

递延所得税＝（期末递延所得税负债–期初递延所得税负债）–（期末递延所得税资产–期初递延所得税资产）

应予说明的是，企业因确认递延所得税资产和递延所得税负债产生的递延所得税，一般应当记入所得税费用，但以下两种情况除外。

一是某项交易或事项按照会计准则规定应计入所有者权益的，由该交易或事项产生的递延所得税资产或递延所得税负债及其变化亦应计入所有者权益（资本公积），不构成利润表中的递延所得税费用（或收益）。

【例 8-42】某企业持有一项可供出售金融资产，成本为 100 000 元，会计期末，其公允价值为 150 000 元，计税基础仍是 100 000 元，该计税基础与其账面价值之间的差额50 000 元即为应纳税暂时性差异。该企业适用的所得税税率为 25%。假设除该事项外，该企业不存在其他会计与税收之间的差异，且递延所得税资产和递延所得税负债不存在期初余额。

会计期末在确认 50 000 元的公允价值变动时编制的会计分录如下。

借：可供出售金融资产　　　　　　　　　　　　　　　　　　　　50 000
　　贷：资本公积——其他资本公积　　　　　　　　　　　　　　　　　50 000

确认应纳税暂时性差异的所得税影响时编制的会计分录如下。

借：资本公积——其他资本公积　　　　　　　　　　　　　　　　　12 500
　　贷：递延所得税负债　　　　　　　　　　　　　　　　　　　　　　12 500

二是企业合并中取得的资产、负债，其账面价值与计税基础不同，应确认相关递延所得税的，该递延所得税的确认影响合并中产生的商誉或是记入合并当期损益的金额，不影响所得税费用。

8. 所得税费用的计量

企业在计算确定当期所得税及递延所得税费用（或收益）的基础上，应将两者之和确认为利润表中的所得税费用，但不包括直接计入所有者权益的交易或事项的递延所得税影响额。

所得税费用（或收益）=当期所得税+递延所得税费用（或减去递延所得税收益）

【例 8-43】甲公司 2014 年利润表中利润总额为 2 000 000 元，该公司适用的所得税税率为 25%。递延所得税资产及递延所得税负债不存在期初余额。与所得税核算有关的情况如下。

2014 年发生的有关交易和事项中，会计处理与税收处理存在的差别如下。

（1）2014 年 1 月开始计提折旧的一项固定资产，成本为 1 200 000 元，使用年限为 10 年，净残值为 0，会计处理按双倍余额递减法计提折旧，税收处理按直线法计提折旧。假定税法规定的使用年限及净残值与会计规定相同。

（2）向关联企业捐赠现金 400 000 元。假定按照税法规定，该公司向关联方的捐赠不允许税前扣除。

（3）当年发生研究开发支出 1 000 000 元，其中 600 000 元资本化计入无形资产成本。税法规定企业发生的研究开发支出可按实际发生额的 50%加计扣除。形成无形资产的，按无形资产成本的 150%摊销，假定所开发无形资产于期末达到预定使用状态，本年尚未进行摊销。

（4）违反环保规定应支付罚款 100 000 万元。

（5）期末交易性金融资产公允价值变动使账面价值增加 50 000 元，税法规定不计入应纳税所得额。

（6）期末对持有的存货计提了 60 000 元的存货跌价准备。

（7）本年计提了产品保修费用 200 000 元，本年尚未支付。

1）2014 年应交所得税

应纳税所得额=2 000 000+120 000+400 000–200 000+100 000–50 000+60 000+200 000=2 630 000（元）

应交所得税=2 630 000×25%=657 500（元）

账务处理如下。

借：所得税费用　　　　　　　　　　　　　　　　　　　　　　　657 500
　　贷：应交税费——应交所得税　　　　　　　　　　　　　　　　　657 500

2）2014 年递延所得税

该公司 2014 年资产负债表相关项目金额及其计税基础如表 8-2 所示。

表 8-2　账面价值与计税基础差异表（一）　　　　　　单位：元

项目	账面价值	计税基础	差异	
			应纳税暂时性差异	可抵扣暂时性差异
交易性金融资产	250 000	200 000	50 000	
存货	1 600 000	1 660 000		60 000
固定资产原价	1 200 000	1 200 000		
减：累计折旧	240 000	120 000		
固定资产账面价值	960 000	1 080 000		120 000
无形资产	600 000	900 000		300 000
预计负债	200 000	0		200 000
合计			50 000	680 000

递延所得税负债=50 000×25%=12 500（元）

递延所得税资产=（680 000–300 000）×25%=95 000（元）

账务处理如下。

借：所得税费用　　　　　　　　　　　　　　　　　　　　　　12 500

　　贷：递延所得税负债　　　　　　　　　　　　　　　　　　　　　12 500

借：递延所得税资产　　　　　　　　　　　　　　　　　　　　95 000

　　贷：所得税费用　　　　　　　　　　　　　　　　　　　　　　　95 000

当期递延所得税（收益）=12 500–95 000=–82 500（元）

3）利润表中应确认的所得税费用

所得税费用=当期应交所得税+递延所得税=657 500–82 500=575 000（元）

也可以将上述账务处理合并为一笔会计分录。

借：所得税费用　　　　　　　　　　　　　　　　　　　　　　575 000

　　递延所得税资产　　　　　　　　　　　　　　　　　　　　95 000

　　贷：应交税费——应交所得税　　　　　　　　　　　　　　　　657 500

　　　　递延所得税负债　　　　　　　　　　　　　　　　　　　　12 500

【例 8-44】沿用【例 8-43】中有关资料，假定甲公司 2015 年当期应交所得税为 720 000 元。资产负债表中有关资产、负债的账面价值与其计税基础相关资料如表 8-3 所示，除所列项目外，其他资产、负债项目不存在会计和税法的差异。

表 8-3　账面价值与计税基础差异表（二）　　　　　　单位：元

项目	账面价值	计税基础	差异	
			应纳税暂时性差异	可抵扣暂时性差异
交易性金融资产	360 000	200 000	160 000	
存货	1 200 000	1 250 000		50 000
固定资产原价	1 200 000	1 200 000		
减：累计折旧	432 000	240 000		
减：固定资产减值准备	40 000	0		
固定资产账面价值	728 000	960 000		232 000
无形资产	540 000	810 000		270 000
预计负债	100 000	0		100 000
合计			160 000	652 000

（1）当期应交所得税=720 000（元）。

（2）递延所得税。

第一，期末递延所得税负债（160 000×25%）	40 000
期初递延所得税负债	12 500
递延所得税负债增加	27 500
第二，期末递延所得税资产（652 000−270 000）×25%	95 500
期初递延所得税资产	95 000
递延所得税资产增加	500

当期递延所得税（费用）= 27 500−500=27 000

（3）所得税费用。

所得税费用=720 000+27 000=747 000（元）

借：所得税费用	747 000
递延所得税资产	500
贷：应交税费——应交所得税	720 000
递延所得税负债	27 500

9. 所得税的列报

企业对所得税的核算结果，除所得税费用应当在利润表中单独列示以外，还要在资产负债表中的应交税费（应交所得税）、递延所得税资产和递延所得税负债项目列报。其中，递延所得税资产和递延所得税负债一般应当分别作为非流动资产和非流动负债在资产负债表中列示，同时还应在附注中披露与所得税有关的信息。

本 章 小 结

财务成果岗位核算主要学习了收入、费用及利润三项会计要素的内容。

收入是指企业在日常活动中形成的、会导致所有者权益增加，以及与所有者投入资本无关的经济利益的总流入。按交易性质可分为销售商品收入、劳务收入及让渡资产使用权收入。

销售商品收入的确认要同时满足以下五个条件：①企业已将商品所有权上的主要风险和报酬转移给购货方；②企业既没有保留通常与所有权相联系的继续管理权，也没有对已售出的商品实施有效控制；③收入的金额能够可靠计量；④相关的经济利益很可能流入企业；⑤相关的已发生或将发生的成本能够可靠计量。

费用是指企业在日常活动中发生的、与所有者利润分配无关，以及会导致所有者权益减少的经济利益的总流出，即仅指与本期营业收入相配比的费用。费用的确认要依据划分收益性支出与资本性支出原则、权责发生制原则及配比原则。

费用按照经济用途分为生产成本和期间费用。本章主要学习期间费用的核算。管理费用，是指行政管理部门为组织和管理生产经营活动而发生的费用；财务费用，是指为筹集资金而发生的费用；销售费用，是指为销售商品而发生的费用。

利润是指企业一定会计期间的经营成果，包括收入减去费用后的净额、直接计入当期利润的利得或损失。利润的计算步骤如下：

营业利润=营业收入–营业成本–营业税金及附加–销售费用–管理费用–财务费用–资产减值损失+公允价值变动收益（减损失）+投资收益（减损失）

利润总额=营业利润+营业外收入–营业外支出

净利润=利润总额–所得税费用

当期实现的净利润按照国家财务制度规定的分配形式和分配顺序，在企业和投资者之间进行的分配。首先弥补亏损，其次提取法定盈余公积金、任意盈余公积，最后向投资者进行分配。

对于所得税费用的核算，采用资产负债表债务法核算，即从资产负债表出发，通过比较资产负债的账面价值与计税基础的差异，对于两者之间的差异分为应纳税暂时性差异与可抵扣暂时性差异，确认相关的递延所得税负债与递延所得税资产，并在此基础上确定每一会计期间利润表中的所得税费用。

问 题 思 考

1. 什么是收入？企业的收入应如何分类？
2. 收入的确认原则是什么？
3. 什么是费用？费用如何分类？
4. 期间费用包括哪些内容？
5. 简述利润的构成内容。
6. 简述利润分配的顺序。
7. 说明用资产负债表债务法核算所得税费用的基本原理。
8. 简述所得税费用的核算程序？

项目八 学习指导	项目八 习题	项目八　《企业会计准则第 14 号——收入》

第九章　项目九　财务报表岗位

【知识目标】掌握财务报表的概念、构成，掌握资产负债表、利润表、所有者权益变动表、现金流量表的概念、会计报表附注等的结构格式及编制方法。

【能力目标】掌握资产负债表、利润表、所有者权益变动表和现金流量表的编制。

【关键词】资产负债表；利润表；现金流量表；所有者权益变动表

第一节　任务一　财务报表概述

一、任务导入

假如有甲、乙两家公司在某一会计年度实现的利润总额正好相同，是否意味着它们具有相同的获利能力呢?

甲、乙这两家公司的获利能力不一定相同，因为其资产总额可能并不一样，甚至还可能相当悬殊。例如，甲公司 20×4 年实现税后利润 100 万元。很显然，只有这样一个会计数据只能说明该公司在特定会计期间的盈利水平，对报表使用者来说还无法做出最有效的经济决策。报表使用者可以通过近几年的利润表得出该公司近几年的利润发展趋势，从中获得更有效的经济信息。如果再将该公司近三年的资产总额和销售收入等会计数据综合起来进行分析，就会有更多隐含在财务报表中的重要信息清晰地显示出来。可见，财务报表是进行财务分析的基础，它能够反映一定期间内企业的盈利水平、财务状况及资金流动情况。报表使用者要想获取更多的对经济决策有用的信息，必须以财务报表和其他财务资料为依据，运用系统的分析方法来评价企业过去和现在的经营成果、财务状况及资金流动情况。

二、任务分析

为了准确编制公司财务报表，财务报表人员需要完成以下工作。

（1）按会计制度要求→定期正确计提、结转有关折旧、成本费用等。

（2）核对账簿记录→保证经济业务全部入账及账实相符。

（3）月末结算出所有账户发生额及余额→核对无误→编制会计报表。

（4）每月 10 日前→领导审定无误→对外报出→完成报表分析。

三、知识储备与任务实施

（一）财务报告的概念

财务报告，是指企业对外提供的反映企业某一特定日期财务状况和某一会计期间经营成果、现金流量等会计信息的文件。

（二）财务报告的作用

1. 为投资人和债权人进行合理决策提供必要的财务信息

在社会主义市场经济体制下，企业各项资金主要来自于所有者的投资和债权人的贷款。财务报告能向投资人和债权人提供企业营运资金的情况和短期偿债的能力，便于他们了解企业的经营前景、盈利能力等，帮助投资者和债权人及时掌握企业生产经营情况与财务状况，以便合理进行投资决策和授信决策。

2. 反映企业管理者的受托责任

在所有权和经营权分离的公司，股东和管理当局之间出现委托与受托的关系，投资者借助于财务报表，了解企业期初、期末资产的金额、分布及其结构，了解企业的资产是否完好，资本能否保全，以判断企业的经营状况，评价企业管理者运用资源的责任和经营业绩。

3. 有助于国家经济管理部门进行宏观调控和管理

随着改革开放的深入，政府对企业的管理方式也由过去的直接行政干预转变为间接调控，逐渐转变为以税收、信贷、价格、产业政策等经济杠杆来引导企业的发展。通过对企业财务报告资源进行汇总分析，国家在宏观上了解企业的经营行为，经营成果，促使资金由生产效率低向生产效率高的企业流动，实现社会资本的优化组合。通过财务报告，可以了解不同行业的发展状况和趋势，为制定产业政策，加强宏观调控提供依据。

（三）财务报表的种类

1. 按报表所反映的经济内容进行分类，可分为财务状况报表和经营成果报表

1）财务状况报表

财务状况报表是用来反映企业财务状况及资金运用、变动情况的报表，主要包括资产负债表和现金流量表。资产负债表是总括反映企业在某一特定日期全部资产、负债和所有者权益数额及其结构情况的报表。现金流量表是反映企业在一定会计期间内的现金流入和流出情况的财务报表。

2）经营成果报表

反映企业在一定期间的经营成果的财务报表主要是指利润表。

2. 按编制和报送的时间分类，可分为中期财务报表和年度财务报表

1）中期财务报表

中期财务报表是以中期为基础编制的财务报表。"中期"，是指短于一个完整的会计年度（自公历 1 月 1 日起至 12 月 31 日止）的报告期间，可以是一个月、一个季度或者半年。中期财务报表至少应当包括资产负债表、利润表、现金流量表及附注。中期资产负债表、利润表和现金流量表的格式与内容，应当与年度财务报表一致。中期财务报表中的附注相对于年度财务报表中的附注可以适当简化。

2）年度财务报表

年度财务报表是全面反映企业整个会计年度的经营成果、现金流量情况及年末财务状况的财务报表。企业每年年底必须编制并报送年度财务报表。

3. 按报表的报送对象分类，可分为内部财务报表和外部财务报表

1）内部财务报表

内部财务报表是指企业根据内部经营管理的需要，自行设计报表内容及格式，不对外报送，仅向内部经营管理者报送的财务报表。例如，费用明细表、成本报表等。

2）外部财务报表

外部财务报表是指企业根据《企业会计准则》的规定必须定期编制并向外报送的财务报表。例如，资产负债表、利润表、现金流量表和所有者权益变动表等。

4. 按报表反映资金运动的状态分类，可分为静态报表和动态报表

1）静态报表

静态报表是反映企业在某一时点上的资金情况的报表，如资产负债表。

2）动态报表

动态报表是反映企业在某一时期资金运动变化情况的报表。例如，利润表、现金流量表和所有者权益变动表。

5. 按编报的会计主体不同，分为个别报表和合并报表

1）个别报表

个别报表是指在以母公司和子公司组成的具有控股关系的企业集团中，由母公司和子公司各自为主体分别单独编制的报表，用以分别反映母公司和子公司本身各自的财务状况和经营成果。

2）合并报表

以母公司和子公司组成的企业集团为会计主体，以母公司和子公司单独编制的个别财务报表为基础，由母公司编制的综合反映企业集团经营成果、财务状况及其资金变动情况的财务报表。

（四）财务报告的编报要求

1. 数字真实

财务报告中的各项数据必须真实可靠，如实地反映企业的财务状况、经营成果和现

金流量。这是对会计信息质量的基本要求。

2. 内容完整

财务报告应当反映企业经济活动的全貌，全面反映企业的财务状况和经营成果，才能满足各方面对会计信息的需要。我国《企业会计准则》中对财务报告的内容、财务报表的种类，各报表的内容和格式及计算方法都做出了统一规定。凡是国家要求提供的财务报表，各企业必须全部编制并报送，不得漏编和漏报。凡是国家统一要求披露的信息，都必须披露。

3. 计算准确

日常的会计核算及编制财务报告，涉及大量的数字计算，只有准确地进行计算，才能保证数字的真实可靠。这就要求编制财务报告必须以核对无误后的账簿记录和其他有关资料为依据，不能使用推算的数据，更不能以任何方式弄虚作假或隐瞒谎报。

4. 报送及时

及时性是会计信息的重要特征，财务报告信息只有及时地传递给信息使用者，才能为使用者的决策提供依据。否则，即使是真实可靠和内容完整的财务报告，由于编制和报送不及时，对报告使用者来说，就大大降低了会计信息的使用价值。

第二节　任务二　资产负债表

一、任务导入

甲公司 2014 年报表如表 9-1 所示。

表 9-1　资产负债表

单位：甲公司　　　　　　　　　　2014 年 12 月 31 日　　　　　　　　　　单位：元

资产	年初余额	期末余额	负债和所有者权益（股东权益）	年初余额	期末余额
流动资产：			流动负债：		
货币资金	6 148 400	5 474 500	短期借款	380 000	260 000
交易性金融资产	100 000		交易性金融负债		
应收票据	300 000	450 000	应付票据	300 000	475 900
应收账款	3 620 000	3 582 000	应付账款	2 000 000	1 667 380
预付款项	500 000	650 400	预收款项	200 000	300 000
应收利息			应付职工薪酬	100 000	512 350

续表

资产	年初余额	期末余额	负债和所有者权益（股东权益）	年初余额	期末余额
应收股利			应交税费	30 000	61 200
其他应收款			应付利息		6 000
存货	4 800 000	5 668 100	应付利润（或股利）		1 000 000
其中：消耗性生物资产			其他应付款	20 000	18 600
一年内到期的非流动资产			一年内到期的非流动负债		2 400 000
其他流动资产			其他流动负债		
流动资产合计	15 468 400	15 825 000	流动负债合计	3 030 000	6 701 430
非流动资产：			非流动负债：		
可供出售金融资产			长期借款	15 000 000	12 600 000
持有至到期投资			应付债券		
长期应收款			长期应付款		
长期股权投资	524 600	1 524 600	专项应付款		
投资性房地产			预计负债		
固定资产	32 000 000	31 100 000	递延所得税负债		12 000
在建工程	1 416 200	2 416 200	其他非流动负债		
工程物资			其他长期负债		
固定资产清理			非流动负债合计	15 000 000	12 612 000
生产性生物资产			负债合计	18 030 000	19 313 430
油气资产			所有者权益（或股东权益）：		
无形资产	1 871 600	1 821 600	实收资本（或股本）	30 000 000	30 000 000
开发支出			资本公积		
商誉			减：库存股		
长期待摊费用		38 580	盈余公积	1 700 000	1 818 285
递延所得税资产		21 100	未分配利润	1 550 800	1 615 365
其他非流动资产			所有者权益（或股东权益）合计	33 250 800	33 433 650
非流动资产合计	35 812 400	36 922 080			
资产合计	51 280 800	52 747 080	负债和所有者权益（股东权益）合计	51 280 800	52 747 080

了解资产负债表的构成项目，分析企业的财务状况。

二、任务分析

（1）熟悉资产负债表的编制原理。
（2）了解资产负债表的项目→利用账簿资料编制资产负债表。
（3）分析资产负债表各项目填列方法。

三、知识储备与任务实施

（一）资产负债表的概念及作用

资产负债表是反映企业某一特定日期（如月末、季末、半年末和年末）财务状况的财务报表，属于静态报表。它是根据"资产=负债+所有者权益"这一会计等式，依照一定的分类标准和顺序，将企业在一定日期的全部资产、负债和所有者权益项目进行适当分类、汇总和排列后编制而成的。　资产负债表具有以下作用。

1. 资产负债表主要提供有关企业财务状况方面的信息

资产负债表可以提供某一日期资产的总额及其结构，表明企业拥有或控制的资源及其分布情况，经营者可以据此分析企业资产分布是否合理，即有多少资源是流动资产、有多少资源是长期投资、有多少资源是固定资产等。

2. 资产负债表反映了企业资金来源渠道和构成情况

资产负债表可以提供某一日期的负债及所有者权益总额，反映出企业资金的来源渠道及构成，即资金是来源于负债还是所有者投资。同时还能表明企业未来需要用多少资产或劳务清偿债务及清偿时间，即流动负债有多少、长期负债有多少，以及长期负债中有多少需要用当期流动资金进行偿还等。投资者和债权人可以据此分析企业财务结构的优劣和负债经营的合理程度。

3. 可以考察企业的资本保值和增值情况

通过对前后期资产负债表的对比分析，可以考察企业的资本保值和增值情况。经营者、投资者和债权人可以预测企业未来的财务状况与财产安全程度。分析所有者所拥有的权益，据以判断资本保值、增值的情况，以及对负债的保障程度。

4. 提供进行财务分析的基本资料

将流动资产与流动负债进行比较，计算出流动比率；将速动资产（流动资产–存货）与流动负债进行比较，计算出速动比率等，可以表明企业的变现能力、偿债能力和资金周转能力，从而有助于财务报表使用者做出经济决策。

（二）资产负债表的列报方法

资产负债表的内容包括资产、负债和所有者权益三个方面。资产项目按其流动性强弱分项列示，流动性强者列于前。负债项目按偿还期限的长短列示，先列示流动负债，后列示长期负债。所有者权益项目则按稳定程度的高低列示，即按照实收资本（股本）、资本公积、盈余公积和未分配利润的顺序列示。

1. "年初余额"的列报方法

在我国，资产负债表的"年初余额"栏内各项数字，根据上年年末资产负债表"期末余额"栏内各项数字填列。如果当年资产负债表规定的各个项目的名称和内容同上年不一致，则按编报当年的口径对上年年末资产负债表各项目的名称和数字进行调整，填入本表"年初余额"栏内。

2. "期末余额"的列报方法

"期末余额"栏内各项数字根据会计期末各总账账户及所属明细账户的余额填列。我国企业资产负债表各项目数据的来源，主要通过以下几种方式取得。

1）根据总账科目余额直接填列

资产负债表中的有些项目，可直接根据有关总账科目的余额填列，如"交易性金融资产"、"工程物资"、"固定资产清理"、"递延所得税资产"、"短期借款"、"应付票据"、"应付职工薪酬"、"应交税费"、"应付利息"、"应付利润"、"其他应付款"、"专项应付款"、"预计负债"、"递延所得税负债"、"实收资本（或股本）"、"资本公积"、"库存股"和"盈余公积"等项目，应根据有关总账科目的余额直接填列。

2）根据总账科目余额合计填列

例如，"货币资金"项目，根据"库存现金"、"银行存款"和"其他货币资金"科目的期末余额合计数计算填列。"存货"项目需根据"原材料"、"库存商品"、"委托加工物资"、"周转材料"、"材料采购"、"在途物资"、"发出商品"、"材料成本差异"和"生产成本"等总账科目期末余额合计填列。

3）根据明细科目余额计算填列

例如，"应付账款"项目，需要根据"应付账款"和"预付账款"两个科目所属的相关明细科目的期末贷方余额计算填列；"预付款项" 需要根据"应付账款"和"预付账款"两个科目所属的相关明细科目的期末借方余额计算填列。"应收账款"项目，需要根据"应收账款"和"预收账款"两个科目所属的相关明细科目的期末借方余额计算填列；"预收款项"项目，需要根据"应收账款"和"预收账款"两个科目所属的相关明细科目的期末贷方余额计算填列。

4）根据总账科目和明细科目余额分析计算填列

例如，"一年内到期的非流动资产""一年内到期的非流动负债"项目，应根据有关非流动资产或负债项目的明细科目余额分析填列；"持有至到期投资"、"长期应收款"、"长期借款"和"应付债券"等项目，应分别根据该科目的明细科目余额扣除一年内到期的金额填列。

5）根据科目余额减去其备抵项目后的净额填列

例如，资产负债表中的"应收账款"、"存货"和"长期股权投资"等项目，应根据"应收账款"、"存货"和"长期股权投资"等科目的期末余额减去"坏账准备"、"存货跌价准备"和"长期股权投资减值准备"等科目余额后的净额填列;"固定资产"项目,应根据"固定资产"科目的期末余额减去"累计折旧""固定资产减值准备"科目余额后的净额填列;"无形资产"项目,应根据"无形资产"科目的期末余额,减去"累计摊销""无形资产减值准备"科目余额后的净额填列。

【知识链接】

资产负债表各项目的填列说明

(1)"货币资金"项目,反映企业库存现金、银行结算户存款、外埠存款、银行汇票存款、银行本票存款、信用卡存款和信用证保证金存款等的合计数。本项目应根据"库存现金"、"银行存款"和"其他货币资金"科目期末余额的合计数填列。

(2)"交易性金融资产"项目,反映企业持有的以公允价值计量且其变动计入当期损益的为交易目的所持有的债券投资、股票投资和基金投资等金融资产。本项目应根据"交易性金融资产"科目的期末余额填列。

(3)"应收票据"项目,反映企业因销售商品、提供劳务等而收到的商业汇票,包括银行承兑汇票和商业承兑汇票。本项目应根据"应收票据"科目的期末余额,减去"坏账准备"科目中有关应收票据计提的坏账准备期末余额后的金额填列。

(4)"应收账款"项目,反映企业因销售商品、提供劳务等经营活动应收取的款项。本项目应根据"应收账款"和"预收账款"科目所属各明细科目的期末借方余额合计数,减去"坏账准备"科目中有关应收账款计提的坏账准备期末余额后的金额填列。例如,"应收账款"科目所属明细科目期末有贷方余额的,应在资产负债表"预收款项"项目内填列。

(5)"预付款项"项目,反映企业按照购货合同规定预付给供应单位的款项等。本项目应根据"预付账款"和"应付账款"科目所属各明细科目的期末借方余额合计数,减去"坏账准备"科目中有关预付款项计提的坏账准备期末余额后的金额填列。例如,"预付账款"科目所属各明细科目期末有贷方余额的,应在资产负债表"应付账款"项目内填列。

(6)"应收利息"项目,反映企业应收取的债券投资等的利息。本项目应根据"应收利息"科目的期末余额,减去"坏账准备"科目中有关应收利息计提的坏账准备期末余额后的金额填列。

(7)"应收股利(或利润)"项目,反映企业应收取的现金股利和应收取其他单位分配的利润。本项目应根据"应收股利(或利润)"科目的期末余额,减去"坏账准备"科目中有关应收股利计提的坏账准备期末余额后的金额填列。

(8)"其他应收款"项目,反映企业除应收票据、应收账款、预付账款、应收股利和应收利息等经营活动以外的其他各种应收、暂付的款项。本项目应根据"其他应收款"科目的期末余额,减去"坏账准备"科目中有关其他应收款计提的坏账准备期末余额后的金额填列。

(9)"存货"项目,反映企业期末在库、在途和在加工中的各种存货的可变现净值。本项目应根据"材料采购"、"原材料"、"低值易耗品"、"库存商品"、"周转材料"、"委托加工物资"、"委托代销商品"和"生产成本"等科目的期末余额合计，减去"存货跌价准备"科目期末余额后的金额填列。材料采用计划成本核算，以及库存商品采用计划成本核算或售价核算的企业，还应按加或减"材料成本差异""商品进销差价"后的金额填列。

（10）"一年内到期的非流动资产"项目，反映企业将于一年内到期的非流动资产项目金额。本项目应根据有关科目的期末余额填列。

（11）"其他流动资产"项目，反映企业除货币资金、交易性金融资产、应收票据、应收账款和存货等流动资产以外的其他流动资产。本项目应根据有关科目的期末余额填列。

（12）"可供出售金融资产"项目，反映企业持有的以公允价值计量的可供出售的股票投资、债券投资等金融资产。本项目应根据"可供出售金融资产"科目的期末余额填列。

（13）"持有至到期投资"项目，反映企业持有的以摊余成本计量的持有至到期投资。本项目应根据"持有至到期投资"科目的期末余额，减去"持有至到期投资减值准备"科目期末余额后的金额填列。

（14）"长期应收款"项目，反映企业融资性租赁产生的应收款项，以及采用递延方式具有融资性质的销售商品和提供劳务等产生的长期应收款项等。本项目应根据"长期应收款"科目的期末余额，减去相应的"未实现融资收益"科目和"坏账准备"科目所属相关明细科目期末余额后的金额填列。

（15）"长期股权投资"项目，反映企业持有的对子公司、联营企业和合营企业的长期股权投资。本项目应根据"长期股权投资"科目的期末余额，减去"期股权投资减值准备"科目期末余额后的金额填列。

（16）"投资性房地产"项目，反映企业持有的投资性房地产。企业采用成本模式计量投资性房地产的，本项目应根据"投资性房地产"科目的期末余额，减去"投资性房地产累计折旧（摊销）"和"投资性房地产减值准备"科目期末余额后的金额填列；企业采用公允价值模式计量投资性房地产的，本项目应根据"投资性房地产"科目的期末余额填列。

（17）"固定资产"项目，反映企业各种固定资产原价减去累计折旧和累计减值准备后的净额。本项目应根据"固定资产"科目的期末余额，减去"累计折旧"和"固定资产减值准备"科目期末余额后的金额填列。

（18）"在建工程"项目，反映企业期末各项未完工程的实际支出，包括交付安装的设备价值、未完建筑安装工程已经耗用的材料、工资和费用支出及预付出包工程的价款等可收回金额。本项目应根据"在建工程"科目的期末余额，减去"在建工程减值准备"科目期末余额后的金额填列。

（19）"工程物资"项目，反映企业尚未使用的各项工程物资的实际成本。本项目应根据"工程物资"科目的期末余额填列。

（20）"固定资产清理"项目，反映企业因出售、毁损和报废等原因转入清理但尚未清理完毕的固定资产的净值，以及固定资产清理过程中所发生的清理费用和变价收入等各项金额的差额。本项目应根据"固定资产清理"科目的期末借方余额填列，如"固定资产清理"科目期末为贷方余额，以"－"号填列。

（21）"生产性生物资产"项目，反映企业持有的生产性生物资产。本项目应根据"生产性生物资产"科目的期末余额，减去"生产性生物资产累计折旧"和"生产性生物资产减值准备"科目期末余额后的金额填列。

（22）"油气资产"项目，反映企业持有的矿区权益和油气井及相关设施的原价减去累计折耗和累计减值准备后的净额。本项目应根据"油气资产"科目的期末余额，减去"累计折耗"科目期末余额和相应减值准备后的金额填列。

（23）"无形资产"项目，反映企业持有的无形资产，包括专利权、非专利技术、商标权、著作权和土地使用权等。本项目应根据"无形资产"科目的期末余额，减去"累计摊销"和"无形资产减值准备"科目期末余额后的金额填列。

（24）"开发支出"项目，反映企业开发无形资产过程中能够资本化形成无形资产成本的支出部分。本项目应根据"研发支出"科目中所属的"资本化支出"明细科目期末余额填列。

（25）"商誉"项目，反映企业合并中形成的商誉的价值。本项目应根据"商誉"科目的期末余额，减去相应减值准备后的金额填列。

（26）"长期待摊费用"项目，反映企业已经发生但应由本期和以后各期负担的分摊期限在一年以上的各项费用。长期待摊费用中在一年内（含一年）摊销的部分，在资产负债表"一年内到期的非流动资产"项目填列。本项目应根据"长期待摊费用"科目的期末余额减去将于一年内（含一年）摊销的数额后的金额填列。

（27）"递延所得税资产"项目，反映企业确认的可抵扣暂时性差异产生的递延所得税资产。本项目应根据"递延所得税资产"科目的期末余额填列。

（28）"其他非流动资产"项目，反映企业除长期股权投资、固定资产、在建工程、工程物资和无形资产等资产以外的其他非流动资产。本项目应根据有关科目的期末余额填列。

（29）"短期借款"项目，反映企业向银行或其他金融机构等借入的期限在一年以下（含一年）的各种借款。本项目应根据"短期借款"科目的期末余额填列。

（30）"交易性金融负债"项目，反映企业承担的以公允价值计量且其变动计入当期损益的为交易目的所持有的金融负债。本项目应根据"交易性金融负债"科目的期末余额填列。

（31）"应付票据"项目，反映企业购买材料、商品和接受劳务供应等而开出并承兑的商业汇票，包括银行承兑汇票和商业承兑汇票。本项目应根据"应付票据"科目的期末余额填列。

（32）"应付账款"项目，反映企业因购买材料、商品和接受劳务供应等经营活动应支付的款项。本项目应根据"应付账款"和"预付账款"科目所属各明细科目的期末贷方余额合计数填列；若"应付账款"科目所属明细科目期末有借方余额的，应在资产负债表"预付款项"项目内填列。

（33）"预收款项"项目，反映企业按照购货合同规定预付给供应单位的款项。本项目应根据"预收账款"和"应收账款"科目所属各明细科目的期末贷方余额合计数填列。若"预收账款"科目所属各明细科目期末有借方余额，应在资产负债表"应收账款"项目内填列。

（34）"应付职工薪酬"项目，反映企业根据有关规定应付给职工的工资、职工福利、社会保险费、住房公积金、工会经费、职工教育经费、非货币性福利、辞退福利等各种薪酬。外商投资企业按规定从净利润中提取的职工奖励及福利基金，也在本项目列示。

（35）"应交税费"项目，反映企业按照税法规定计算应交纳的各种税费，包括增值税、消费税、营业税、所得税、资源税、土地增值税、城市维护建设税、房产税、土地使用税、车船使用税、教育费附加和矿产资源补偿费等。企业代扣代交的个人所得税，也通过本项目列示。企业所交纳的税金不需要预计应交数的，如印花税、耕地占用税等，不在本项目列示。本项目应根据"应交税费"科目的期末贷方余额填列；若"应交税费"科目期末为借方余额，应以"–"号填列。

（36）"应付利息"项目，反映企业按照规定应当支付的利息，包括分期付息到期还本的长期借款应支付的利息、企业发行的企业债券应支付的利息等。本项目应当根据"应付利息"科目的期末余额填列。

（37）"应付股利（或利润）"项目，反映企业分配的现金股利或利润。企业分配的股票股利，不通过本项目列示。本项目应根据"应付股利（或利润）"科目的期末余额填列。

（38）"其他应付款"项目，反映企业除应付票据、应付账款、预收款项、应付职工薪酬、应付股利、应付利息和应交税费等经营活动以外的其他各项应付、暂收的款项。本项目应根据"其他应付款"科目的期末余额填列。

（39）"一年内到期的非流动负债"项目，反映企业非流动负债中将于资产负债表日后一年内到期部分的金额，如将于一年内偿还的长期借款。本项目应根据有关明细科目的期末余额填列。

（40）"其他流动负债"项目，反映企业除短期借款、交易性金融负债、应付票据、应付账款、应付职工薪酬和应交税费等流动负债以外的其他流动负债。本项目应根据有关科目的期末余额填列。

（41）"长期借款"项目，反映企业向银行或其他金融机构借入的期限在一年以上（不含一年）的各项借款。本项目应根据"长期借款"科目的期末余额减去"一年内到期的非流动负债"中长期借款的金额填列。

（42）"应付债券"项目，反映企业为筹集长期资金而发行的债券本金和利息。本项目应根据"应付债券"科目的期末余额减去"一年内到期的非流动负债"中应付债券的金额填列。

（43）"长期应付款"项目，反映企业除长期借款和应付债券以外的其他各种长期应付款项。本项目应根据"长期应付款"科目的期末余额，减去相应的"未确认融资费用"科目期末余额及"一年内到期的非流动负债"中长期应付款的金额填列。

（44）"专项应付款"项目，反映企业取得政府作为企业所有者投入的具有专项或特定用途的款项。本项目应根据"专项应付款"科目的期末余额填列。

（45）"预计负债"项目，反映企业确认的对外提供担保、未决诉讼、产品质量保证、重组义务、亏损性合同等产生的预计负债。本项目应根据"预计负债"科目的期末余额填列。

（46）"递延所得税负债"项目，反映企业确认的应纳税暂时性差异产生的所得税负债。本项目应根据"递延所得税负债"科目的期末余额填列。

（47）"其他非流动负债"项目，反映企业除长期借款、应付债券等负债以外的其他非流动负债。本项目应根据有关科目的期末余额减去将于一年内（含一年）到期偿还数后的余额填列。非流动负债各项目中将于一年内（含一年）到期的非流动负债，应在"一年内到期的非流动负债"项目内单独反映。

（48）"实收资本（或股本）"项目，反映企业各投资者实际投入的资本（或股本）总额。本项目应根据"实收资本"（或"股本"）科目的期末余额填列。

（49）"资本公积"项目，反映企业资本公积的期末余额。本项目应根据"资本公积"科目的期末余额填列。

（50）"库存股"项目，反映企业持有尚未转让或注销的本公司股份金额。本项目应根据"库存股"科目的期末余额填列。

（51）"盈余公积"项目，反映企业盈余公积的期末余额。本项目应根据"盈余公积"科目的期末余额填列。

（52）"未分配利润"项目，反映企业尚未分配的利润。本项目应根据"本年利润"科目和"利润分配"科目的余额计算填列。未弥补的亏损在本项目内以"-"号填列。

（三）资产负债表编制举例

【例 9-1】甲公司 2014 年 12 月 31 日有关科目的余额如表 9-2 所示。

表 9-2　科目余额表　　　　　　单位：元

账户名称	借方余额	账户名称	贷方余额
库存现金	24 000	短期借款	260 000
银行存款	4 438 500	应付票据	475 900
其他货币资金	1 012 000	应付账款	1 667 380
应收票据	450 000	预收账款	300 000
应收账款	3 600 000	其他应付款	18 600
坏账准备	（18 000）	应付利润	1 000 000
预付账款	650 400	应付职工薪酬	512 350
材料采购	707 500	应交税费	61 200
原材料	1 600 000	应付利息	6 000
周转材料——包装物	970 200	长期借款（其中一年内到期 2 400 000）	15 000 000
周转材料——低值易耗品	770 400	递延所得税负债	12 000
库存商品	1 620 000	实收资本	30 000 000
长期股权投资	1 524 600	盈余公积	1 818 285
固定资产	39 200 000	利润分配（未分配利润）	1 615 365
累计折旧	（7 938 580）		
固定资产减值准备	（161 420）		
在建工程	2 416 200		
无形资产	1 871 600		
累计摊销	（50 000）		
长期待摊费用	38 580		
递延所得税资产	21 100		
合计	52 747 080	合计	52 747 080

根据上述资料编制 2014 年 12 月 31 日的资产负债表，见表 9-1 的期末余额。

第三节　任务三　利润表

一、任务导入

2014 年甲公司利润表如表 9-3 所示。

表 9-3　利润表

编制单位：甲公司　　　　　　　　2014 年　　　　　　　　单位：元

项目	本期金额	上期金额
一、营业收入	6 500 000	
减：营业成本	4 260 000	
营业税金及附加	125 000	
销售费用	200 000	
管理费用	500 000	
财务费用	10 000	
资产减值损失	20 000	
加：公允价值变动收益（损失以"-"号填列）		
投资收益（损失以"-"号填列）	50 000	
其中：对联营企业和合营企业的投资收益		
二、营业利润（亏损以"-"号填列）	1 435 000	
加：营业外收入	150 000	
减：营业外支出	20 000	
三、利润总额（亏损总额以"-"号填列）	1 565 000	
减：所得税费用	382 150	
四、净利润（净亏损以"-"号填列）	1 182 850	
五、每股收益		
（一）基本每股收益		
（二）稀释每股收益		
六、其他综合收益		
七、综合收益总额		

理解营业利润、利润总额、净利润的含义。

二、任务分析

（1）依据账簿记录→分析损益类账户发生额。

（2）依据损益类账户发生额→填列利润表各项目。

（3）计算营业利润、利润总额及净利润。

三、知识储备与任务实施

（一）利润表的概念

利润表是反映企业在一定会计期间经营成果的报表。由于它反映的是某一期间的情况，所以又称为动态报表。利润表也称为损益表、收益表。

（二）利润表的作用

利润表表现为以下几个方面的作用。

1. 评价和预测企业的经营成果和获利能力，为投资决策提供依据

经营成果是一个绝对值指标，可以反映企业财富增长的规模。获利能力是一个相对值指标，它是指企业运用一定经济资源获取经营成果的能力，根据利润表所提供的经营成果信息，股东和管理部门可评价与预测企业的获利能力，对是否投资或追加投资、投向何处和投资多少等做出决策。

2. 评价和预测企业的偿债能力，为筹资决策提供依据

偿债能力是指企业以资产清偿债务的能力。企业的偿债能力不仅取决于资产的流动性和资产结构，也取决于获利能力。获利能力不强甚至亏损的企业，通常其偿债能力不会很强。债权人通过分析和比较利润表的有关信息，可以评价和预测企业的偿债能力，尤其是长期偿债能力，对是否继续向企业提供信贷做出决策。财务部门通过分析和比较利润表的有关信息与偿债能力可以对筹资的方案、资本结构及财务杠杆的运用做出决策。

3. 企业管理人员可根据利润表披露的经营成果做出经营决策

企业管理人员通过比较和分析利润表中各种构成因素，可知悉各项收入、成本费用与收益之间的消长趋势，发现各方面工作中存在的问题，做出合理的经营决策。

4. 评价和考核管理人员的绩效

董事会和股东从利润表所反映的收入、成本费用与收益的信息可以评价管理层的业绩，为考核和奖励管理人员做出合理的决策。

【知识链接】

利润表项目的填列

我国利润表主体部分的各项目都列有"上期金额"和"本期金额"两个栏目。

（一）"上期金额"的填列

利润表中的"上期金额"栏应根据上年该期利润表"本期金额"栏内数字填列。如

果上年该期利润表规定的各个项目的名称和内容同本期不一致，应对上年该期利润表各项目的名称和数字按本期的规定进行调整，填入"上期金额"栏。

（二）"本期金额"的填列

（1）"营业收入"项目，反映企业经营主要业务和其他业务所确认的收入总额，本项目应根据"主营业务收入"和"其他业务收入"科目的发生额合计填列。

（2）"营业成本"项目，反映企业经营主要业务和其他业务所发生的成本总额，本项目应根据"主营业务成本"和"其他业务成本"科目的发生额合计填列。

（3）"营业税金及附加"项目，反映企业经营业务应负担的消费税、营业税、城市建设维护税、资源税、土地增值税和教育费附加等，本项目应根据"营业税金及附加"科目的发生额分析填列。

（4）"销售费用"项目，反映企业在销售商品过程中发生的包装费、广告费等费用和为销售本企业商品而专设的销售机构的职工薪酬业务费等经营费用，本项目应根据"销售费用"科目的发生额分析填列。

（5）"管理费用"项目，反映企业为组织和管理生产经营发生的管理费用，本项目应根据"管理费用"的发生额分析填列。

（6）"财务费用"项目，反映企业筹集生产经营所需资金等而发生的筹资费用，本项目应根据"财务费用"科目的发生额分析填列。

（7）"资产减值损失"项目，反映企业各项资产发生的减值损失，本项目应根据"资产减值损失"科目的发生额分析填列。

（8）"公允价值变动收益"项目，反映企业应当计入当期损益的资产或负债公允价值变动收益，本项目应根据"公允价值变动损益"科目的发生额分析填列，如为净损失本项目以"–"号填列。

（9）"投资收益"项目，反映企业以各种方式对外投资所取得的收益，本项目应根据"投资收益"科目的发生额分析填列，如为投资损失本项目以"–"号填列。

（10）"营业利润"项目，反映企业实现的营业利润，如为亏损本项目以"–"号填列。

（11）"营业外收入"项目，反映企业发生的与经营业务无直接关系的各项收入，本项目应根据"营业外收入"科目的发生额分析填列。

（12）"营业外支出"项目，反映企业发生的与经营业务无直接关系的各项支出，本项目应根据"营业外支出"科目的发生额分析填列。

（13）"利润总额"项目，反映企业实现的利润，如为亏损本项目以负号填列。

（14）"所得税费用"项目，反映企业应从当期利润总额中扣除的所得税费用，本项目应根据"所得税费用"科目的发生额分析填列。

（15）"净利润"项目，反映企业实现的净利润，如为亏损本项目以"–"号填列。

（16）"基本每股收益"项目，按照归属于普通股股东的当期净利润，除以发行在外普通股的加权平均数计算基本每股收益。

发行在外普通股加权平均数=期初发行在外普通股股数+（当期新发行普通股股数×已发行时间÷报告期时间）–（当期回购普通股股数×已回购时间÷报告期时间）

【例9-2】W公司2014年期初发行在外的普通股为3 000万股，3月1日新发行普通股2 400万股，9月1日回购600万股，已备以后再出售。该公司实现年度净利润6 500万元。计算2014年每股收益如下：

发行在外普通股加权平均数=3 000+2 400×10÷12-600×4÷12=4 800（万股）

基本每股收益=6 500÷5 200=1.25（元）

（17）"稀释每股收益"项目，企业存在稀释性潜在普通股的，应当分别调整归属于普通股股东的当期净利润和发行在外普通股的加权平均数，并据以计算稀释每股收益。

稀释性潜在普通股，是指假设当期转换为普通股会减少每股收益的潜在普通股。潜在普通股，是指赋予其持有者在报告期或以后期间享有取得普通股权利的一种金融工具或其他合同，包括可转换公司债券、认股权证和股份期权等。

计算稀释每股收益时，当期发行在外普通股的加权平均数应当为计算基本每股收益时普通股的加权平均数与假定稀释性潜在普通股转换为已发行普通股而增加的普通股股数的加权平均数之和。

（三）利润表编制举例

【例9-3】甲公司2014年损益类账户的累计发生额如表9-4所示。

表9-4　损益类账户的累计发生额　　　　　　　　　　单位：元

账户名称	借方金额	贷方金额
主营业务收入		6 000 000
其他业务收入		500 000
主营业务成本	4 000 000	
其他业务成本	260 000	
营业税金及附加	125 000	
销售费用	200 000	
管理费用	500 000	
财务费用	10 000	
资产减值损失	161 420	141 420
所得税费用	197 970	
投资收益		50 000
营业外收入		150 000
营业外支出	20 000	

根据上述资料，编制该公司2014年利润表，见表9-3。

第四节　任务四　现金流量表

一、任务导入

甲公司 2014 年现金流量表如表 9-5 所示。

表 9-5　现金流量表

编制单位：甲公司　　　　　　　　　　2014年　　　　　　　　　　单位：元

项目	本期金额	上期金额
一、经营活动产生的现金流量		
销售商品、提供劳务收到的现金	7 734 420	
收到的税费返还		
收到其他与经营活动有关的现金	150 000	
经营活动现金流入小计	7 884 420	
购买商品、接受劳务支付的现金	5 345 797	
支付给职工以及为职工支付的现金	337 650	
支付的各项税费	779 473	
支付其他与经营活动有关的现金	301 400	
经营活动现金流出小计	6 764 320	
经营活动产生的现金流量净额	1 120 100	
二、投资活动产生的现金流量		
收回投资收到的现金	100 000	
取得投资收益收到的现金	50 000	
处置固定资产、无形资产和其他长期资产收回的现金净额	180 000	
处置子公司及其他营业单位收到的现金净额		
收到其他与投资活动有关的现金		
投资活动现金流入小计	330 000	
购建固定资产、无形资产和其他长期资产支付的现金	1 000 000	
投资支付的现金	1 000 000	
取得子公司及其他营业单位支付的现金净额		
支付其他与投资活动有关的现金		
投资活动现金流出小计	2 000 000	
投资活动产生的现金流量净额	（1 670 000）	
三、筹资活动产生的现金流量		
吸收投资收到的现金		
取得借款收到的现金		
收到其他与筹资活动有关的现金		
筹资活动现金流入小计		
偿还债务支付的现金	120 000	
分配股利、利润或偿付利息支付的现金	4 000	
支付其他与筹资活动有关的现金		
筹资活动现金流出小计	124 000	
筹资活动产生的现金流量净额	（124 000）	

项目	本期金额	上期金额
四、汇率变动对现金及现金等价物的影响		
五、现金及现金等价物净增加额	（673 900）	
加：期初现金及现金等价物余额	6 148 400	
六、期末现金及现金等价物余额	5 474 500	
补充资料	本期金额	上期金额
1. 将净利润调节为经营活动现金流量		
净利润	1 182 850	
加：资产减值准备	20 000	
固定资产折旧、油气资产折耗、生产性生物资产折旧	500 000	
无形资产摊销	50 000	
长期待摊费用摊销		
处置固定资产、无形资产和其他长期资产的损失（收益以"−"号填列）	20 000	
固定资产报废损失（收益以"−"号填列）		
公允价值变动损失（收益以"−"号填列）		
财务费用（收益以"−"号填列）	10 000	
投资损失（收益以"−"号填列）	−50 000	
递延所得税资产减少（增加以"−"号填列）	−21 100	
递延所得税负债增加（减少以"−"号填列）	12 000	
存货的减少（增加以"−"号填列）	−868 100	
经营性应收项目的减少（增加以"−"号填列）	−112 000	
经营性应付项目的增加（减少以"−"号填列）	376 450	
其他		
经营活动产生的现金流量净额	1 120 100	
2. 不涉及现金收支的重大投资和筹资活动		
债务转为资本		
一年内到期的可转换公司债券		
融资租入固定资产		
3. 现金及现金等价物净变动情况		
现金的期末余额	5 474 500	
减：现金的期初余额	6 148 400	
加：现金等价物的期末余额		
减：现金等价物的期初余额		
现金及现金等价物净增加额	（673 900）	

　　分析经营活动、投资活动、筹资活动的现金流量构成，分析净利润与净现金流量的关系。

二、任务分析

（1）依据资产负债表、利润表及账簿资料→编制现金流量表。

（2）将权责发生制下的资产负债表、利润表进行调整→收付实现制下的现金流量表。

（3）熟悉现金流量表各项目→理解三大类活动的含义。

（4）从净利润开始→编制现金流量表附表。

三、知识储备与任务实施

（一）现金流量表的编制基础

现金流量表是反映企业一定时期内现金流入和现金流出的财务报表。

现金流量表是以现金及现金等价物为基础编制的财务状况变动表。将现金流量划分为经营活动、投资活动和筹资活动，按照收付实现制原则编制，将权责发生制下的盈利信息调整为收付实现制下的现金流量信息。

现金流量是指企业在一定期间内的现金流入和现金流出。这里的现金概念与通常所说的现金不一样，通常所说的现金是指纸币和硬币等库存现金，是狭义的现金概念。而这里所说的现金则包括企业的库存现金、可以随时用于支付的银行存款、其他货币资金及现金等价物。

1. 库存现金

库存现金是指企业所持有的、可随时用于零星支付的现金。

2. 银行存款

银行存款是指企业存放在银行或其他金融机构的随时可以用于支付的存款。由于某种原因不能随时提取（如定期存款）的存款，则不能作为现金流量表中的现金。

3. 其他货币资金

其他应收款是指企业存放在银行的有特殊用途的资金，或在途中尚未收到的资金。例如，外埠存款、银行汇票存款、银行本票存款、信用卡存款和在途货币资金等。

4. 现金等价物

现金等价物是指企业所持有的期限短、流动性强、易于转换为已知金额的现金、价值变动风险很小的投资。现金等价物的特点是流动性强，并随时可以转换为现金。通常是指企业购买的，在三个月以内到期的短期债券等。

应该注意的是，企业现金形式之间的转换不会产生现金的流入和流出，如企业从银行提取现金，是企业现金存放形式的转换，并未流出企业，不构成现金流量；同样，现金与现金等价物之间的转换也不属于现金流量，如企业用现金购买将于三个月内到期的国库券，也不构成现金流量。

（二）现金流量的分类

现金是企业最重要的资产，现金的流入和流出是企业频繁发生的业务。为了科学地反映现金流量，就要对现金流量进行分类。

1. 经营活动产生的现金流量

经营活动是指企业投资活动和筹资活动以外的所有交易活动。例如，出售商品、提供劳务、经营性租赁、购买货物、接受劳务、制造产品、广告宣传和交纳税款等。经营活动是一种利用现有资产，通过一定活动取得收入，同时发生成本，以实现利润为目的的活动。因而经营活动产生的现金流量一般都与净利润相关。但净利润是以权责发生制为标准计算的，而现金流量则是以收付实现制为标准计算的，二者金额是不相等的。

2. 投资活动产生的现金流量

投资活动是指企业投入资金购买和建造各种长期资产（不包括现金及其等价物），以及对这些资产进行处置的行为。如果说经营活动是通过一定的营业活动来达到取得营业收入从而实现利润的目的，那么，投资活动则是通过一定的投入而达到形成一定的经营能力的目的。通过投资活动，可以保证和加强企业的盈利能力。投资活动也可以实现一定的利润，但取得当期利润并不是投资活动的主要目的。

3. 筹资活动产生的现金流量

筹资活动是指导致借款规模和所有者权益发生变化的活动，包括企业对外举债所借入的款项。例如，发行债券、向金融企业借入款项及偿还债务等，以及与资本有关的现金流入和流出项目，如吸收投资、发行股票和分配利润等。企业要经营，必须有一定的经营能力，而要形成一定的经营能力，就需要投资。要投资，就必须先要进行筹资。可见，筹资是一个企业得以存在和运营的基础。

（三）现金流量表的作用

1. 评价企业现金的来源渠道

企业的现金来源主要有三个渠道，即经营活动现金流入、投资活动现金流入和筹资活动现金流入。企业不可能长期依靠投资活动现金流入和筹资活动现金流入维持与发展。良好的经营活动现金流入才能增强企业的盈利能力，满足长短期负债的偿还需要，使企业保持良好的财务状况。

2. 了解企业现金使用的主要方向

在公司正常的经营活动中，现金流出的各期变化幅度通常不会太大，若出现较大变动，则需要进一步寻找原因。投资活动现金流出一般是购建固定资产或对外投资引起的，此时就要视企业经营者决策正确与否而定。筹资活动的现金流出主要为偿还到期债务和支付现金股利。债务的偿还意味着企业未来用于满足偿付的现金将减少，财务风险随之降低。但如果短期内，筹资活动现金流出占总现金流出比重太大，也可能引起资金周转困难。

3. 评价企业当前及未来的偿债能力和支付能力

通过剔除了投资收益和筹资费用的会计利润与经营活动现金流量之间的对比，可以揭示有关会计利润的信息质量的好坏。经营活动产生的现金净流量大于或等于该项利润，说明企业经营活动的现金回收率高，收益较好，偿债能力和支付能力较强。但是在市场竞争日益激烈的今天，保持一定的商业信用也是企业生存发展的必要条件，因而该差额也不是越大越好。但如果经营活动现金净流量小于该项利润，则在判断企业获利能力、偿债能力时必须慎重，结合其他因素深入分析。

（四）现金流量表的编制方法

计算现金流量净额有不同的方法：可以直接用现金收入减去现金支出来计算现金流量的净额（直接法），也可以从净利润出发，以净利润为基础，然后对某些相关项目进行调增调减，以此确定现金流量的净额（间接法）。

1. 直接法

这种方法通过现金收入和现金支出的对比来反映企业的现金流量。采用这种方法，一般是以利润表中的营业收入为起点，调整与现金有关的某些项目，然后计算企业现金流量的净额。

这种方法以复式记账的基本原理为依据，根据本期的利润表及期末资产负债表中非现金项目的变动编制现金流量表。按照复式记账的原理，任何影响现金的交易，也一定同时影响某些非现金资产、负债和所有者权益（包括收入、费用）的变动。非现金账户的变动可以明确地反映现金交易的性质，通过非现金账户变动的分析，可以计算出各类性质的现金流入和流出量。大部分企业通常采用此法编制现金流量表。

2. 间接法

这种方法以净利润为起点，通过对净利润的调整，来反映企业现金流量。企业在计算利润时，要根据权责发生制的要求，对收入和支出进行调整。间接法的实质，就是将权责发生制调整过的项目重新通过收付实现制调整过来，把收入和费用调整为现金流量，把净利润调整为现金流量净额。其公式为

现金流量净额=净利润+有关调增项目−有关调减项目

采用直接法提供的信息有助于我们评价和预测未来的现金流量，而间接法就不具备这一优点。所以国际会计准则鼓励企业采用直接法编制现金流量表，在我国，也要求用直接法编制现金流量表。同时，要求在现金流量表附注中披露将利润调整为现金流量的信息，也就是说，还要同时以间接法编制现金流量表补充资料。

【知识链接】

现金流量表项目的填列方法

现金流量表按收付实现制反映企业的现金流量，而企业的资产负债表、利润表和所有者权益变动表是以权责发生制为基础提供会计信息，因此，编制现金流量表就是将权责发生制下的会计信息调整为收付实现制下的现金流量。本书主要讲述直接法下各项目的填列方法。

（一）经营活动产生的现金流量

（1）"销售商品、提供劳务收到的现金"项目，反映企业本年销售商品和提供劳务收到的现金，以及以前年度销售商品和提供劳务本年收到的现金（包括应向购买者收取的增值税销项税额）和本年预收的款项，减去因退回商品而支付的现金。企业销售材料和代购代销业务收到的现金，也在本项目反映。本项目可以根据"库存现金"、"银行存款"、"应收票据"、"应收账款"、"预收账款"、"主营业务收入"和"其他业务收入"科

目的记录分析填列。

　　"销售商品、提供劳务收到的现金"项目在企业本期销售收入全部属于现销和没有预收账款，且年初无应收账款和应收票据的情况下，本年的销售收入净额就是销售商品或提供劳务所取得的全部现金收入（即营业收入加上销项税额）。但是，在企业有赊销业务和预收账款的情况下，两者则可能出现差异。这两者的差异会通过"应收账款"、"应收票据"和"预收账款"账户余额的变动反映出来。"销售商品、提供劳务收到的现金"项目的填列方法可以有以下两种思路。

　　第一，根据资产负债表、利润表有关项目余额及有关账户记录资料填列。

　　其一，"应收账款"项目（即应收账款净额）的期末余额大于期初余额时，即本年度应收账款增加，说明当年的赊销金额大于收回的应收账款金额，所以应从销售收入中减去应收账款的增加数，以确定销售商品所取得现金收入；相反，"应收账款"账户的期末余额小于期初余额时，即本年度应收账款减少，说明当年的赊销金额小于收回的应收账款金额，所以应在销售收入中加上应收账款的减少数，以确定销售商品所取得的现金收入。

　　此项分析的假设前提是"应收账款"科目余额的减少会增加经营活动收到的现金，因此当坏账准备相关业务不影响现金流量的增减变动时，只要不影响"应收账款"科目余额就不必进行调整，反之则调整。若本期计提坏账准备不影响现金流量变动但会使应收账款净额减少，故作减项调整；本期转回多提的坏账准备不影响现金流量变动，但会使应收账款净额增加，故作为加项调整；本期核销的坏账既不影响现金流量的增减变化，也不影响应收账款净额，则不需要调整；本期收回已核销的坏账会产生现金流入，同时使应收账款净额减少，两方面影响相抵（应收账款净额的减少对应了事实上的现金流入），也不需要调整。

　　其二，"应收票据"账户与"应收账款"账户相同。

　　其三，"预收账款"账户的期末余额大于期初余额时，即本年度预收账款增加，说明当年的预收金额大于应收回的金额，所以应在销售收入中加上预收账款的增加数，以确定销售商品所取得现金收入；相反，"预收账款"账户的期末余额小于期初余额时，即本年度预收账款减少，说明当年的预收金额小于应收取的金额，所以应从销售收入中减去预收账款的减少数，以确定销售商品所取得的现金收入。

　　销售商品、提供劳务收到的现金，可以通过分析"主营业务收入"、"应收账款"、"应收票据"和"预收账款"项目的余额填列。用公式可表示为

　　销售商品、提供劳务收到的现金=营业收入+增值税销项税+应收账款（期初余额–期末余额）+应收票据（期初余额–期末余额）–本期计提的坏账准备（+本期转回多提的坏账准备）+预收账款增加数（期末余额–期初余额）–本期因销售退回而支付的现金

　　第二，根据有关账户记录的科目余额填列。

　　当应收款项取值于"应收账款"或"应收票据"总账科目余额而非资产负债表中的项目余额，此时，本期计提或转回多提的坏账准备既不影响现金流量变动，也不影响"应收账款"或"应收票据"科目余额，故无须调整；本期核销的坏账不影响现金流量变动，但会使"应收账款"或"应收票据"总账科目余额减少，故作减项调整；本期收回已核销的坏账会产生现金流入，但不影响"应收账款"或"应收票据"科目余额，故作加项

调整，则公式变为

销售商品、提供劳务收到的现金=营业收入+增值税销项税+应收账款（期初余额−期末余额）+应收票据（期初余额−期末余额）−本期核销的坏账准备+本期收回已核销的坏账准备+预收账款增加数（期末余额−期初余额）−本期因销售退回而支付的现金

（2）"收到的税费返还"项目，反映企业收到返还的所得税、增值税、营业税、消费税、关税和教育费附加等各种税费返还款。依据"库存现金"、"银行存款"和"营业外收入"等科目的记录分析填列。

（3）"收到其他与经营活动有关的现金"项目，反映企业经营租赁收到的租金等其他与经营活动有关的现金流入，金额较大的应当单独列示。本项目反映企业除上述各项目外，收到的其他与经营活动有关的现金，如罚款收入、经营租赁固定资产收到的现金、投资性房地产收到的租金收入、流动资产损失中由个人赔偿的现金收入，以及除税费返还外的其他政府补助收入等。本项目可根据"库存现金"、"银行存款"、"管理费用"、"销售费用"和"其他应收款"等科目的记录分析填列。

（4）"购买商品、接受劳务支付的现金"项目，反映企业本年购买商品、接受劳务实际支付的现金（包括增值税进项税额），以及本年支付以前年度购买商品、接受劳务的未付款项和本年预付款项，减去本年发生的购货退回收到的现金。企业购买材料和代购代销业务支付的现金，也在本项目反映。

在企业本期购进存货全部属于现购和没有预付账款且本年存货又全部对外销售，在年初无应付账款和应付票据的情况下，本年的营业成本和进项税额就是购买商品、接受劳务支付的全部现金（即营业成本加上进项税额）。但是，在企业有赊购业务和预付账款的情况下，两者则可能出现差异。这两者的差异会通过"存货"、"应付账款"、"应付票据"和"预付账款"账户余额的变动反映出来。

第一，"存货"项目的期末余额大于期初余额，在现购情况下表示已付款，但没有记入营业成本，应加上存货增加数；若期末余额小于期初余额，则表示销售了期初存货，记入了营业成本但未动用现金购买，则从营业成本中减去存货的减少数。

第二，在赊购情况下，"应付账款"项目的期初余额大于期末余额，表示本年度偿还了应付账款，应加上应付账款减少数；如果期初余额小于期末余额，表示本年度赊购存货增加，但没有支付现金，则减去应付账款增加数。

第三，"应付票据"账户与"应付账款"账户相同。

第四，"预付账款"账户的期末余额大于期初余额时，即本年度预付账款增加，所以应加上预付账款的增加数，以确定购买商品、接受劳务支付的现金；相反，"预付账款"账户的期末余额小于期初余额时，即本年度预付账款减少，说明当年收到存货但未支付现金，所以应从存货中减去预付账款的减少数。

本项目可以根据"库存现金"、"银行存款"、"应付票据"、"应付账款"、"预付账款"、"主营业务成本"和"其他业务成本"等科目的记录分析填列。此项目还要考虑以非现金资产抵债引起的应付账款、应付票据减少数；直接计入存货成本的非外购存货费用，如工人工资、固定资产折旧等。用公式可表示为

购买商品、接受劳务支付的现金=营业成本+增值税进项税+存货（期末余额−期初

余额)+本期计提的存货跌价准备+应付账款(期初余额–期末余额)+应付票据(期初余额–期末余额)+预付账款(期末余额–期初余额)–购货退回收到的现金–本期以非现金资产清偿的应付账款、应付票据–当期列入生产成本、制造费用的职工薪酬–当期列入生产成本、制造费用的非现金支出

(5)"支付给职工以及为职工支付的现金"项目,反映企业以现金方式支付给职工的工资和为职工支付的其他现金。支付给职工的工资包括工资、奖金及各种补贴(包括代扣代缴的职工个人所得税)等。为职工支付的其他现金,如为职工交纳的养老、失业等社会保险基金,企业为职工交纳的商业保险金等。在建工程人员的工资及奖金应在"购建固定资产支付的现金"项目中反映。本项目可以根据"库存现金"、"银行存款"和"应付职工薪酬"等科目的记录分析填列。

企业为职工支付的医疗、养老、失业、工伤、生育等社会保险基金,补充养老保险,住房公积金,企业为职工交纳的商业保险金,因解除与职工劳动关系给予的补偿,现金结算的股份支付,以及企业支付给职工或为职工支付的其他福利费用等,应根据职工的工作性质和服务对象,分别在"购建固定资产、无形资产和其他长期资产所支付的现金"与"支付给职工以及为职工支付的现金"项目中反映。

(6)"支付的各项税费"项目,反映企业本年发生并支付、以前各年发生本年支付以及预交的各项税费,包括所得税、增值税、营业税、消费税、印花税、房产税、土地增值税、车船使用税和教育费附加等。对有关投资项目发生的税金支出,不应列为经营活动现金流量,应在有关投资项目中列示。例如,交纳的耕地占用税,应在"购建固定资产所支付的现金"项目中反映。本项目不包括本期退回的增值税、所得税。本期退回的增值税、所得税等,在"收到的税费返还"项目中反映。本项目可以根据"应交税费"、"库存现金"和"银行存款"等科目分析填列。

(7)"支付其他与经营活动有关的现金"项目,反映企业经营租赁支付的租金、支付的差旅费、业务招待费、保险费和罚款支出等其他与经营活动有关的现金流出,金额较大的应当单独列示。本项目可以根据"库存现金"、"银行存款"、"管理费用"、"营业外支出"和"其他应付款"等科目分析填列。

(二)投资活动产生的现金流量

(1)"收回投资收到的现金"项目,本项目反映企业通过出售、转让或到期收回除现金等价物以外的交易性金融资产、持有至到期投资、可供出售金融资产、长期股权投资、投资性房地产等而收到的现金。不包括债权性投资收回的利息、收回的非现金资产,以及处置子公司及其他营业单位收到的现金净额。债权性投资收回的利息,在"取得投资收益所收到的现金"项目中反映。处置子公司及其他营业单位收到的现金净额单设项目反映。本项目可以根据"交易性金融资产"、"持有至到期投资"、"可供出售金融资产"、"长期股权投资"、"投资性房地产"、"库存现金"和"银行存款"等科目的记录分析填列。

(2)"取得投资收益收到的现金"项目,反映企业除现金等价物以外的对其他企业的股权和债权投资所取得的现金利润、股利与利息收入。包括在现金等价物范围内的债权投资,其利息收入也应在本项目中反映。股票股利由于不产生现金流量,不在本项目

中反映。本项目可以根据"应收股利（或利润）"、"应收利息"、"投资收益"、"库存现金"和"银行存款"等科目的记录分析填列。

（3）"处置固定资产、无形资产和其他长期资产收回的现金净额"项目，反映企业出售与报废固定资产、无形资产和其他长期资产所取得的现金（包括因资产毁损而收到的保险赔偿收入），减去为处置这些资产而支付的有关费用后的净额。若处置固定资产、无形资产和其他长期资产所收回的现金净额为负数，则应作为投资活动产生的现金流量在"支付的其他与投资活动有关的现金"项目中反映。本项目可以根据"固定资产清理"、"库存现金"和"银行存款"等科目的记录分析填列。

（4）"处置子公司及其他营业单位收到的现金净额"项目，反映企业处置子公司及其他营业单位所取得的现金，减去相关处置费用以及子公司及其他营业单位持有的现金和现金等价物后的净额。本项目可以根据有关科目的记录分析填列。

（5）"收到其他与投资活动有关的现金"项目，反映企业除上述各项目外，收到的其他与投资活动有关的现金。其他与投资活动有关的现金，如果价值较大的，应单列项目反映。本项目可以根据有关科目的记录分析填列。

（6）"购建固定资产、无形资产和其他长期资产支付的现金"项目，反映企业购买、建造固定资产、取得无形资产和其他长期资产所支付的现金（含增值税款等），以及用现金支付的应由在建工程和无形资产负担的职工薪酬。不包括为购建固定资产、无形资产和其他长期资产而发生的借款利息资本化部分，以及融资租入固定资产所支付的租赁费。为购建固定资产、无形资产和其他长期资产而发生的借款利息资本化部分，在"分配股利、利润或偿付利息支付的现金"项目中反映；融资租入固定资产所支付的租赁费，在"支付的其他与筹资活动有关的现金"项目中反映，不在本项目中反映。本项目可以根据"固定资产"、"在建工程"、"工程物资"、"无形资产"、"库存现金"和"银行存款"等科目的记录分析填列。

（7）"投资支付的现金"项目，本项目反映企业进行权益性投资和债权性投资所支付的现金，包括企业取得的除现金等价物以外的交易性金融资产、持有至到期投资、可供出售金融资产而支付的现金，以及支付的佣金、手续费等交易费用。企业购买债券的价款中含有未到期的债券利息，以及溢价或折价购入的，均按实际支付的金额反映。企业购买股票和债券时，实际支付的价款中包含的已宣告但尚未领取的现金股利或已到付息期但尚未领取的债券利息，应在"支付的其他与投资活动有关的现金"项目中反映；收回购买股票和债券时支付的已宣告但尚未领取的现金股利或已到付息期但尚未领取的债券利息，应在"收到的其他与投资活动有关的现金"项目中反映。本项目可以根据"交易性金融资产"、"持有至到期投资"、"可供出售金融资产"、"投资性房地产"、"长期股权投资"、"库存现金"和"银行存款"等科目的记录分析填列。

（8）"取得子公司及其他营业单位支付的现金净额"项目，反映企业购买子公司及其他营业单位购买出价中以现金支付的部分，减去子公司及其他营业单位持有的现金和现金等价物后的净额。本项目可以根据有关科目的记录分析填列。

（9）"支付的其他与投资活动有关的现金"项目，反映企业除上述各项目外，支付的其他与投资活动有关的现金。其他与投资活动有关的现金，如果价值较大的，应单列项目反映。本项目可以根据有关科目的记录分析填列。

（三）筹资活动产生的现金流量

（1）"吸收投资收到的现金"项目，反映企业以发行股票、债券等方式筹集资金实际收到的款项（发行收入减去支付的佣金等发行费用后的净额）。以发行股票等方式筹集资金而由企业直接支付的审计、咨询等费用，不在本项目中反映，而在"支付的其他与筹资活动有关的现金"项目中反映；由金融企业直接支付的手续费、宣传费、咨询费和印刷费等费用，从发行股票、债券取得的现金收入中扣除，以净额列示。本项目可以根据"实收资本（或股本）"、"资本公积"、"库存现金"和"银行存款"等科目的记录分析填列。

（2）"取得借款收到的现金"项目，反映企业举借各种短期、长期借款而收到的现金。本项目可以根据"短期借款"、"长期借款"、"交易性金融负债"、"应付债券"、"库存现金"和"银行存款"等科目的记录分析填列。

（3）"偿还债务支付的现金"项目，反映企业为偿还债务本金而支付的现金，包括归还金融企业的借款本金、偿付企业到期的债券本金等。企业偿还的借款利息、债券利息，在"分配股利、利润或偿付利息所支付的现金"项目中反映，不在本项目中反映。本项目可以根据"短期借款"、"长期借款"、"交易性金融负债"、"应付债券"、"库存现金"和"银行存款"等科目的记录分析填列。

（4）"分配股利、利润或偿付利息支付的现金"项目，反映企业实际支付的现金股利、支付给其他投资单位的利润或用现金支付的借款利息、债券利息。不同用途的借款，其利息的开支渠道不一样，如在建工程、财务费用等，均在本项目中反映。本项目可以根据"应付股利（或利润）"、"应付利息"、"利润分配"、"财务费用"、"在建工程"、"制造费用"、"研发支出"、"库存现金"和"银行存款"等科目的记录分析填列。

（5）"支付其他与筹资活动有关的现金"项目，反映企业除上述各项目外，支付的其他与筹资活动有关的现金，如以发行股票、债券等方式筹集资金而由企业直接支付的审计、咨询等费用，融资性租赁所支付的现金，以分期付款方式购建固定资产以后各期支付的现金等。其他与筹资活动有关的现金，如果价值较大的，应单列项目反映。本项目可以根据有关科目的记录分析填列。

（四）"汇率变动对现金及现金等价物的影响"项目，反映下列项目之间的差额：

（1）企业外币现金流量折算为记账本位币时，采用现金流量发生日的即期汇率或按照系统合理的方法确定的，以及与现金流量发生日即期汇率近似的汇率折算的金额。

（2）企业外币现金及现金等价物净增加额按资产负债表日即期汇率折算的金额。

（五）现金流量表补充资料的编制

现金流量表补充资料包括将净利润调节为经营活动现金流量、不涉及现金收支的重大投资和筹资活动、现金及现金等价物净变动情况等项目。企业应当采用间接法在现金流量附注中披露将净利润调节为经营活动现金流量的信息。

1. 将净利润调节为经营活动现金流量的编制

1）资产减值准备

这里所指的资产减值准备包括坏账准备、存货跌价准备、投资性房地产减值准备、长期股权投资减值准备、持有至到期投资减值准备、固定资产减值准备、在建工程减值准备、工程物资减值准备、生物性资产减值准备、无形资产减值准备和商誉减值准备等。企业计提的各项资产减值准备包括在利润表中，属于利润的减除项目，但没有发生现金流出。所以，在将净利润调节为经营活动现金流量时，需要加回。本项目可根据"资产减值损失"科目的记录分析填列。

2）固定资产折旧、油气资产折耗、生产性生物资产折旧

企业计提的固定资产折旧，有的包括在管理费用中，有的包括在制造费用中。计入管理费用中的部分，作为期间费用在计算净利润时从中扣除，但没有发生现金流出，在将净利润调节为经营活动现金流量时，需要予以加回。计入制造费用中的已经变现的部分，在计算净利润时通过销售成本予以扣除，但没有发生现金流出；计入制造费用中的没有变现的部分，既不涉及现金收支，也不影响企业当期净利润，由于在调节存货时，已经从中扣除，在此处将净利润调节为经营活动现金流量时，需要予以加回。同理，企业计提的油气资产折耗、生产性生物资产折旧，也需要予以加回。本项目可根据"累计折旧"、"累计折耗"和"生产性生物资产折旧"科目的贷方发生额分析填列。

3）无形资产摊销和长期待摊费用摊销

企业对使用寿命有限的无形资产计提摊销时，计入管理费用或制造费用。长期待摊费摊销时，有的计入管理费用，有的计入制造费用。计入管理费用等期间费用和计入制造费用中的已变现的部分，在计算净利润时已从中扣除，但没有发生现金流出；计入制造费用中的没有变现的部分，在调节存货时已经从中扣除，但不涉及现金收支，所以，在此处将净利润调节为经营活动现金流量时，需要予以加回。这个项目可根据"累计摊销""长期待摊费用"科目的贷方发生额分析填列。

4）处置固定资产、无形资产和其他长期资产的损失（减：收益）

企业处置固定资产、无形资产和其他长期资产发生的损益，属于投资活动产生的损益，不属于经营活动产生的损益，所以，在将净利润调节为经营活动现金流量时，需要予以剔除。如为损失，在将净利润调节为经营活动现金流量时，应当加回；如为收益，在将净利润调节为经营活动现金流量时，应当扣除。本项目可根据"营业外收入""营业外支出"等科目所属有关明细科目的记录分析填列，如为净收益，以"-"号填列。

5）固定资产报废损失

企业发生的固定资产报废损益，属于投资活动产生的损益，不属于经营活动产生的损益，所以，在将净利润调节为经营活动现金流量时，需要予以剔除。同样，投资性房地产发生报废、毁损而产生的损失，也需要予以剔除。如为净损失，在将净利润调节为经营活动现金流量时，应当加回；如为净收益，在将净利润调节为经营活动现金流量时，应当扣除。本项目可根据"营业外支出""营业外收入"等科目所属有关明细科目的记录分析填列。

6）公允价值变动损失

公允价值变动损失反映企业在初始确认时划分为以公允价值计量且其变动计入当期损益的交易性金融资产或金融负债、衍生工具、套期等业务中公允价值变动形成的计入当期损益的利得或损失。企业发生的公允价值变动损益，通常与企业的投资活动或筹资活动有关，而且并不影响企业当期的现金流量。为此，应当将其从净利润中剔除。本项目可以根据"公允价值变动损益"科目的发生额分析填列。如为持有损失，在将净利润调节为经营活动现金流量时，应当加回；如为持有利得，在将净利润调节为经营活动现金流量时，应当扣除。

7）财务费用

企业发生的财务费用中不属于经营活动的部分，应当将其从净利润中剔除。本项目可根据"财务费用"科目的本期借方发生额分析填列；如为收益，以"-"号填列。

8）投资损失（减：收益）

企业发生的投资损益，属于投资活动产生的损益，不属于经营活动产生的损益，所以，在将净利润调节为经营活动现金流量时，需要予以剔除。如为净损失，在将净利润调节为经营活动现金流量时，应当加回；如为净收益，在将净利润调节为经营活动现金流量时，应当扣除。本项目可根据利润表中"投资收益"项目的数字填列；如为投资收益，以"-"号填列。

9）递延所得税资产减少（减：增加）

如果递延所得税资产减少使计入所得税费用的金额大于当期应交的所得税金额，其差额没有发生现金流出，但在计算净利润时已经扣除，在将净利润调节为经营活动现金流量时，应当加回。如果递延所得税资产增加使计入所得税费用的金额小于当期应交的所得税金额，二者之间的差额并没有发生现金流入，但在计算净利润时已经包括在内，在将净利润调节为经营活动现金流量时，应当扣除。本项目可以根据资产负债表"递延所得税资产"项目期初、期末余额分析填列。

10）递延所得税负债增加（减：减少）

如果递延所得税负债增加使计入所得税费用的金额大于当期应交的所得税金额，其差额没有发生现金流出，但在计算净利润时已经扣除，在将净利润调节为经营活动现金流量时，应当加回。如果递延所得税负债减少使计入当期所得税费用的金额小于当期应交的所得税金额，其差额并没有发生现金流入，但在计算净利润时已经包括在内，在将净利润调节为经营活动现金流量时，应当扣除。本项目可以根据资产负债表"递延所得税负债"项目期初、期末余额分析填列。

11）存货的减少（减：增加）

期末存货比期初存货减少，说明本期生产经营过程耗用的存货有一部分是期初存货，耗用这部分存货并没有发生现金流出，但在计算净利润时已经扣除，所以在将净利润调节为经营活动现金流量时，应当加回。期末存货比期初存货增加，说明当期购入的存货除耗用外，还剩余了一部分，这部分存货也发生了现金流出，但在计算净利润时没有包括在内，所以在将净利润调节为经营活动现金流量时，需要扣除。当然，存货的增减变化过程还涉及应付项目，这一因素在"经营性应付项目的增加（减：减少）"中考虑。本项目可根据资产负债表中"存货"项目的期初数、期末数之间的差额填列；期末数大于期初数的差额，以"–"号填列。如果存货的增减变化过程属于投资活动，如在建工程领用存货，应当将这一因素剔除。

12）经营性应收项目的减少（减：增加）

经营性应收项目包括应收票据、应收账款、预付账款、长期应收款和其他应收款中，与经营活动有关的部分，以及应收的增值税销项税额等。经营性应收项目期末余额小于经营性应收项目期初余额，说明本期收回的现金大于利润表中所确认的销售收入，所以，在将净利润调节为经营活动现金流量时，需要加回。经营性应收项目期末余额大于经营性应收项目期初余额，说明本期销售收入中有一部分没有收回现金，但是，在计算净利润时这部分销售收入已包括在内，所以在将净利润调节为经营活动现金流量时需要扣除。本项目应当根据有关科目的期初、期末余额分析填列；如为增加，以"–"号填列。

13）经营性应付项目的增加（减：减少）

经营性应付项目包括应付票据、应付账款、预收账款、应付职工薪酬、应交税费、应付利息、长期应付款、其他应付款中与经营活动有关的部分，以及应付的增值税进项税额等。经营性应付项目期末余额大于经营性应付项目期初余额，说明本期购入的存货中有一部分没有支付现金，但是，在计算净利润时却通过销售成本包括在内，在将净利润调节为经营活动现金流量时，需要加回；经营性应付项目期末余额小于经营性应付项目期初余额，说明本期支付的现金大于利润表中所确认的销售成本，在将净利润调节为经营活动产生的现金流量时，需要扣除。本项目应当根据有关科目的期初、期末余额分析填列；如为减少，以"–"号填列。

2. 不涉及现金收支的重大投资和筹资活动的披露

不涉及现金收支的重大投资和筹资活动，反映企业一定期间内影响资产或负债但不形成该期现金收支的所有投资和筹资活动的信息。这些投资和筹资活动虽然不涉及当期现金收支，但对以后各期的现金流量有重大影响。例如，企业融资租入设备，将形成的负债计入"长期应付款"账户，当期并不支付设备款及租金，但以后各期必须为此支付现金，从而在一定期间内形成了一项固定的现金支出。因此，现金流量表准则规定，企业应当在附注中披露不涉及当期现金收支，但影响企业财务状况或在未来可能影响企业现金流量的重大投资和筹资活动，主要包括以下几方面：①债务转为资本，反映企业本期转为资本的债务金额。②一年内到期的可转换公司债券，反映企业一年内到期的可转换公司债券的本息。③融资租入固定资产，反映企业本期融资租入的固定资产。

（五）现金流量表编制举例

【例9-4】沿用甲公司2014年的资产负债表（表9-1）和利润表（表9-2）的期末资料，该公司其他资料如下。

（1）库存商品1 620 000元，其中包括材料成本720 000元，折旧费300 000元，生产工人工资费用600 000元。

（2）管理费用500 000元，其中包括折旧费用200 000元，无形资产摊销50 000元，工资费用150 000元，用货币资金支付其他费用100 000元。

（3）销售费用 200 000 元为支付的广告费。

（4）财务费用 10 000 元，其中包括短期借款利息 4 000 元（用银行存款支付），计提长期借款利息 6 000 元。

（5）转让交易性金融资产 100 000 元，取得投资收益 50 000 元。

（6）营业外支出 20 000 元是出售一台设备产生的，该设备原值为 400 000 元，已提折旧 200 000 元，支付清理费用 2 000 元，出售时实得价款 182 000 元。

（7）营业外收入 150 000 元是收到的赔偿收入。

（8）坏账准备的增减变动如下：本期转回多计提坏账准备 141 420 元。

（9）本年度以 1 000 000 元银行存款进行长期股权投资。

（10）本年度支付在建工程人员工资 1 000 000 元。

（11）本年度用银行存款偿还短期借款 120 000 元。

（12）应交税费余额假设只包括增值税和所得税两项内容，其中增值税有关账户年初贷方余额为 20 000 元，年末金额为 35 300 元，本年度增值税销项税额为 1 105 000 元，进项税额 810 577 元，已交税金 279 123 元。"应交税费——应交所得税"账户年初余额为 10 000 元，年末余额为 25 900 元，本年已预交 375 350 元。其他税费 125 000 元已全部缴纳。

根据上述资料编制该公司的 2014 年现金流量表及补充资料。

计算现金流量表相关项目。

（1）销售商品、提供劳务收到的现金=营业收入+增值税销项税+应收账款（期初余额–期末余额）+本期转回多计提坏账准备+应收票据（期初余额–期末余额）+预收账款（期末余额–期初余额）=6 500 000+1 105 000+（3 620 000–3 582 000）+141 420+（300 000–450 000）+（300 000–200 000）=7 734 420（元）

（2）收到其他与经营活动有关的现金（赔偿收入）=150 000 元

（3）购买商品、接受劳务支付的现金=营业成本+增值税进项税+存货（期末余额–期初余额）+应付账款（期初余额–期末余额）+应付票据（期初余额–期末余额）+预付账款（期末余额–期初余额）–当期列入生产成本、制造费用的职工薪酬–本期计提的生产用固定资产折旧=4 260 000+810 577+（5 668 100–4 800 000）+（2 000 000–1 667 380）+（300 000–475 900）+（650 400–500 000）–600 000–300 000=5 345 797（元）

（4）支付给职工的工资=当期列入生产成本、制造费用等的职工薪酬+应付职工薪酬（期初余额–期末余额）=600 000+150 000+（100 000–512 350）=337 650（元）

（5）支付的各项税费=已交税金+预交所得税+其他税费=279 123+375 350+125 000=779 473（元）

（6）支付其他与经营活动有关的现金=管理费用中的现金支出+销售费用支出+其他应付款（期初余额–期末余额）=100 000+200 000+（20 000–18 600）=301 400（元）

（7）收回投资收到的现金（处置交易性金融资产）=100 000（元）

（8）取得投资收益收到的现金（处置交易性金融资产取得收益）=50 000（元）

（9）处置固定资产收回的现金净额=182 000–2 000=180 000（元）

（10）购建固定资产支付的现金（在建工程工人工资）=1 000 000（元）

（11）投资支付的现金=1 000 000（元）

（12）偿还债务支付的现金（偿还短期借款）=120 000（元）

（13）偿付利息支付的现金（短期借款利息）=4 000（元）

第五节　任务五　所有者权益变动表

一、任务导入

甲公司 2014 年所有者权益变动表如表 9-6 所示。

表 9-6　所有者权益变动表

编制单位：甲公司　　　　　　　　　　2014年　　　　　　　　　　单位：元

项目	本年金额					
	实收资本（股本）	资本公积	减：库存股	盈余公积	未分配利润	所有者权益合计
一、上年年末余额	30 000 000			1 700 000	1 550 800	33 250 800
加：会计政策变更						
前期差错更正						
二、本年年初余额	30 000 000			1 700 000	1 550 800	33 250 800
三、本年增减变动金额（减少以"–"号填列）						
（一）净利润					1 182 850	1 182 850
（二）直接计入所有者权益的利得和损失						
1. 可供出售金融资产公允价值变动净额						
2. 权益法下被投资单位其他所有者权益变动的影响						
3. 与计入所有者权益项目相关的所得税影响						
4. 其他						
上述（一）和（二）小计					1 182 850	1 182 850
（三）所有者投入和减少资本						
1. 所有者投入资本						
2. 股份支付计入所有者权益的金额						
3. 其他						
（四）利润分配						
1. 提取盈余公积				118 285	–118 285	
2. 对所有者（或股东）的分配					–1 000 000	–1 000 000
3. 其他						
（五）所有者权益内部结转						
1. 资本公积转增资本（或股本）						
2. 盈余公积转增资本（或股本）						
3. 盈余公积弥补亏损						
4. 其他						
四、本年年末余额	30 000 000			1 818 285	1 615 365	33 433 650

二、任务分析

（1）准备所有者权益类账户资料→熟悉所有者权益的构成。
（2）分析会计调整业务→对盈余公积和利润分配的影响。
（3）编制所有者权益变动表。

三、知识储备与任务实施

（一）所有者权益变动表的概念和作用

所有者权益变动表是反映构成所有者权益各组成部分当期的增减变动情况的报表。所有者权益变动表的作用如下。

1. 使报表使用者准确理解所有者权益增减变动的根源

所有者权益变动表全面反映一定时期所有者权益变动的情况，不仅包括所有者权益总量的增减变动，还包括所有者权益增减变动的重要结构性信息，特别是要反映直接计入所有者权益的利得和损失，让报表使用者准确理解所有者权益增减变动的根源。

2. 在一定程度上体现了企业综合收益

综合收益，是指企业在某一期间与所有者之外的其他方面进行交易或发生其他事项所引起的净资产变动。综合收益的构成包括两部分，即净利润和直接计入所有者权益的利得与损失。其中，前者是企业已实现并已确认的收益，后者是企业未实现但根据会计准则的规定已确认的收益。用公式表示如下：

综合收益=净利润+直接计入所有者权益的利得和损失

其中，净利润=收入−费用+直接计入当期损益的利得和损失

在所有者权益变动表中，净利润和直接计入所有者权益的利得和损失均单列项目反映，体现了企业综合收益的构成。

（二）所有者权益变动表的列报格式

为了清楚地表明构成所有者权益的各组成部分当期的增减变动情况，一方面，列示导致所有者权益变动的交易或事项，按所有者权益变动的来源对一定时期所有者权益变动情况进行全面反映；另一方面，按照所有者权益各组成部分（包括实收资本、资本公积、盈余公积、未分配利润和库存股）及其总额列示交易或事项对所有者权益的影响。

根据财务报表列报准则的规定，企业需要提供比较所有者权益变动表，因此，所有者权益变动表还就各项目再分为"本年金额"和"上年金额"两栏分别填列，见表9-6。

【知识链接】

所有者权益变动表项目填列方法

所有者权益变动表"本年金额"栏内各项数字一般应根据"实收资本（或股本）""资本

公积""盈余公积""利润分配""库存股""以前年度损益调整"等科目的发生额分析填列。

企业的净利润及其分配情况作为所有者权益变动的组成部分,不需要单独设置利润分配表进行列示。

(1)"上年年末余额"项目,反映企业上年资产负债表中实收资本(或股本)、资本公积、盈余公积和未分配利润的年末余额。

(2)"会计政策变更"和"前期差错更正"项目,分别反映企业采用追溯调整法处理的会计政策变更的累积影响金额和采用追溯重述法处理的会计差错更正的累积影响金额。

为了体现会计政策变更和前期差错更正的影响,企业应当在上期期末所有者权益余额的基础上进行调整得出本期期初所有者权益,根据"盈余公积"、"利润分配"和"以前年度损益调整"等科目的发生额分析填列。

(3)"本年增减变动额"项目分别反映如下内容。

第一,"净利润"项目,反映企业当年实现的净利润(或净亏损)金额,并对应列在"未分配利润"栏。

第二,"直接计入所有者权益的利得和损失"项目,反映企业当年直接计入所有者权益的利得和损失金额。

"可供出售金融资产公允价值变动净额"项目,反映企业持有的可供出售金额资产当年公允价值变动的金额,并对应列在"资本公积"栏。

"权益法下被投资单位其他所有者权益变动的影响"项目,反映企业对按照权益法核算的长期股权投资,在被投资单位除当年实现的净损益以外其他所有者权益当年变动中应享有的份额,并对应列在"资本公积"栏。

"与计入所有者权益项目相关的所得税影响"项目,反映企业根据《企业会计准则第 18 号——所得税》规定应计入所有者权益项目的当年所得税影响金额,并对应列在"资本公积"栏。

(4)"净利润"和"直接计入所有者权益的利得和损失"项目,反映企业当年实现的净利润(或净亏损)金额和当年直接计入所有者权益的利得与损失金额的合计额。

(5)"所有者投入和减少资本"项目,反映企业当年所有者投入的资本和减少的资本。

"所有者投入资本"项目,反映企业接受投资者投入形成的实收资本(或股本)和资本溢价或股本溢价,并对应列在"实收资本"和"资本公积"栏。

"股份支付计入所有者权益的金额"项目,反映企业处于等待期中的权益结算的股份支付当年计入资本公积的金额,并对应列在"资本公积"栏。

(6)"利润分配"下各项目,反映当年对所有者(或股东)分配的利润(或股利)金额和按照规定提取的盈余公积金额,并对应列在"未分配利润"和"盈余公积"栏。

"提取盈余公积"项目,反映企业按照规定提取的盈余公积。

"对所有者(或股东)的分配"项目,反映对所有者(或股东)分配的利润(或股利)金额。

(7)"所有者权益内部结转"下各项目,反映不影响当年所有者权益总额的所有者权益各组成部分之间当年的增减变动,包括资本公积转增资本(或股本)、盈余公积转增资本(或股本)和盈余公积弥补亏损等项金额。为了全面反映所有者权益各组成部分的增减变动情况，所有者权益内部结转也是所有者权益变动表的重要组成部分，主要是指不影响所有者权益总额、所有者权益各组成部分当期的增减变动。

"资本公积转增资本（或股本）"项目，反映企业以资本公积转增资本或股本的金额。

"盈余公积转增资本（或股本）"项目，反映企业以盈余公积转增资本或股本的金额。

"盈余公积弥补亏损"项目，反映企业以盈余公积弥补亏损的金额。

财务报表附注

一、财务报表附注概述

（一）财务报表附注的概念

财务报表附注是财务报表不可或缺的组成部分，是对在资产负债表、利润表、现金流量表和所有者权益变动表等报表中列示项目的文字描述或明细资料，以及对未能在这些报表中列示项目的说明等。

财务报表中的数字是经过分类与汇总后的结果，是对企业发生的经济业务的高度简化和浓缩的数字，如有没有形成这些数字所使用的会计政策、理解这些数字所必需的披露，财务报表就不可能充分发挥效用。因此，附注与资产负债表、利润表、现金流量表和所有者权益变动表等报表具有同等的重要性，是财务报表的重要组成部分。报表使用者了解企业的财务状况、经营成果和现金流量，应当全面阅读附注。

（二）附注披露的基本要求

（1）附注披露的信息应是定量、定性信息的结合，从而能从量和质两个角度对企业经济事项完整地进行反映，也才能满足信息使用者的决策需求。

（2）附注应当按照一定的结构进行系统合理的排列和分类，有顺序地披露信息。由于附注的内容繁多，所以更应按逻辑顺序排列，分类披露，条理清晰，具有一定的组织结构，以便于使用者理解和掌握，也更好地实现财务报表的可比性。

（3）附注相关信息应当与资产负债表、利润表、现金流量表和所有者权益变动表等报表中列示的项目相互参照，以有助于使用者联系相关联的信息，并由此从整体上更好地理解财务报表。

二、财务报表附注披露的内容

附注应当按照如下顺序披露有关内容。

（一）企业的基本情况

（1）企业注册地、组织形式和总部地址。

（2）企业的业务性质和主要经营活动，如企业所处的行业、所提供的主要产品或服务、客户的性质、销售策略和监管环境的性质等。

（3）母公司及集团最终母公司的名称。

（4）财务报告的批准报出者和财务报告批准报出日。

（二）财务报表的编制基础

企业的资产负债表、利润表和所有者权益变动表应以权责发生制为编制基础，而现金流量表则以收付实现制为编制基础。

（三）遵循企业会计准则的声明

企业应当声明编制的财务报表符合企业会计准则的要求，真实、完整地反映企业的财务状况、经营成果和现金流量等有关信息。以此明确企业编制财务报表所依据的制度基础。

如果企业编制的财务报表只是部分地遵循了企业会计准则，附注中不得做出这种表述。

（四）重要会计政策和会计估计

根据财务报表列报准则的规定，企业应当披露采用的重要会计政策和会计估计，不重要的会计政策和会计估计可以不披露。

1. 重要会计政策的说明

由于企业经济业务的复杂性和多样化，某些经济业务可以有多种会计处理方法，也就是说存在不止一种可供选择的会计政策。例如，存货的计价可以有先进先出法、加权平均法和个别计价法等；固定资产的折旧，可以有平均年限法、工作量法、双倍余额递减法和年数总额法等。企业在发生某项经济业务时，必须从允许的会计处理方法中选择适合本企业特点的会计政策，企业选择不同的会计处理方法，可能极大地影响企业的财务状况和经营成果，进而编制出不同的财务报表。为了有助于报表使用者理解，有必要对这些会计政策加以披露。

需要特别指出的是，说明会计政策时还需要披露下列两项内容。

（1）财务报表项目的计量基础。会计计量属性包括历史成本、重置成本、可变现净值、现值和公允价值，这直接显著影响报表使用者的分析，这项披露要求便于使用者了解企业财务报表中的项目是按何种计量基础予以计量的，如存货是按成本计量还是按可变现净值计量等。

（2）会计政策的确定依据，主要是指企业在运用会计政策过程中所作的对报表中确认的项目金额最具影响的判断。例如，企业如何判断持有的金融资产是持有至到期的投资而不是交易性投资；企业如何判断与租赁资产相关的所有风险和报酬已转移给企业，从而符合融资性租赁的标准；投资性房地产的判断标准是什么；等等，这些判断对在报表中确认的项目金额具有重要影响。因此，这项披露要求有助于使用者理解企业选择和运用会计政策的背景，增加财务报表的可理解性。

2. 重要会计估计的说明

财务报表列报准则强调了对会计估计不确定因素的披露要求，企业应当披露会计估计中所采用的关键假设和不确定因素的确定依据，这些关键假设和不确定因素在下一会计期间内很可能导致对资产、负债账面价值进行重大调整。

在确定报表中确认的资产和负债的账面金额过程中，企业有时需要对不确定的未来事项在资产负债表日对这些资产和负债的影响加以估计。例如，固定资产可收回金额的计算需要根据其公允价值减去处置费用后的净额与预计未来现金流量的现值两者之间的较高者确定；在计算资产预计未来现金流量的现值时需要对未来现金流量进行预测，并选择适当的折现率；应当在附注中披露未来现金流量预测所采用的假设及其依据、所选择的折现率为什么是合理的；等等。这些假设的变动对这些资产和负债项目金额的确定影响很大，有可能会在下一个会计年度内做出重大调整。因此，强调这一披露要求，有助于提高财务报表的可理解性。

（五）会计政策和会计估计变更以及差错更正的说明

企业应当按照《企业会计准则第 28 号——会计政策、会计估计变更和差错更正》及其应用指南的规定，披露会计政策和会计估计变更及差错更正的有关情况。

（六）报表重要项目的说明

企业应当以文字和数字描述相结合，尽可能以列表形式披露报表重要项目的构成或当期增减变动情况，并且报表重要项目的明细金额合计应当与报表项目金额相衔接。在披露顺序上，一般应当按照资产负债表、利润表、现金流量表和所有者权益变动表的顺序及其项目列示的顺序。

（七）其他需要说明的重要事项

这主要包括或有和承诺事项、资产负债表日后非调整事项、关联方关系及其交易等，具体的披露要求须遵循相关准则的规定，分别参见相关会计准则的规定。

本 章 小 结

财务报告岗位主要学习财务报表及附注的列示。财务报表包括资产负债表、利润表、现金流量表、所有者权益变动表及附注。

资产负债表是反映企业某一特定日期财务状况的财务报表，属于静态报表。根据"资产=负债+所有者权益"编制。我国采用账户式资产负债表格式，"期末余额"可以根据下列方法填列。

（1）根据总账科目余额直接填列，如"交易性金融资产""短期借款"等。

（2）根据总账科目余额合计填列，如"货币资金""存货"等。

（3）根据明细科目余额计算填列，如"应收账款""应付账款"等。

（4）根据总账科目和明细科目余额分析计算填列，如"一年内到期的长期负债"等。

（5）根据科目余额减去其备抵项目后的净额填列，如"应收账款"、"存货"和"固定资产"等。

利润表是反映企业在一定会计期间经营成果的报表。我国采用多步式利润表格式，按照各相关项目的发生额填列。

营业利润=营业收入–营业成本–营业税金及附加–期间费用–资产减值损失+公允价值变动损益+投资净收益

利润总额=营业利润+营业外收入–营业外支出

净利润=利润总额–所得税费用

现金流量表是反映企业一定时期内现金流入和现金流出的财务报表，是以现金及现金等价物为基础编制的财务状况变动表。现金流量分为经营活动产生的现金流量、投资活动产生的现金流量和筹资活动产生的现金流量。

现金流量表主表采用直接法填列，通过现金收入和现金支出的对比来反映企业的现金流量。以利润表中的营业收入为起点，调整与现金有关的某些项目，然后计算企业现金流量的净额。补充资料采用间接法填列，以净利润为起点，通过对净利润的调整，来反映企业现金流量。

所有者权益变动表是反映构成所有者权益的各组成部分当期的增减变动情况的报表。所有者权益变动表"本年金额"栏内各项数字一般应根据"实收资本（或股本）"、"资本公积"、"盈余公积"、"利润分配"、"库存股"和"以前年度损益调整"等科目的发生额分析填列。

财务报表附注是财务报表不可或缺的组成部分，是对在资产负债表、利润表、现金流量表和所有者权益变动表等报表中列示项目的文字描述或明细资料，以及对未能在这些报表中列示项目的说明等。报表附注能够帮助报表使用者更好地理解财务报表提供的信息。

问 题 思 考

1. 简述财务报表编制的基本要求。
2. 企业对外财务报表主要有哪几种？各有什么作用？
3. 简述账户式资产负债表的结构及编制方法。
4. 多步式利润表的结构和主要项目有哪些？
5. 简述现金流量各项目的填列方法。

项目九 学习指导	项目九 习题	项目九　《企业会计准则 第 30 号——财务报表 列报》（2006）	项目九　《企业会计 准则第 31 号—— 现金流量表》（2006）

参 考 文 献

曹健. 2012. 财务管理实验与探索. 北京：清华大学出版社

曹世凤，黄明卿. 2013. 会计基础与实训. 北京：经济科学出版社

戴德明，林刚. 2011. 财务会计学（十一五国家级规划教材）. 北京：中国人民大学出版社

窦洪波. 2011. 会计专业教学法. 北京：中国财政经济出版社

高凡修. 2014. 财务管理实务. 北京：清华大学出版社

高俊岭，盛强. 2015. 财务会计项目教程. 北京：清华大学出版社

胡志勇，魏洁. 2013. 财务会计. 北京：经济科学出版社

姬海莉. 2013. 财务会计实务. 上海：立信会计出版社

刘易斯 R，彭迪尔 D. 2007. 高级财务会计. 钱爱民译. 北京：中国人民大学出版社

刘永泽，陈立军. 2012. 中级财务会计. 大连：东北财经大学出版社

孟全省，王民权. 2013. 企业成本管理工作标准. 北京：中国财政经济出版社

诺比斯 C，帕克 R. 2005. 比较国际会计. 薛青梅译. 大连：东北财经大学出版社

王利明，陈小荣. 2011. 高等职业教育课程开发与实施技术. 北京：中国轻工业出版社

王素荣. 2014. 税务会计与税务筹划. 北京：机械工业出版社

王艳丽，胡燕玲，孙艳萍. 2014. 财务会计实务. 北京：清华大学出版社

徐文峰. 2015. 教师专业发展实践导论. 北京：人民日报出版社

严中华. 2009. 职业教育课程开发与实施. 北京：清华大学出版社

于富生. 2014. 成本会计学. 第 6 版. 北京：中国人民大学出版社

张流柱，张凤明. 2014. 财务会计项目化教程. 北京：电子工业出版社

中国注册会计师协会. 2015. 会计. 北京：中国财政经济出版社